高校智慧校园构建
"智能大脑"创新研究

练永华 ◎ 著

吉林出版集团股份有限公司
全国百佳图书出版单位

图书在版编目（ＣＩＰ）数据

高校智慧校园构建"智能大脑"创新研究 / 练永
华著 .－－ 长春 : 吉林出版集团股份有限公司 ,2024.6.
ISBN 978-7-5731-5345-6

I.G647-39

中国国家版本馆 CIP 数据核字第 2024ZC3276 号

GAOXIAO ZHIHUI XIAOYUAN GOUJIAN "ZHINENG DANAO" CHUANGXIN YANJIU

高校智慧校园构建"智能大脑"创新研究

著　　者	练永华	
责任编辑	张婷婷	
装帧设计	姬　强	
出　　版	吉林出版集团股份有限公司	
发　　行	吉林出版集团青少年书刊发行有限公司	
地　　址	长春市福祉大路 5788 号（130118）	
电　　话	0431-81629808	
印　　刷	安徽中皖佰朗印务有限公司	
版　　次	2024 年 6 月第 1 版	
印　　次	2024 年 6 月第 1 次印刷	
开　　本	787 mm × 1092 mm　1/16	
印　　张	11.25	
字　　数	260 千字	
书　　号	ISBN 978-7-5731-5345-6	
定　　价	58.00 元	

前　言

　　"智慧"是第四次教育革命的重要价值指向。智慧校园发展的新形态以由智慧教育、智慧资源、智慧管理、智慧服务等模块组成的智慧教育生态系统为支撑。智慧教育生态系统建设需要融合大数据以及人工智能技术，其发展的底层技术支持是高性能的校园网。然而诸多校园网是以核心层、汇聚层及接入层为代表的三层或多层架构，这种架构方式存在网络层次多、设备故障定位难度大以及运维困难等弊端，与智慧校园的精细化管理要求相去甚远，甚至成为制约智慧校园发展的技术瓶颈。智慧教育生态系统的发展要求指向结构简单、安全稳定、速度高效、维护方便的网络系统。全光网络通过光纤连接全网络节点的技术，能使信息以光的形式传播，具有高传输能力、高处理能力和强抗干扰能力。全光网络的技术优势能够与智慧校园的需求相耦合，并突破技术带来的发展瓶颈。依托全光网络覆盖的硬件技术支持，我们能够构建覆盖全时段、全校园的"校园智慧大脑"。

　　"校园智慧大脑"是"以人为本，深度融合"的智慧校园生态系统，是智慧校园建设发展的新形态。它是一个以为师生提供个性化服务和促进技术与教育深度融合为建设理念，融合智慧教育、智慧管理和智慧生活的应用集群。为应对技术手段赋能教育过程中隐含的伦理问题，提出以"需求为先，以人为本，规范为墙"作为"校园智慧大脑"的设计原则。

　　本书以构建"校园智慧大脑"为目标，探索了高校智慧校园构建"智能大脑"创新路径，书中从"智能大脑"智慧校园的内涵、建设及管理入手，在"智能大脑"智慧校园构建技术的基础上，探讨了高校"智能大脑"智慧校园的建设规划、基础设施以及网络安全保障，研究了高校智慧校园构建案例，包括数字档案馆、智慧图书馆。本书论述严谨，内容丰富，对高校智慧校园构建"智能大脑"创新研究有一定的借鉴意义。

目　录

第一章 高校"智能大脑"智慧校园概述

第一节 "智能大脑"智慧校园内涵

一、智慧校园的基本内涵

智慧校园是支持教育共同体开展教育活动的智能化空间和条件，其构建应以教育共同体为中心，在先进的学习、教学和管理理论指导下，利用各种技术智能感知教学、学习与管理情境，识别教育主体特征，为教育活动的开展提供合适的资源、工具和服务，有效促进教育共同体的智慧生成。

智慧校园的实施应秉承信息技术与教育教学深度融合的理念，注重学生信息化能力和素养的全面提升，提高教师信息化教学能力与素养，促进学校改革与发展目标的实现。同时，智慧校园不仅仅是信息化技术系统的建设，更重要的是要突出机制创新，重视学校信息化组织结构与体系的构建。组织结构与体系是智慧校园的有机组成部分，是智慧校园顺利实施、平稳运行和持续发展的保障，至少包括信息化领导力、信息化组织机构、信息化政策与规范、信息化人力资源、信息化建设与应用机制、运维管理体系和安全保障体系七个方面。

二、智慧校园的主要特征

智慧校园的主要特征包括以下几个方面。

（一）感知化

智能感知是智慧校园教育环境的基本特征，主要指通过整合二维码（Quick Response Code，简称QRCode）、射频识别（Radio Frequency Identification，简称RFID）、人体识别系统（Human Recognition System，简称HRS）等技术的各种传感器、嵌入式设备，对教育环境进行物理感知、情境感知、社会感知，并实现自然交互。

物理感知主要是指对教育活动的位置信息和环境信息进行智能感知，如温度、空气、声音、光线等；情境感知是从物理环境或信息系统中获取教育情境信息，识别所需的各种原始数据，从而构建出情境模型、学习者模型、活动模型、领域知识模型和时空模型，并通过一定的推理机制进行情境推理，为教育活动的开展推送教育资源、联系学习伙伴、提供活动建议等；社会感知包括感知学习者与教育者的社会关系，感知不同学习者的学习与交往需求等；自然交互是指利用多种感官及肢体语言开展人机互动，如语音、姿势、表情识别等，实现智能化的人机交互。

（二）融合化

在智慧校园中，从环境、资源到应用等全部的校园信息化系统，需要建立基于以大数据为中心的应用系统集成与数据融合，最大限度地降低信息孤岛、资源孤岛现象的产生。这一集成与融合化，需要将异构的服务系统做统一化处理，实现一站式服务、数据共享、系统互通互用，从而实现不同资源、服务、应用系统之间的互动操作、无缝连接与资源共享，包括各类终端设备与智慧校园平台的泛在连接和服务会话。

（三）泛在化

智慧校园的教育环境应是一种泛在的教育环境，能够支持教育共同体在任何时间、任何地点以任何方式进行无缝教学、学习与管理，同时为其提供无处不在的教育支持服务。泛在教育环境不是以某个个体（如传统学习中的教师）为核心的运转，而是点到点、平面化的教育"泛在"互联。泛在教育环境的构建需要泛在网络的支撑，以实现网络空间和物理空间的无缝对接。师生在进行教学与学习活动时，可以通过合适的终端设备与网络进行连接，从而畅通无阻地享受个性化的教育支持服务。在智慧校园的校园管理、校园服务等领域，也将实现服务的泛在获取。

（四）大数据化

智慧校园使得校园网络体系内的联网实体不断增多，传统的数据架构已无法满足其数据处理要求，大数据技术更易实现对获取的各类数据形成实时、快速而有效的价值分析。大数据的设计理念使得数据之间的关联性越来越强，通过利用数据（元数据）和解析学（数据的含义）获取的信息展开自动分析和深度挖掘，形成对之前、当下、未来教育更有价值的分析结果，充分体现校园的"智慧"特色。

校园大数据运行体系以校园大数据中心为核心运行基础，数据的形成与应用过程包括数据采集更新、数据组织整理、数据生成共享、数据挖掘利用、决策支持服务等。在智慧校园中，各类应用系统都可以全程记录各个用户的历史数据，便于数据挖掘和深入分析，做出科学合理的评价、建议，并推送相应的服务。

（五）深度参与

将智慧校园作为一个实体对象，用户的深度参与包含多个层面的含义。用户可以通过统一身份认证和单点登录，访问和使用智慧校园系统中的很多应用系统；用户在使用某一应用系统的时候，可以获取该系统形成的资源与服务，包括该系统通过系统相互操作从其他多个应用系统调取资源和数据所形成的服务，同样，用户在本系统中所形成的操作结果和记录，反过来也将影响或服务于其他应用系统；用户在智慧校园系统中，不仅能通过信息化环境与其他用户进行资源与服务共享，而且能够获取大量由智慧校园系统自身智能化、智慧化生成的资源与服务，这些资源与服务往往与用户在智慧校园中留下的历史信息和使用记录直接相关；智慧校园是物理空间与信息空间的有机衔接，因此，用户可以通过智慧校园的相关应用了解特定区域或范围物理空间的状况，反之，也可以通过信息空间去影响或改变物理空间的状态。由此可见，用户在智慧校园中的参与深度，远远超过了在数字校园中的资源与服务共享。

（六）个性服务

在大数据、智能分析、数据挖掘等技术的支持下，为每个学习者和教育者提供个性化的教育环境将是未来智慧校园教育环境发展的重要方向。在教育活动开展的过程中，智慧校园的教育环境通过感知物理位置和环境信息，记录教育者与学习者在长期教学、学习过程中形成的认知风格、知识背景和个性偏好，从而为其提供个性化的教育资源、工具和服务。在校园的日常管理、教师发展、生活服务领域，针对不同部门、不同岗位、不同项目建设的参与者，也可以为其提供个性服务。

（七）便捷获取

智慧校园系统强调"便捷获取"。"便捷"二字相对于数字校园而言，强调的是，如果想获取某一项资源或服务，在数字校园模式下可能会很麻烦，但在智慧校园模式下则很便捷。为了实现便捷获取，需要从智慧校园整体的设计和各信息系统的具体实现上落实大量整体和细节上的工作。大数据中心是实现便捷获取的根本保障，各信息系统与大数据中心的有效对接是便捷获取的必要条件，各信息系统自身应用服务设计科学、适用，且具有智慧化的服务形成与输出能力是便捷获取的局部实现，基于应用服务集成的人机交互环境、一站式服务、网络信息与数据共享、系统互通互用是便捷获取的具体呈现，使用各类终端设备泛在获取资源与服务是便捷获取的时空要求。对于智慧校园的用户而言，便捷获取是其"智慧化"感受的最直接来源。

（八）分析预知

智慧校园系统的预知性是指无须教育者、学习者、管理者的有意识干涉，相关系统就能够提前预知并提供教学、管理、活动所需的资源、工具和服务，以及对自动判断和触发的失衡性问题和情况随时进行提醒或自动调整，从而达到动态平衡、解决相关问题的目的。

三、面向智慧化服务的"1+2+N"学校教育大脑构建

在智能时代，融合 AI、数据挖掘、图像识别、深度学习等技术，通过科学规范的数据聚类、数据认知、决策优化、搜索挖掘、预测干预等构建"教育大脑"，促进教育数据资源、教学资源、人力资源的优化配置，实现对教育系统全局性即时分析、教育数据的精准治理与教育价值的深度挖掘。

（一）一个基础平台

教育大脑是基于教育生命理念，以系统科学为指引，利用云反射弧连接人、物、系统的类脑神经网络。为此，我们首先借助网络、云平台、传感器等技术建设物联网环境下的基础平台，主要包括统一大数据计算平台、统一视觉计算平台、统一物联网平台和统一区块链平台，见图 1-1 教育大脑构架图，为用户提供弹性云计算服务、数据库服务、存储服

务、网络服务和灾备服务。基础平台主要是按照一定的标准和规范，收集、关联、整合不同的教育数据类型，实现多元化数据和多类型数据的采集和分类，通过对教育数据进行标签化、层次化处理，打破数据交互流通的壁垒，汇聚立体的、完备的教育数据仓库。

图1-1　教育大脑构架图

（二）两个中台——数据中台和校务中台

数据中台是一种组织战略，连接前、后台，使前台能够快速响应业务变化，再利用后台的数据进行决策。我们在基础库、主题库、应用库等数据模型基础上，对教育数据进行数据融合、数据加工治理、数据开发和集成，使之成为可理解、可使用、可管理的数据资产。

校务中台是结合实时的教育需求，通过数据探索、智能标签、数据分析与数据建模，分析用户行为数据，提供可视化的数据报表或有针对性的教育报告，实现用户的画像刻画、管理、评价等，进而推动教育管理可视化、服务教育精细化的实现，如身份认证、学生预警、学习画像分析、学习监督与预测等。

（三）N个智能应用

汇聚智能环境下多模态教育数据，建立标准化、统一化的数据交互基准，构建有效的行为发现及诊断模型，为用户提供个性化的教育内容、多元化的教育场景、智能化的教育服务，打造由数据驱动的智能教育服务生态圈。通过统一科研门户、统一科研流程、特色科研建设、跨学科合作等，满足"新科研"的需求，强化数据流的融合互通，真正发挥数据驱动科研创新的积极作用。以智慧教室、移动教学、互动课堂、教学评估为抓手，为"新教学"提供精准的数据支持和资源共享。涵盖产学研合作、终身学习、人才画像、就业服务，构建"新人才"智能应用，优化人才的素养结构刻画，实现精准诊断。形成校务服务、一卡通、校友服务、智慧安防为一体的"新服务"智能应用，为用户提供精准的适性服务，保障数据治理的智慧化。以新教务新学工科研大盘、教学大盘为主体，打造"新管理"智能应用,实现决策主体、决策过程的智能化和适切化,保障数据决策有据可循。

以教育数据为基础打造人工智能教育大脑,是一个前沿而紧迫的问题。目前,我国教育大脑的开发仍处于起步阶段,无论是技术架构、关键技术的实现,还是运行机制、数据标准等方面都需要进一步完善。尽管如此,教育大脑的战略规划对未来学校智能教育体系的构建仍具有重要的意义。教育大脑的真正实施将为每一位学生和教师提供更加公平、安全、可信、个性化、融合互通的环境,有利于实现信息技术、智能技术与教育教学、行政管理的深度融合,推动教育教学和管理服务的变革与创新,让教育回归"育人"的初心。

四、智慧校园建设的核心技术

智慧校园建设的核心在于构建一套高效、智能,全面覆盖教学、管理、评价等各个环节的信息化系统。这个系统不仅需要实现数据的快速采集与流通,还要支持数据的深度挖掘和应用,从而真正实现教育资源的优化配置和教育质量的提升。核心技术包括但不限于以下几个方面:

1. 大数据技术:通过构建大数据监测中心,实现学生学习行为、教师教学活动、校园管理等方面的数据化,为个性化教学和精准管理提供支持。利用大数据分析技术,开展教学分析与过程性评价,推动个性化自适应学习,实现教育资源的合理分配和课程推送。

2. 人工智能技术:应用人工智能技术,提升智慧校园服务的智能化水平,如智能推荐学习资源,实现教学方案的自动优化等。利用 AI 辅助教学,通过机器学习分析学生学习数据,为学生提供个性化的学习路径和教学支持。

3. 物联网技术:通过物联网技术实现校园设备的智能控制和监测,构建智能校园环境,提升管理效率和服务质量。物联网技术还可以用于学生健康监测、校园安全监控等方面,增强校园安全保障能力。

4. 云计算技术:利用云计算技术,构建高效、可扩展的教育信息化平台,实现教学资源的云化管理和高效分发。云计算平台能够为智慧校园提供强大的数据处理能力和存储能力,支撑智慧校园的多样化应用需求。

5. 移动互联网技术:通过移动互联网技术,实现校园信息的实时流通和高效交互,保证师生能够随时随地获取所需信息和服务。移动互联网技术也是实现校园数字化管理的重要手段,如移动办公、在线审批等。

6. 智能感知技术:通过部署各种传感器,实现对校园环境、设施使用状态等信息的实时监测和感知。智能感知技术还可以应用于学生行为识别、考勤管理等方面,提高教育管理的精准度和便捷性。

7. 虚拟现实技术(VR/AR):利用 VR/AR 技术,创新教学方式,为学生提供沉浸式学习体验,激发学生学习兴趣,增强学习效果。在复杂知识和操作技能培训中,VR/AR技术可以提供模拟实验环境,降低教学成本,提高安全性。

8. 区块链技术：区块链技术可以用于学生成绩、证书存储和验证，保证数据的真实性和不可篡改性。在教育资源共享方面，区块链可以实现版权保护和利益分配，鼓励优质内容的创作和分享。

此外，智慧校园的建设还需要关注以下几个方面：网络基础设施建设方面，高速、稳定的网络是智慧校园各项应用得以顺利运行的基础；信息安全机制建设方面，随着教育信息化进程的加快，信息安全问题也日益突出，需要建立完善的信息安全防护体系；教育信息化人才培养方面，加强师生信息技术应用能力培训，提升他们的信息化应用水平和创新能力。

智慧校园的核心技术涵盖了大数据、人工智能、物联网、云计算等多个方面，这些技术的融合应用，不仅能够提升教育质量和效率，还能够促进教育公平，实现个性化、多元化的教育服务。未来，随着技术的不断进步和教育理念的更新，智慧校园将更加智能、高效和人性化，为培养适应未来社会发展的人才提供有力支撑。

第二节 "智能大脑"智慧校园建设

一、数字校园与智慧校园的内在联系

数字校园与智慧校园的内在联系，本质上是传统校园、数字校园、智慧校园三者之间的联系，见图 1-2 为智慧校园的发展历程。这是因为，数字校园是在传统校园的基础上构建的一个数字空间；而智慧校园是数字校园的进一步发展和提升，提升的核心是要建立校园"物理空间"与"信息空间"的有机衔接。因此，无论是数字校园还是智慧校园，都不能够脱离传统校园而存在。

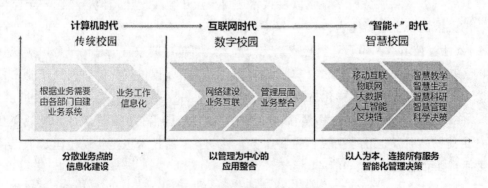

图 1-2　智慧校园的发展历程

（一）关联性

传统校园的教育环境、教育资源、教育工作等向数字空间进行映射，实现了相应的校园教育环境数字化、教育资源数字化以及各类数字化工作的应用，从而形成了"数字校园"这一概念及信息空间。这个时候，再对校园物理环境进行信息化，并与数字校园进行有机衔接，就构成了"智慧校园"。

（二）不同点

数字校园以传统信息技术为基础，重点是将学校的主要信息资源和业务流程数字化，为资源和服务共享提供有效支撑。智慧校园以现代信息技术为基础，如物联网、云计算、虚拟现实、大数据、人工智能等新兴技术，重点是将数字化信息资源和应用系统进行物联化、集成化和智慧化升级，以形成感知化、泛在化、个性化、可分析预知的教学、管理与生活服务。

我们将数字校园和智慧校园之间的区别总结，如表 1-1 所示。

表 1-1　数字校园与智慧校园的区别

区别点	数字校园	智慧校园
建设目标与重点	为资源和服务共享提供有效支撑	任何人在任何时间、任何地点都能便捷地获取资源和服务
校园环境数字化的范围	实现从环境（如教室、实验室等）、资源（如图书、教师、课件等）到应用（如教学、管理、服务等）等全部数字化	扩展并实现物理空间数字化，并与信息空间有机衔接
数字环境的感知能力	不以感知能力建设为重点，少量数字校园具有一些初步的感知应用	感知能力建设是重点建设内容，包括物理感知、情境感知、社会感知、自然交互等
数字环境的融合能力	1. 不同信息系统的基础设施资源相对独立应用，共享与融合状态差； 2. 采用应用服务集成的模式进行各类软件系统的集成，信息孤岛现象比较严重； 3. 能够融入数字化环境的终端设备类型有限	1. 实现校园信息化基础设施资源的共享与共用； 2. 不同资源、服务和平台之间互联互通，资源数据共享，具有互操作性； 3. 各类终端设备可以无缝接入并获得持续性的服务会话
数字环境的泛在化	很多资源和服务的获取，都需要人工干预，实现不了泛在化	通过智能及智慧化服务形成和输出能力，实现泛在、便捷地获取资源与服务
数字环境的大数据化	以基础性的数据交换服务为主，不具备校园大数据体系运行的技术与应用基础	建立校园大数据中心，实现各类数据的全程记录、按需共享与按需应用
面向用户的服务特点	提供统一化、标准化的用户服务	提供以人为本的个性服务，包括：便捷获取、深度参与、分析预知、动态平衡等

二、数字校园智慧化建设

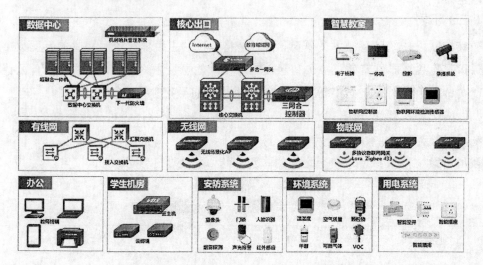

图 1-3 数字校园智慧化、集成化建设架构图

智慧校园以数字校园为基础，实现从基于互联网的人与人的信息交流互动到基于物联网的人与物、物与物的信息交流互动的转变。集成化和智能化是实现数字校园"智慧化"建设的核心，见图 1-3 数字校园智慧化、集成化建设架构图。集成化是指将异构的服务系统做统一化处理，实现一站式服务、数据共享、系统互通互用。智慧化是利用物联网、云计算、虚拟现实、大数据、人工智能等新兴技术，对教学环境、教学资源、校园管理、校园服务等"物"进行智能化升级，实现泛在化、个性化、自适应的教学、管理与生活服务。

以各类学校信息化实际需求为基础，以国家教育信息化发展规划为导向，各类学校信息化建设都会逐步以数字校园建设为过程、以智慧校园建设为最终目标，进行校园信息化体系的规划、建设与应用。目前，怎样基于学校已有的数字校园建设基础，实现向智慧校园的逐步发展，不断缩小校园信息系统与智慧校园要求之间的差距，是数字校园智慧化建设需要研究的核心问题。

实现数字校园智慧化建设，其核心工作包括对数字校园已有系统的智慧化升级改造，并根据发展的需要，规划、设计和建设好智慧化信息系统，以及对各类信息系统进行集成与整合三方面的内容。这些智慧化建设工作，都应该在符合学校智慧校园建设规范的基础上，利用物联网、移动应用、云计算、虚拟现实、大数据、人工智能等新兴技术，开展建设与应用实践。

三、智慧校园建设的意义和思考

（一）智慧校园的主要作用

1. 有利于人才培养质量的提高

构建人人互通、人机互动的数字智能学习空间，推动教学模式变革，提高人才培养质量，体现在：支持教师面向校内开展混合式教学，提高教学质量，面向校外提供在线教学、服务企业培训和终身学习服务；促进优质教育资源的交流与共享，支持教师利用信息技术开展教学，提高教学的效果和质量；开展虚拟仿真实训，既可以使学生达到实际操作训练和教学导训的目的，又可以大幅度减少昂贵设备的投入，减少实操耗材，提升实操、实训安全系数，有利于培养学生岗位职业技能；引导学生适应信息化环境，提高其信息化思维能力，养成信息化行为方式，了解信息化交往规则，发展信息化职业能力。

2. 有利于教师教研科研和双师素质提升

搭建智能化在线协同工作平台，提升教师教研科研能力与双师素质，体现在：支持教师网络研修，提供在线培训，支持教师足不出校即可远程进修，开展终身学习，保证其专业能力与双师素质的可持续发展；支持在线教研科研，提高研究效率，加速科技创新的步伐；构建在线协同机制，支持校园与企业、政府和其他院校开展协同创新，促进产、学、研一体化。

3. 有利于管理效率和决策水平的提高

提供基于大数据中心的数据的集成与分析服务，有利于管理效率和决策水平的提高，体现在：促进校务实现全流程管理，为师生、员工提供一站式校务管理服务，提高服务水平和效率；整合各种分散的应用系统，实现统一身份认证，建成学校公共数据库，打破因不同管理软件而形成的"信息孤岛"困局，实现各类基础数据的共享和交换；支持网上协同办公，促进决策信息和反馈信息快速在决策层与执行层之间流动，实现扁平化管理，促进校务公开。

4. 有利于校园公共服务和文化生活品质的提升

建立智慧校园服务体系，形成虚拟校园社区，提升校园文化与生活品质，促进优秀文化的传承，体现在：支持学生组成网上社区，鼓励学生反思并分享不同的观点，倡导师生平等，营造开放、民主的文化氛围；提供网络公共服务和正版软件服务，营造诚信和自律的文化氛围；汇聚互联网上的数字化图书馆、档案馆、博物馆、艺术馆等，提升师生人文素养；引入数字化、智能化的生活、医疗、娱乐、保安等服务，提升校园公共服务水平。

（二）建设智慧校园的重要意义

1. 促进教育教学的改革与创新

新兴技术的迅速发展给师生的工作和生活带来了前所未有的变化，也为教育的发展注入了新的动力。在新兴技术的推动下，智慧学习环境应运而生，重新塑造了学校的学习形态，智慧校园作为智慧教育发生的重要场所，将会承担引领教育创新与变革的重任。

在智慧校园的支持下，学校教育不再是简单地将技术作为干预手段或是辅助工具，而是在智慧校园所创设的智慧教育环境下，应用网络化的思维与教学工具，颠覆传统的学校结构与教学流程，打造全新的学校教育生态环境。在互联网化的教育环境支撑下，政策、教师、课程、课堂、学习等要素都会发生相应改变，学校的教育教学以学生发展为中心，通过整合课内外、校内外优质教育资源，广泛和深入地开展各种创新教学实践活动，形成"连接式教育"，推动学校传统教学的流程再造和学校教育系统的结构性变革。各种新媒体和新技术的应用，使教学环境从原来的封闭教室逐步演变为自由开放的网络化教学时空，让教学不再受传统课堂组织方式的限制，促进了学生的个性化、差异化发展。

2. 促进学校办学能力的增强

智慧校园不仅在促进学校课程与教学方式的变革方面具有巨大优势，在学校管理方面同样发挥着不可比拟的积极作用。基于智慧校园的学校管理就是将现有的教育管理信息系统进行统一规范、数据共享，同时通过大数据分析和可视化技术，使教育管理信息系统实现业务管理、动态监测、教育监管、决策分析等业务的智能化、自动化，进一步促进学校教育管理从传统的"机控人管"模式向"智慧管控"方向发展。

智慧管理凭借大数据技术的优势，从大量教师的教学场景和学生学习轨迹中获得海量数据，同时对获取的数据进行深度挖掘和分析，发现数据背后隐藏的关联规律，并将这些规律运用于现实教育管理工作实践，为管理人员和决策者提供及时、全面、准确的数据支持，为科学的教育管理与决策提供依据。

3. 实现校园资源的全方位共享与智慧化应用

（1）基础设施资源共享与智慧化应用

在智慧校园建设与应用中，实现对基础设施资源的广泛共享和对计算机网络及其基础设施的高效利用，是十分重要的。借助物联网技术的支持，使万物互联互通，实现对物体高效的控制和反馈。借助云计算技术的支持，通过租用云服务器、存储器和网络硬件，可以降低学校对于网络基础设施的建设投入。

（2）数据资源共享与智慧化应用

当前，各级各类学校的信息化，即数字校园的建设与应用不尽如人意。学校各部门各自为政，数据不一致、格式不统一，不具备数据整合与大数据挖掘基础，难以为教学尤其是个性化教学提供支撑，兼容性与可扩充性也不够，造成极大的投资浪费。智慧校园可以将网络上所有设备与系统连到一起，实现不同类型、不同大小数据的传输功能。未来的校园基础网络将实现光纤到户的有线网络和无缝覆盖的无线网络的结合，统一的数据平台不但可以避免数据孤岛和数据分散，更重要的是可以实现大数据挖掘和可视化。

（3）教学资源共享与智慧化应用

随着智慧校园建设的持续深化，数字资源的重构方式不断涌现出新的思路与方法。在重构数字资源的过程中，可通过自建、引进、合作等方式，开发具有专业课程资源、校本特色课程资源、实习实训资源以及以创新创业活动等为主题的数字资源。

4. 推进实施国家大数据战略，加快数字中国建设

我国很多地市提出或者开始推进智慧城市建设。在智慧城市建设中，要求"围绕促进教育公平、提高教育质量和满足市民终身学习需求，建设并完善教育信息化基础设施，构建利用信息化手段扩大优质教育资源覆盖面的有效机制，推进优质教育资源共享与服务"。学校不仅是城市的一个重要组成部分，也是国家的重要组成部分；教育数据不仅

是区域大数据、国家大数据的一个重要组成部分，也是数字中国的一个重要组成部分。因此，智慧校园的建设为实施智慧城市、国家大数据、数字中国的建设提供了教育数据支持与服务。

（三）智慧校园建设的思考与建议

开展智慧校园建设，不仅是推动教育信息化深入发展的需要，也是促进数字校园提档升级的必然要求。因此，我们的思考与建议如下：

各级各类学校的智慧校园建设是在"需求驱动＋政策推进"模式下推动发展的。当前智慧校园的建设，不仅是校园教育信息化建设的需要，也是国家总体信息化发展的需要。

智慧校园需要实现物理空间和信息空间有机衔接，并且具有感知化、融合化、泛在化、大数据化、个性服务、便捷获取、深度参与、分析预知等重要特征。初期的智慧校园很难具备这些特征，真正意义上的智慧校园需要经过一个长期的探索、建设、应用与完善的过程，不可能一蹴而就。

数字校园的核心是为校园的资源和服务共享提供有效支撑。数字校园与智慧校园无论从建设目标、主要特征、应用模式，还是从总体架构、应用体系、支撑技术等方面来讲，都有着非常大的差别。这两者虽然都是校园信息化建设的一种综合性成果体现，但是也不能随便给校园贴上一个"智慧校园"的标签，定义所建设的校园就是智慧校园。

智慧校园是数字校园的发展和提升。学校通过对数字校园进行智慧化建设，可以逐步将数字校园发展为智慧校园，但是这一智慧化建设必然需要若干年的时间。

智慧校园的建设应该首先制定智慧校园的建设规范和标准体系，以及建设智慧校园的大数据中心，然后在此基础上，对数字校园已有的系统进行智慧化改造升级，以及规划、设计和建设新的智慧化信息系统，最后对各类信息系统开展集成与整合。移动应用、物联网、云计算、虚拟现实、大数据、人工智能等新兴技术是智慧校园得以实现的工具和手段。在开展智慧校园建设的过程中，应该充分发挥各类技术的作用和优势，同时也要避免陷入"脱离实际需求，盲目追求技术"的"唯技术论"误区。

第三节 "智能大脑"智慧校园管理

一、智慧校园组织机构

（一）智慧校园的利益相关者分析

智慧校园的规划、建设、维护、使用由多个主体参与并付出巨大精力，智慧校园在智慧性设计和智慧功能中，要充分考虑主体的特点和需求，只有这样，才能发挥出智慧校园的价值。智慧校园建设是一项复杂的系统工程，利用利益相关者理论进行智慧校园建设的利益相关者分析，并进行建设规划和实施研究。

（二）智慧校园组织的机构

良好的组织架构不仅是智慧校园建设的保障，也是智慧校园成功建设的关键。

在国家层面，为了更好地进行信息化建设，自20世纪80年代初，我国信息技术的发展开始纳入国家层面的信息化管理体制机制。在不同时期分别成立了计算机与大规模集成电路领导小组、国务院信息化工作领导小组、国家信息化工作领导小组等。在此基础上，相关部门都相应地成立了网信办公室。

在学校层面，首先要确立信息化发展的战略规划，做好顶层设计，建立适合学校的信息化管理体制和制度。强有力的信息化领导力，是智慧校园建设优质推进、优化管理的前提。按照上级部门的要求和学校信息化建设的实际情况，各高校成立了学校信息化建设工作领导小组，并设立了办公室，组长一般是由书记和校长担任的双组长模式，副组长一般由分管信息化工作的副校长担任，办公室主任一般由信息中心（或教育技术中心，或网络中心，各校实际情况不完全相同）正职领导担任，组员则根据实际情况由信息中心、人事、教务、科处、财处等（人财物）相关部门兼职工作人员组成，具体工作的协调、执行则由信息中心完成。

智慧校园决策机构负责学校智慧校园建设的规划与设计，对智慧校园基础设施、智慧应用系统、智慧数字化资源、智慧校园应用、智慧校园管理、智慧安全保障等重大事项进行决策；智慧校园管理机构具体承担学校建设标准、规范、管理制度等的制定及安全保障工作，并为建设、应用和维护开展日常工作提供指导、培训与咨询；智慧校园建设、应用与运维机构直接面向最终用户，负责智慧校园建设，推进智慧校园应用，以及智慧校园基础设施和系统的日常维护与咨询服务工作，具体如下：

建设领导小组：定期研究和解决学校信息化建设与发展中的重大问题，统筹领导学校的信息化建设与发展。

专家委员会：按照领导小组的要求，对信息化建设方面的重要项目进行咨询、评议和论证。

安全工作小组：负责贯彻落实上级网络与信息安全工作的部署和要求，加强网络与信息安全工作的领导，落实工作责任。

主管部门（信息与网络管理中心）：保障校园主干网络出口通畅、负责信息安全；为全校师生提供上网服务；承担学校数字化校园的规划、设计、建设、管理和运行维护，为学校的教学、科研、学科建设和管理等提供支撑。

信息与网络管理中心网络（一卡通）服务科：负责学校物理网络的整体规划和建设；全面规划校园网IP分配策略，负责校园网IP地址分配；负责校园网网络核心及接入层硬件设备（交换机、路由器、防火墙等）的维护、使用；保障学校各校区网络的互联及正常运行；负责处理终端用户的网络通信故障；负责学校校园卡的管理以及一卡通系统正常运行的维护和保障工作。

信息与网络管理中心技术开发科：负责制订学校信息化建设方案，草拟数字化校园信息编码标准；负责各业务系统、网站等系统的托管主机及底层管理；负责数字化校园平台和校园一卡通平台的开发、管理和维护；负责校园网络信息安全管理。

信息与网络管理中心数据中心：负责对学校数据中心进行规划和建设；负责校园网一卡通数据库、共享数据库、OA数据库等其他重要数据库的管理和维护工作；负责全校重要数据的存储、备份，以及安全保障工作；负责数据中心机房（含配电机房）的运行环境的监控和管理工作。

各个学院按照发展情况制定本部门的信息化发展规划，属于学科建设的报教务处进行管理，属于学校信息化的报信息化建设领导小组办公室进行项目管理。

各个单位网站管理员、信息系统管理员做好信息发布的保密审查，做好信息系统的安全防护，在信息与网络管理中心技术开发科的指导下进行系统维护、安全设置、等级保护测评、信息事件处置等。

二、智慧校园制度建设

良好的制度是各项管理落地的保障，智慧校园管理制度的设计一定要全面，同时要考虑可操作性和前瞻性，并能够适应未来新技术的要求。其设计原则首先要从观念和思想上重视智慧校园的建设和应用，认可智慧校园建设可以促进教学；其次要让每个利益相关者都能参与并贡献自己的力量。智慧校园制度的设计也要和智慧性相结合，具有合理性、科学性、平等性和严肃性。

三、智慧校园建设管理

智慧校园的数据来源于校内业务系统的权威数据源系统以及各个部门人员所产生的数据，因此智慧校园的建设关系到学校的所有人，是一项复杂的系统工程。"三分靠技术，七分靠管理"，可见，智慧校园管理非常重要。因此，有必要对建成以后的管理进行研究，包括相关利益群体即相应应用系统的使用部门和人员的分析、应用培训，智慧校园的管理制度建设，管理主体的组织机构建设，最终实现对智慧校园的智慧管理。

智慧校园稳定运行的前提是对它的智慧管理。所谓智慧管理，就是信息化工作人员采用智慧型的管理和技术手段，对智慧校园进行管理维护，主要通过构建智慧校园的智慧服务与管理平台、确立规范化运维流程来实现。智慧校园管理具体包括智慧校园项目管理、建设过程管理、建设经费管理、设备设施管理、应用系统管理、资源管理、评价管理、运维管理等。

（一）建设智慧校园数据标准

智慧校园建设标准是指针对学校数字化转型过程中所涉及的基础设施、信息资源、信息素养、应用服务、数据中心、网络安全、保障体系等多个方面数据制定的规范和准则（见图1-4 智慧校园建设标准）。这些规范和准则旨在促进高等学校信息化建设与应用水平的提升，并支撑教育高质量发展。

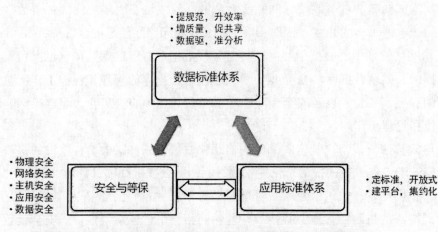

图 1-4 智慧校园建设标准

经过多年的发展，尽管学校的教育信息化建设取得了长足进步，更加注重信息化系统硬件建设，但对软件、应用系统、业务流程等要素管理不够重视，一些部门按照自己的想法定义数据并依此开发应用系统，没有遵循数据标准，存在随意性强、缺少全局规划、无标准可循的弊端，导致信息系统中数据质量不高，后期数据清洗和治理困难。

智慧校园数据的特点是数据量多且复杂，结构化、非结构化数据并存。数据是智慧校园能够发挥智慧性的基础，要在技术上利用统一的数据交换平台将所有信息系统的数据进行采集、清洗、转换、存储到共享数据库或数据仓库以便调用，同时利用大数据分析平台进行数据的分析及可视化展示。

教育信息化标准有 5 类：国家教育信息化标准、教育信息化行业标准、地方教育信息化标准、企业教育信息化标准和团体教育信息化标准。全国信息技术标准化技术委员会教育技术分技术委员会暨教育部教育信息化技术标准委员会发布了指导类、学习资源类、学习者类、学习环境类、教育管理信息类、多媒体教学环境类、虚拟实验与学习工具类、电子课本与电子书包类等标准文库，有力推进教育信息化、标准化事业发展。

（二）构建智慧服务平台

建立智慧服务平台的目标是实现智慧服务，以物联网和校园网络为基础，通过 PC 端、移动端、微信端等，实时可视化、有关联地查看各类数据，进行全方位监控，并能智能预警和处置。

数据对接所有智慧校园平台应用系统和大数据分析平台的数据。比如，每年设备处开展的资产清查工作，传统的方式就是设备处发资产清单，各个部门核实资产，设备处再来抽查，效率低，容易遗漏；采用智慧校园平台将各类数据对接，通过平台就可以看到各类设备在哪里，谁在管理，直接查阅系统并到现场核实，每次核实无误后做好标记，几个周期下来，全校的资产将一清二楚；在核实过程中设备存放地点和使用人如果存在差异，要求部门必须整改并在系统修订，这样，数据就会一直保持更新，就可以在上级部门各类评估中很快完成数据的统计。再如，将信息化管理部门的光缆和后勤基建部门的管道进行对接，利用 BIM 技术、物联网技术，可以实时、可视化地感知到管道、光缆的状态，再也不会因为施工导致光缆中断等遭到用户投诉才知道。智慧服务平台是全校的、全方位的，以物联网技术、互联网技术、大数据技术等为依托，全面感知全校一切事项，不仅服务于教学、科研和管理，还为学校的科学决策提供依据。

第二章 高校"智能大脑"智慧校园构建技术

第一节 移动互联网与物联网技术

一、移动互联网技术及其教育应用

（一）移动互联网技术概述

移动互联网是以移动网络作为接入网络的互联网及服务，包括三个要素：移动终端、移动网络和应用服务。这是移动互联网比较有代表性的定义。

移动互联网技术既具有移动通信技术的便捷性、时效性、移动性等特点，又具有传统互联网覆盖面积广、多应用程序支持的优势，满足了人们不受时空限制地获取信息、进行事务处理的需求。

移动互联网将移动通信和互联网有机地衔接在一起，可以帮助学校师生通过智能移动终端，采用移动无线通信的方式获取服务。移动互联网主要包含终端、软件和应用三个层面。终端层包括智能手机、PDA 智能终端、平板电脑、车载智能终端、可穿戴设备等，软件层包括操作系统、中间件、数据库和安全软件等，应用层包括各类移动应用服务。

（二）移动互联网技术的内涵与特征

移动互联网将移动通信和互联网这两个发展最快、创新最活跃的领域连接在一起，并凭借大规模的用户，正在开辟 ICT（信息通信技术）产业发展的新时代。移动互联网不是固网互联网的简单复制，其不仅改变接入手段，而且引入新能力、新思想和新模式，进而不断催生出新型产业链条、服务形态和商业模式。

移动互联网"简洁高效"及"通信便捷"两个特点，决定了其与 PC 互联网的根本不同。移动互联网具有以下三个鲜明特性：

1. 便捷性和便携性

移动互联网的基础网络是一张立体的网络，是由 GPRS、4G、5G 和 WLAN 或 WiFi 构成的无缝覆盖，使得移动终端具有通过上述任何形式方便联通网络的特性。移动互联网的基本载体是移动终端。顾名思义，这些移动终端不仅仅是智能手机、平板电脑，还有可能是智能眼镜、手表、服装、饰品等各类人体穿戴的随身物品。这些移动终端在移动互联网的技术支持下可随时随地使用，体现出了移动互联网的便捷性和便携性。

2. 即时性和精确性

由于有了上述便携性和便捷性，师生可以充分利用生活中、工作中的碎片化时间，接受和处理互联网的各类信息，不再担心有任何重要信息、时效信息被错过了。无论是什么样的移动终端，其个性化程度都相当高，尤其是智能手机，每一个电话号码都精确地指向了一个明确的个体。移动互联网能够针对不同的个体，提供更为精准的个性化服务。

3. 感触性和定向性

感触性不仅仅体现在移动终端屏幕的感触层面，更重要的是体现在照相、摄像、二维码扫描，以及重力感应、磁场感应、移动感应和温度／湿度感应等无所不及的感触功能。而基于位置的服务（Location Based Services，简称LBS），不仅能够定位移动终端所在的位置，甚至可以根据移动终端的趋向性，确定下一步可能去往的位置，使得相关服务具有可靠的定位性和定向性。

（三）移动互联网技术对教育的影响

移动互联网在教育中的应用覆盖教学、科研、管理、生活等多个方面，兼顾个体、部门和整体性业务。移动互联网对教育的影响主要包括教育资源碎片化、教育场景移动化、教育模式按需化和教育形式互动化等。

1. 教育资源碎片化（或称微化）

教育资源碎片化是指将学习内容进行分割，然后以正式或非正式的方式推送给学习者。其优势是有效利用学习者的碎片化时间，为学习者提供当前需要或感兴趣的学习内容，从而满足学习者对知识从不知到知、认识从模糊到清晰的需求。

2. 教育场景移动化

教育场景移动化是传统的互联网教育与移动网络相结合的产物，实现随时随地按需教学。教育场景不再固定于学校、教室、图书馆等地，可以扩展到家里、公交车、公园等地。

3. 教育模式按需化

移动互联网的到来，智能终端的普及，以及社会化学习、社区化学习的发展，为师生随时学习带来可能和便利，同时也将改变师生的学习模式。传统的教育模式以教为主，忽略学生个体的差异性，导致教育缺乏个性化。而移动互联网支持学习者随时随地通过手机等移动终端搜索和查询学习资源，实现按需学习。

4. 教育形式互动化

传统的网络教育一般需要学生在指定的时间坐到计算机面前接受教育，多为单向的固定知识传授。而移动互联网和智能终端的普及使交互和互动更加便捷：在学习和生活中遇到问题，学生可以随时打开手机，通过搜寻、查找资料、提问等多种方式，在互联网、学校的教学资源库、与专业教师或其他学生的联系中获得答案和灵感，通过与他人沟通、讨论、交流等过程互相学习。

（四）移动互联网技术的发展

随着用户需求的飞速膨胀，移动通信技术也在不断地更新换代。5G时代，人和人、人和物、物和物都将连成一体。5G 技术具有超高流量密度、超高连接数密度、超高移动性、超高用户体验速率、低时延、高可靠等特性。

1.5G 技术的特点

从电报、电话到手机，从 1G 到 5G，通信技术的快速发展为人类和社会带来了无尽的便利和福祉。我们可以从 5G 的特点来进一步了解什么是 5G。

（1）速度快

5G 网络为用户提供极高的数据传输速度，用户体验速率可达 1Gbps 以上，峰值速率更是高达每秒数十千兆。

（2）泛在网

泛在网有两个层面的含义：一是广覆盖，二是深覆盖。

广覆盖是指在我们社会生活的各个地方，都需要广泛覆盖，以前类似高山、峡谷、荒漠等人烟稀少的地方是很难覆盖网络的，但是如果使用 5G 技术，就容易覆盖更大面积的区域。在这些区域部署传感器，5G 可以为环境、空气质量以及地貌变化、地震的监测等应用提供网络。

深覆盖是指在我们生活中，虽然已经有网络部署，但是需要进入更高品质的深度覆盖。在一定程度上，泛在网比高速网还重要，高速网只是建一个少数地方覆盖、速度很高的网络，并不能完全满足用户的服务体验，而泛在网才是 5G 给用户更好体验的一个根本保证。

（3）低功耗

5G 要支持大规模物联网技术应用，就必须有低功耗的要求。这些年，可穿戴产品有一定发展，但是也遇到很多瓶颈，以智能手表为例，耗电快，甚至需要一天充电一次。如果通信过程消耗大量的能量，就很难让物联网产品被用户广泛接受。如果能把功耗降下来，让大部分物联网产品充电频率降低，就能大大改善用户体验，促进物联网产品的快速普及。

（4）低时延

平时我们说话的声音是怎么传递的呢？讲话震动空气，两个人互相传递，传递的时间是 140 毫秒。140 毫秒对于人类而言是能够忍受的，我们从来不会觉得有多大的时延。但是如果控制一架无人驾驶飞机或者一辆无人驾驶汽车，给这个汽车一个信号说刹车，这个汽车还要 140 毫秒来反应，那就跑出 200 米了，如果是 20 毫秒，也跑了十几米了，这样无人驾驶汽车是不可能变成现实的。

新的世界电信联盟的愿景是将 5G 的时延做到 1 毫秒，甚至低于 1 毫秒，这是现在 4G 网络技术做不到的。

2.5G 时代教学模式改革的契机

依据 5G 低时延的特点，5G 技术能带来更为流畅的服务体验，使我们的学习空间将不再局限于教室或者校园，使我们的学习会变得无处不在。你随时随地都可以借助 5G

享受流畅的学习体验以及使用云端的各种教学资源。你的线上学习不再受到电脑的限制，不用再到处找免费的WiFi，因为5G可以为你随时随地提供足够快速的信息传递服务。你在家里或者是任何地方都可以借助物联网和虚拟现实的技术，获得与真实的教室一样的学习体验，这些在4G和PC互联网时代是无法想象的。

教学工作是智力密集型工作，教师不仅需要有扎实的专业知识、熟练掌握教育规律，也需要具有高超的教学技巧。当前人工智能的"机器人教师"在知识量上已经超过绝大多数人类教师，但在教学技巧上还有待提高。5G时代，信息沟通更加迅速和便捷，为人工智能的大规模深度发展提供了重要条件，人工智能将开始应用于教学环节。

（五）移动互联网技术的教育应用

移动教育应用是基于移动互联网、移动程序设计技术和移动智能终端，面向教学与管理，提供泛在、实时服务的应用程序。智慧校园建设中常见的移动教育应用有移动监控、移动办公、移动图书馆、移动学习、移动校务管理、移动学习资源管理等。

二、物联网技术及其教育应用

（一）物联网技术概述

广义上的物联网是指：凡是由射频识别技术、传感技术及利用某种物体相互作用来感知物体的特征，按约定的协议来实现任何时间、任何地点、任何物体以及任何人与人、物与物以及人与物之间的互联互通，从而进行网络通信及信息互换，进而实现智能定位、识别、跟踪、监控和管理的一种现代网络技术。狭义上的物联网是指：通过相应的信息设备如射频识别、红外感应、传感器等，实现互联网与相关物质之间的互通连接，并通过智能化的技术手段进行定位及追踪，从而实现人与物之间的数据信息交流及共享。其主要目的就是通过传感设备及现代化的信息技术实现对所有物质之间的统一智能化管理。

（二）物联网技术的内涵与特征

物联网的基础和核心仍然是互联网，是在互联网基础上延伸和扩展的网络，物联网的用户端延伸和扩展到任何物品与物品之间，进行信息交换和通信。

1. 物联网的体系结构

物联网体系可分为三层，即感知层、网络层和应用层。

（1）感知层

感知层相当于人体的皮肤和五官，主要用于识别物体，通过射频识别、传感器、智能卡、识别码、二维码等，对感兴趣的信息进行大规模、分布式采集，并对其进行智能化识别，然后通过接入设备将获取的信息与网络中的相关单元进行资源共享与交互。

（2）网络层

网络层相当于人体的神经中枢和大脑，主要用于传递和处理信息，包括通信与互联网的融合网络、物联网管理中心、物联网信息中心和智能处理中心等。网络层主要用于信息的传输，即通过现有的三网（互联网、广电网、通信网）或者下一代网络（Next Generation Networks，简称 NGN），实现数据的传输和计算。

（3）应用层

应用层相当于社会分工，与行业需求结合，实现广泛智能化，是物联网与行业专用技术的深度融合。

物联网是下一代互联网的发展和延伸，因为与人类生活密切相关，被誉为继计算机、互联网与移动通信网之后的又一次信息产业浪潮。

2. 物联网技术的主要特征

（1）用户、物体数字化与虚拟化

物联网是一个将人、物、互联网实现无缝互联的网络化信息系统，并能向用户提供新型 IT 服务。而且物体的数字化、虚拟化使物理实体成为彼此可寻址、可识别、可交互、可协同的智能物，用户利用射频识别、传感器、二维码等可随时随地获取物体的信息。

（2）泛在互联

物联网以互联网为基础，将数字化、智能化的物体接入其中，实现自组织互联，能将物体的信息实时准确地传递出去，是互联网的延伸与扩展。

（3）利用 IT 技术实现信息感知与交互

物联网是下一代互联网，通过嵌入到物体上的各种数字化标识、感应设备如射频识别标签、传感器、响应器等，使物体具有可识别、可感知、交互和响应的能力，并通过与互联网的集成实现物物相连，构成一个协同的网络信息系统。在网络互联基础上，实现信息的感知、采集以及在此基础之上的响应和控制。

（4）智能信息处理与服务

支持信息处理，为用户提供基于物物互联的新型信息化服务。物联网利用数据融合及处理、云计算、模糊识别等各种智能计算技术，对海量的数据和信息进行分析、融合和处理，对物体实施智能化的控制，并向用户提供信息服务。

（5）自动控制

利用模糊识别等智能控制技术对物体实施智能化控制和利用，最终形成物理、数字、虚拟世界和社会共生互动的智能社会。

（6）产业化

物联网是一个具有巨大市场潜力的信息技术产业，其产业链包含芯片、传感器、射频识别标签制造商、设备提供商、软件企业、系统集成商、网络提供商、运营及服务商、最终用户。物联网将为产业链的各个环节带来巨大商机。

（三）物联网技术在智慧校园中的作用

物联网迅速发展，并被教育领域采用，使得智慧校园成为可能。物联网对教育的影响主要包括优化教学环境、提升实验实训教学、维护校园安全及管理、缩小区域间的差距等。基于 LoRa、NB-IoT 等技术，建立支持 Zigbee（蜂舞协议）、RFID、蓝牙等多种物联网协议的传感网络，可在智慧校园物联网平台应用（图2-1）中实现以下功能：

使智慧校园具备校园水、电、气运行状况的感知、传输、监控、预警能力，使智慧校园具备重要教学实验设备、后勤重要设备设施运行状态的感知、传输、监控、预警能力，使智慧校园具备校园食品安全、危险物品和危险实训仪器的感知、传输、监控、预警能力，使智慧校园具备人员位置感知、传输、监控、预警能力，使智慧校园具备车辆进出和停车位置感知、传输、监控、预警能力。

图 2-1 物联网平台应用

（四）物联网技术的教育应用

通过传感器、射频识别技术的运用，物联网可将各种物件互联，并实现智能化的数据传递和通信，完成网络内物体的识别、管理和应用等操作。物联网在教育领域中的应用可分为课堂教学、课外学习和教育管理三个方面。

1. 物联网支持课堂教学

（1）实时教学测评

课堂互动反馈是教学中的重要环节，有助于教师了解学生的学习情况，调节教学进程。在传统教学模式中，教师常采用察言观色、课堂提问或课堂练习等方式检验学生的学习情况。这些方式存在含猜测成分、不能顾及全体、工作量大且反馈不及时等问题。实时教学测评系统基于学生互动反馈系统（Interactive Response System，简称IRS），通过学生手中的投票器（多采用有源射频方式）统计学生投票、答题情况，并在教师端设备上显示可视化的统计图形，以便于教师迅速分析结果、调整教学。实时教学测评系统还可通过学生佩戴的传感器手表、眼镜等设备记录学生的多重数据，如脑电图、血压、体温等生理信息，以及眼动、手部轻微移动等运动信息，引入心理学相关测试技术，测试出学生的紧张程度、注意力状况、动脑情况等，教师根据这些反馈信息调整教学模式,对个别表现异常的学生进行辅导。

(2)指导实验教学,丰富实验教学

学校通过实验教学加强学生对课堂理论知识的理解,巩固课堂知识,培养学生设计、观察、分析和解决问题的能力,使学生做到学以致用,这是培养应用型学生的重要手段。但是,学生在实验过程中一旦遇到自己无法解决的问题或者发现实验有误时,积极性与热情便会瞬间下滑,可能会对实验敷衍了事,出现抄袭或猜测实验结果的情况,后续课程和实验的信心与兴趣也有可能受到影响。另外,传统的实验器材有限且存在一定危险性。

物联网的引入丰富了实验平台,增加了实验安全性。物联网的应用表现在:通过让学生佩戴传感器设备,教师可以及时发现学生在实验过程中出现的错误,进而对其进行指导。教师还可以在实验器材上标明数字化属性和使用帮助信息,当学生使用实验器材不当时,实验器材会自动报警,教师可以进行及时的指导。此外,教师可以通过分析实验过程中出现的典型问题,完善后续教学过程,提高教学效率。对于存在安全隐患的实验,教师可以通过物联网远程控制异地的实验器材,实时采集实验数据,并以适当的方式将实验数据传递给实验者,实现实验教学的共享性、安全性。

(3)丰富教学资源

很多自然科学学科都需要大量的实验数据,教师可将各类传感器安装在实验器材上,通过远程控制这些实验器材,实时采集实验数据(如温度、压强、液体浓度等),之后将加工和分析后的结果通过网络提供给实验者,学生只需通过计算机等设备就能查看和分析数据,这样既保证了实验数据的全面性、真实性和有效性,也实现了实验教学方式的转变,增强了学生的学习兴趣,解决了传统课堂教学资源有限的问题,节省了各类经费。

(4)优化学习环境

学习环境(如噪声、温度、光线强度等)在很大程度上会影响学生的学习效率。学校的教学环境、教学设施、教学活动会产生大量噪声,噪声不仅影响学生的听力,更会影响师生交流,对学生的学习产生消极影响,如对学生的学习注意力、阅读计算能力和整体学业成绩等产生影响,这对于那些学习有困难、听力丧失或用非母语学习的儿童影响更大,教师也会因长期提高嗓门而导致声带拉伤。物联网被应用于课堂教学后,教室里布置传感器节点监测各角落的噪声情况,一旦噪声超过预警值,传感器就会报警,继而通知有关部门处理,如为椅子等物品铺上毛毡垫以降低噪声反射和混响时间;光线会影响学生视力,教室里安装的光线传感器可随时监控光线亮度并自动调节教室内的照明灯亮度和计算机屏幕亮度,根据室外光照强度调整窗帘高度;传感器还可根据室内二氧化碳浓度和温度自动调节通风量和空调温度等。总之,物联网在教学中的应用可以给学生提供一个舒适的学习环境,促进学生更好地学习。

2. 物联网支持课外学习

（1）拓展课外教学活动、教学空间

课外教学活动能够激发学生的学习兴趣，拓展学习空间，拓宽学生的视野，培养学生探究知识的能力。课外教学活动是指学生通过课程实习，将所学的课堂知识应用到实践中，从而更好地帮助学生理解和掌握所学的理论知识的过程。但是，学生外出实习有时间、场地的限制，其所学习的理论知识无法被实时应用。物联网的引入，使得教师可以远程布置、操控传感器节点，将远程设备通过物联网联系到一起，实时传输、存储和分析信息数据。学生对所布置的节点进行长期观测，可查看相应的实验结果，收集实验数据。如此，学生通过观察相应的实验结果即可掌握课堂上枯燥、难以理解的理论知识。

（2）构建移动的学习环境

移动学习（mobile learning）是在移动计算设备帮助下，能够在任何时间、任何地点学习的学习模式，移动学习所使用的移动计算设备必须能有效地呈现学习内容，并且可为教师与学生之间的双向交流提供工具。

射频识别技术的发展，使学生面对面传输信息的效率更高，使信息传输的移动性和灵活性大大增加，使学生能够时刻互动、分享学习材料。无线传感器网络具有自组织、低功耗、低成本等特点，它的引入可以大大改变移动学习中必须依靠昂贵的、待机时间较短的平板电脑的局面，增强了学习和交互过程的效果。而移动学习设备具有的通信功能，可通过开发数据处理模块读取各传感器数据来实现。因此，物联网可以构建移动的学习环境，通过使用连接点、基站和射频识别等相关技术，使移动学习设备连接到学习材料，并使学生间的交流更加便利，促进新的学习活动或者主动学习模型的创建，如集成各类学习工具的"无线电子书包系统"学习模型。

（3）利用物联网建立泛在学习环境

泛在学习（U-Learning）是指利用信息技术为学生提供一种可以在任何地方、任何时间使用手边可以取得的科技工具来进行学习活动的 4A（anyone、anytime、anywhere 和 anydevice）学习模式。

在物联网时代，任何设备只要能够接入网络就能实现智能化操作，泛在学习的思想与物联网的核心思想不谋而合，因此，物联网能更好地支持泛在学习模式。泛在学习系统可为学生提供智能化的学习服务，系统通过传感器自动操控电子白板、电子教材等各类学习辅助工具，并通过智能化和尖端化设备来构建智能化无纸教室，利用内藏电子标签或传感器的实验器材进行实验教学，利用多媒体进行音乐教学，等等，学生的学习环境会发生天翻地覆的变化。

3. 物联网支持教育管理方面

（1）仪器设备管理

学校利用物联网可对仪器设备进行智能化管理。学校作为一个大的教学单位，拥有大量的仪器设备，包括教学仪器、会议设备、运动设备等，这些仪器设备分布在学校各个部门中，存在管理难度大、无人管理、无人及时保养等问题。利用物联网中的传感器或射频识别技术，学校可以统一管理和调度大量的仪器设备，从而有效防止仪器设备的丢失，当仪器设备出现故障时，系统会自动报警，并通知相关人员进行处理。

（2）学生安全行踪及健康管理

学生安全行踪及健康管理包括上下学及在校行踪通知、危险区域管理和学生保健服务、集体野外活动安全监控等。

（3）学校安全管理

学校安全管理包括安全门禁、安全访客管理、机动车管理和校园火灾报警管理。

（4）节能教室

节能教室是指能实时监控室温、光线强度、空气质量等，并结合教室实际人数自动控制教室电灯、空调、风扇、报警系统等，起到自动节能、防盗效果的校园设施。节能教室具有上课、自习、夜间防盗三种模式，系统根据时间以及校园自定义进行模式切换。

（5）一卡通

将校园身份识别码芯片集成在校园一卡通、个人手机中，实现师生身份的绑定，完成师生在校内学习、生活和工作中的各项服务，如统计学生出勤情况、教师上课情况和行政人员到岗情况，以提高管理水平和效率。手机一卡通不仅能在校内使用，只要开通"手机钱包"功能，就可以刷手机看电影、乘坐公共交通、购物等，尽享手机消费的便捷生活。

（6）图书馆系统

图书智能定位即在图书上贴上射频识别标签，在馆藏范围内设置多个阅读器，通过阅读器坐标确定图书的方位信息并传输给定位服务器，读者和管理员用客户机或手机登录定位服务器查询图书信息，这也方便了新书上架、图书归架及乱架图书的整理工作，提高了寻找丢失书籍和盘点文献资料的效率。自助还书设备是对贴有射频识别标签的图书进行扫描、识别和归还处理的设备，有利于帮助读者进行自助式图书的归还、续借操作，避免排队现象的发生，甚至可以实现"拿走即借、放回即还"的高度射频识别化图书管理模式，从而有效提升图书管理效率，简化图书管理流程，降低图书管理人员的劳动强度，为读者提供更加便利、快捷的图书借还、查询等服务。

第二节 云计算与虚拟技术

一、云计算技术及其教育应用

（一）云计算技术概述

云计算（cloud computing）是分布式计算的一种，指的是通过网络"云"将巨大的数据计算处理程序分解成无数个小程序，然后，通过多台服务器组成的系统处理和分析这些小程序得到结果并返回给用户。云计算早期，简单地说，就是简单的分布式计算，解决任务分发，并进行计算结果的合并。因而，云计算又被称为网格计算。通过这项技术，可以在很短的时间内（几秒钟）完成对数以万计的数据的处理，从而完成强大的网络服务。

（二）云计算技术的本质和特征

1. 云计算技术的本质

云计算的本质定义可归纳为：通过网络提供可伸缩的廉价的分布式计算能力。云计算包含两个层次的含义：一是商业层面，即"云"；二是技术层面，即"计算"。云计算可以将各类资源集中起来，让用户在使用时可以自动调用资源，支持各种各样的应用运转，不再为细节而烦恼，从而专心于自己业务的计算。

云计算通过把计算分布在大量的分布式计算机上，而非本地计算机或远程服务器中，使得各类使用单位能够将资源切换到需要的应用上，根据需求访问计算机和存储系统。这好比是从古老的单台发电机模式转向了电厂集中供电模式。它意味着计算能力也可以作为一种商品进行流通，就像煤气、水电一样，取用方便，费用低廉。最大的不同在于，云计算能力是通过互联网而不是通过有形的管道提供的。

2. 云计算技术的特征

（1）资源池

计算资源汇聚在一起，通过多租户模式服务多个消费者。在物理上，资源以分布式的共享方式存在，但最终在逻辑上以单一整体的形式呈现给用户。

（2）按需自定义

用户可以根据自身实际需求，通过网络方便地进行计算能力的申请、配置和调用，服务商可以及时进行资源的分配和回收。

（3）快速弹性

服务商的计算能力能够快速而弹性地实现供应。服务商可以根据访问用户的多少，增减相应的 IT 资源（包括 CPU、存储、带宽和软件应用等），使得 IT 资源的规模可以动态调整，以满足应用和用户规模变化的需要。

（4）广泛的网络访问

使用者不需要部署相关的复杂软硬件基础设施和应用软件，直接通过互联网或企业内部网访问即可获取云中的计算资源。

可以说，云计算是计算机网络技术发展到一定水平后的必然产物，因为它解决了很多在个人电脑时代无法解决的问题。

（三）云计算技术的服务模式

1. 云计算服务模式

云计算的服务模式包括四种：第一种是 IaaS（Infrastructure as a Service，基础设施即服务），主要应用于基础设施层；第二种是 PaaS（Platform as a Service，平台即服务），主要应用于平台层；第三种是 SaaS（Software as a Service，软件即服务），主要应用于应用层；第四种是 RaaS（Resources as a Service，资源即服务），主要应用于应用层。基础设施包括网络系统、存储系统和服务器等硬件部分。平台提供虚拟硬件资源和服务器租用等服务，包括认证、授权、数据管理等。平台服务系统主要由数据库、开发平台以及中间件等组成。软件服务层（应用层）是智慧校园的核心，也是智慧校园的上层服务。智慧校园教育信息化系统部署在软件服务层，通过系统门户提供服务，是用户获得服务的入口。资源服务层主要是基于互联网，提供教学资源在应用层的软件系统中共享使用的服务。

（1）IaaS

IaaS 是指把 IT 基础设施作为一种服务，通过网络对外提供。在这种服务模型中，用户不用自己构建一个数据中心，而是通过租用的方式来使用基础设施服务，包括服务器、存储和网络等。在使用模式上，IaaS 与传统的主机托管有相似之处，但是在服务的灵活性、扩展性和成本等方面，IaaS 具有很强的优势。IaaS 概念要点如下：

第一，IaaS 服务商将租赁基础设施服务提供给用户使用。

第二，用户通过互联网使用自己租赁的基础设施服务。

第三，用户能够租用到满足自己需要的基础设施服务。

（2）PaaS

所谓 PaaS 实际上是指将软件研发的环境作为一种服务，提供给技术开发人员，为他们提供丰富的中间件资源。PaaS 概念要点如下：

第一，PaaS 层不是一般用户能够操作得到的应用，是属于软件研发范畴的一个概念。

第二，最通俗的理解就是，运营商要提供给用户的 SaaS 应用产品应该是功能各异的，而 PaaS 层就是用来控制所创建的 SaaS 应用产品多样性的云平台支撑性服务体系。

第三，结论是，没有 PaaS 层，就没有 SaaS 应用产品的多样性。

（3）SaaS

SaaS 是一种基于互联网的软件服务应用模式，使提供商将应用软件统一部署在自己的数据中心，用户经由互联网订购相应的软件服务，按照使用软件的数量、时间的长短等因素进行计费。SaaS 概念要点如下：

第一，SaaS 服务商将软件租赁给用户使用。

第二，用户通过互联网使用自己租赁的软件系统。

第三，用户能够租用到满足自己需要的软件。

第四，SaaS 服务商通过技术手段创建满足用户需求的软件，而不是零散地管理着成百上千套彼此之间毫无数据关联的软件。

（4）RaaS

在教育培训领域，RaaS 是基于互联网提供教学资源服务的软件应用模式，中文名称为"资源即服务"。RaaS 概念要点如下：

第一，RaaS 服务商将资源租赁给用户使用，也可以供用户下载使用。

第二，用户通过互联网能够使用网络上的资源，也可以下载后进行使用。

第三，资源要对用户有使用价值和吸引力，量要足够大，并且能够不断扩充与提升。

第四，RaaS 服务很多时候需要与 E-learning 类型的 SaaS 融合在一起使用，正如书与书柜、书与图书馆之间的关系一样。

2. 云计算的服务类型

从服务方式来划分，云计算可分为三种：一是为公众提供开放的计算、存储等服务的"公有云"，如百度的搜索和各种邮箱服务等；二是部署在防火墙内，为某个特定组织提供相应服务的"私有云"；三是将以上两种服务方式结合起来的"混合云"。

（1）公有云

公有云是指由政府或者云服务供应商通过公共 Internet 提供的有偿或者无偿的计算、存储、应用等云服务。在这种模式下，允许客户无须投资基础设施，仅根据使用量支付费用即可。

优点：除了通过网络提供服务外，客户只需为他们使用的资源支付费用。此外，由于用户可以访问服务提供商的云计算基础设施，因此他们无须担心自己安装和维护基础设施的问题。

缺点：与安全有关。公有云的基础设施可能驻留在多个国家，并具有各自不同标准的安全法规，所以信息安全可能存在风险。另外，用户对公有云只有使用权，在流量并发较大或者出现网络问题时，其稳定性缺乏保障。虽然公有云模型提供按需付费，性价比较高，但在大量数据需要转移时，其转移所需的费用可能较大。

（2）私有云

私有云是为一个组织内部单独使用而建的，对该组织的技术能力与维护管理能力要求较高。因为企业或者组织对私有云有绝对拥有权，所以可以控制在此私有云上部署应用程序的方式。

优点：提供了更高的安全性，私有云一般部署在企业或组织内部数据中心的防火墙内或安全的主机托管场所，私有云的拥有者是唯一可以访问它的指定实体。

缺点：安装成本很高。此外，用户仅限于使用已建设完成的私有云资源，相对于公有云而言，其扩展性较差。

（3）混合云

混合云是公有云和私有云两种服务方式的结合。由于安全和控制原因，并非所有的用户信息都能放置在公有云上，所以大部分已经应用云计算的企业将会采用混合云模式。

优点：允许用户利用公有云和私有云的优势，还为应用程序在多云环境中的移动提供了极大的灵活性。

缺点：因为设置更加复杂而增加了维护和保护的难度。此外，由于混合云是不同的云平台、数据和应用程序的组合，因此整合可能是一项挑战。在开发混合云时，基础设施之间也会出现兼容性问题。

（四）云计算技术在智慧校园中的作用

1. 使用便捷，利于交互

云服务最大的优势就是简单易用。无须搭建复杂的环境或者安装巨型软件，就可以将自己的项目放在云端来运行，或者在线办公。教师可在课前将预习任务和材料上传至云平台，学生随时随地通过自己的移动终端获取预习材料进行预习。与此同时，学生学习的时长、内容、正误率等信息可被教师及时获取。

2. 对软硬件设施要求低，降低成本

学校现有的数字化教育资源共享建设中的成本主要来源于初期服务器、终端及网络接入等设备的购置、日常系统运营及维护和设备更新等费用。云计算对用户端的设备要求很低，只要拥有可以上网的终端设备、一个浏览器，将终端设备接入互联网即可实现想做的任何事情，客户终端几乎不需要任何升级。

3. 促进实现精准教学

在授课过程中，学生通过移动终端与教师进行互动，在测试过程中学生将每道题的计算时长、正误率等信息也会及时反馈至教师终端，教师能够准确掌握学生的学习情况，并进行精准辅导。通过云计算，教师对学生学习与生活等各方面信息进行收集、整理、分析，了解其生活与学习背景、学习风格、兴趣爱好等，并有针对性地提供资源与服务。

4. 保障数据安全

智慧校园内要达到高效互联、物联，其涉及的数据十分庞大。这个由大量结构化、非结构化、半结构化数据有机构成的系统，一旦某一环节出现问题，其维护工作将十分复杂且缓慢，这对于智慧校园软硬件设施及网络维护人员来说也是巨大的挑战。基于云服务，学校不需要花费大量的人力、物力、时间对软硬件及网络系统进行维护，云中数据安全可靠，不用再担心硬盘损坏、病毒入侵等多种因素导致的数据丢失等问题。

（五）云计算技术的教育应用

相比物联网技术，云计算技术在教育中的应用更为普及和成熟。云计算系统可用于大规模的客户机需要安装大量常用软件的场景，非常适合用于校园网环境中构建全局计算环境。云计算系统可充分激发现有设施的潜能，满足师生在教学、科研中的实际需求，大幅提升校园网的应用和管理水平。

1. 构建网络学习环境，提高学习效率

云计算技术允许师生随时随地从任意终端访问信息及其他服务，增强了网络学习的灵活性和敏捷性，能够实现学习资源和学习工具"按需而用、即需即用、快速聚合"的目标，降低 Web 学习资源与服务的获取成本与难度，创建灵活敏捷的学习方式，从而提高学习效率，最终改善学习效果。

2. 建设校园网教育信息系统

各大高校在日常办公、教学和科研方面的硬件设施投入都是一笔巨大的开支，软硬

件不断更新升级，由此带来的高昂成本阻碍了很多高校的发展。由于云计算对终端计算机本身的要求并不高，并且将设备更新换代的任务交给服务的提供者、数据中心的建立者或者相关服务的提供商，因此学校可以通过云计算服务来完成教育机构的数据中心、网络中心的相关任务，通过云计算提供的 IT 基础架构，可以节约成本，不用再投资购买昂贵的硬件设备，也不用负担频繁的维护与升级操作费用。

3. 建立校园云计算安全平台

云计算给校园提供了最可靠、最安全的数据存储中心，学校不用再担心数据丢失、病毒入侵等问题。云计算严格的权限管理策略可以帮助学校保证数据共享的安全性；同时，数据的集中存储更容易实现安全监测，学校可将信息存储在一个或者若干个数据中心，对应的管理者可以统一管理数据，负责资源的分配、负载的均衡、软件的部署和安全的控制。

4. 数据共享

在云计算的网络应用模式中，数据只有一份，保存在"云"的另一端，用户的所有电子设备只需要连接至校园网，就可以同时访问和使用同一份数据，从而实现数据更深层次的共建共享。共同应用云计算的扩展性非常强，各院系可以将现有的硬件资源共同加入一个云中，减少各个院系在资金和时间方面的投入，并实现真正意义上的资源共享。

校园云计算建设有助于学校提升校园管理水平和公共服务水平，并有效提高教育、科研的水平和质量，创造一个更加和谐的校园环境。

二、虚拟技术及其教育应用

（一）虚拟技术概述

计算机图形学、计算机仿真技术、人机接口技术、多媒体技术以及传感技术为虚拟技术奠定了技术基础。虚拟技术的研究是一个交叉学科，虽然早于 20 世纪 60 年代，人类就开始了相关研究，但直到 20 世纪 90 年代初，虚拟技术才真正作为一门较完整的学科体系出现。简单地说，虚拟技术就是为了通过对现有的 CPU、硬盘空间、内存空间等计算机资源进行组合或分区，形成一个或多个优于原有资源配置的操作环境，所提供的一种新的访问方式的技术。在教育领域中，虚拟技术提到比较多的有虚拟仿真与虚拟现实。

1. 虚拟仿真（virtual simulation, 简称 VS）

虚拟仿真是将仿真技术与虚拟现实技术相结合，在多媒体技术、仿真技术与网络通信技术等信息技术的基础上，用一个系统模仿另一个真实系统的技术，是一种可创建和体验虚拟世界（virtual world）的计算机系统的高级仿真技术。

2. 虚拟现实（virtual reality, 简称 VR）

虚拟现实是指通过多媒体技术与仿真技术结合而生成逼真的视、听、触觉一体化的虚拟环境，使用户与虚拟环境中的客体交互作用，从而产生身临其境的感受和体验。

（二）虚拟技术的内涵与特征

虚拟技术的内涵，我们可以分为三点来理解：一是为使用者的视觉、听觉、触觉多种感官带来刺激，刺激的由来是使用各类信息技术开发的虚拟世界；二是利用这种多感官刺激让使用者有真实的沉浸感；三是师生能用动作和言语与虚拟环境中的对象进行交流。由此，我们可知虚拟技术主要有三个特征，即沉浸性、交互性和构想性。

1. 沉浸性（immersion）

沉浸性是从用户的角度来说的，其置身于计算机技术所营造的虚拟场景，使听觉、视觉甚至包括触觉、力觉等多种感知与真实环境隔离。虚拟场景能够提供人类具备的全部感知能力，使用户完全置身其中。

2. 交互性（interaction）

交互性是从人与机器的交流角度来说的，使用者与虚拟场景之间可以像在现实世界中一样，通过鼠标、传感器等输入设备与场景中的各类物体发生相互作用。

3. 构想性（imagination）

构想性是指它能使用户在虚拟场景中感知新的知识和体验新的发现。使用者通过沉浸性和交互性，对场景中的物体或者知识体系产生新的体验与发现，从而得到感性和理性的认知。它是基于沉浸性和交互性的一种高级表现。

（三）虚拟技术在智慧校园中的作用

虚拟技术能通过实物虚化、虚物实化等技术手段生动形象地表现教学内容，有效地创造一个跟随技术发展的教学环境，提高学生掌握知识、技能的效率，优化教学过程，提高教学质量，调动学生的学习积极性，突破教学的重点、难点。在教学实践中，虚拟技术主要有以下四个方面的积极作用：

1. 激发学习兴趣

相对于传统教育中知识的扁平性，虚拟现实教育的呈现更立体。将虚拟技术引入教学，在实现人与机器交流、人与人交流的同时，让学习变得游戏化、情境化，真正做到寓教于乐，促进交流、知识表达及应用。

2. 增强学习体验

虚拟技术可创设逼真的场景，提供动态的高交互设置，学习者在其中显示出较高的学习动机和参与度。除问题得到解决外，学习者在虚拟现实中学习，往往还伴随着角色扮演。学习者被赋予明确的角色，尤其是青少年学习者常习惯于这种自我表征方式，且会通过角色表达所思、所想、所感。更重要的是，这种学习体验会激发学习者的创造力和想象力。

3. 拓展学习的多维空间

虚拟技术彻底打破时间与空间的限制，消除时间与空间造成的认知阻断。大到宇宙天体，小至原子粒子，学生都可通过虚拟现实进行观察。一些需要很长时间才能观察清楚的变化过程，通过虚拟技术可以在很短的时间内呈现给学生观察。以往只能通过书本了解到的知识如今虚拟技术可以给人直观展示，带给学习者沉浸式体验。利用虚拟技术建立起来的虚拟实训基地中的虚拟设备和部件可根据需求随时更换，教学内容也可以不断更新，使实践训练与时俱进。

4. 提供更安全的学习环境

虚拟技术可模拟某些真实情境，在安全的前提下让学生学会应对某些现实场景中不可预知的危险。在虚拟实验室，学生可以用虚拟实验器材进行实验，避免危险化学品可能引发的安全问题。另外，利用虚拟技术，可以解决学校普遍存在的实验设备不足、型号落后、教学经费场地缺乏、难以跟上科技发展速度等方面的问题，使学生足不出户便可以在安全的虚拟环境里做各种各样的实验，获得与真实实验一样的体会，加深对教学内容的理解。

（四）虚拟技术的教育应用

虚拟技术的发展在带来技术进步的同时，也为教育领域的发展提供了强大助力。虚拟技术为校园带来了越来越多先进的教学手段，一方面带来了教学水平和质量的提高，另一方面让教育信息化进程紧跟时代发展的步伐，与科技进步齐头并进。随着虚拟技术在教育领域应用的不断深入，仿真实训系统、仿真实训资源、职业体验馆、数字博物馆、数字艺术馆、数字科技馆、虚拟校园服务等新兴应用正如雨后春笋般走进我们的校园。

1. 思政 VR 实践教学中心

从传统的"听讲"课堂，到多媒体可视化设备进入课堂，再到虚拟仿真教学设备和资源的应用，越来越多先进的科学技术被应用到教师的授课中，丰富了学生的学习体验并激发了其学习兴趣。思政 VR 实践教学中心是一种以思政数字化教学资源、VR 教学资源为教学内容载体的专用多媒体教学环境。该教学环境主体上可以由思政教育 VR 体验馆、思政教学 VR 教室两部分构成，通过集中运用数字化思政资源、VR 虚拟思政资源等信息化成果，使得教材及教辅内容变得鲜活、可体验和可虚拟参与，能够有效促进课堂教学效果的提升，实现传统思政课教学模式与方法的创新，并可以进一步向思政虚拟互动实践场景等领域探索与发展。

（1）思政教育 VR 体验馆

思政教育 VR 体验馆使个体在形体、情绪、知识上进行参与，学习者通过参观、操作、使用体验馆中多媒体设备、VR 设备，以及通过展品的文本、动画、视频、VR 虚拟场景等形式的解释性说明学习思想政治内容。以思政教育的要求为目标，依托 VR 技术沉浸式教学的优势，对思政教育 VR 体验馆进行了整体布局并提出以下要求：

第一，根据真实场馆或遗址设计虚拟展馆。

第二，以学生的体验式学习为核心进行功能性设计，学生可置身于 3D 虚拟场馆中，以不同的视角和线路参观学习。

第三，三维场景逼真，展品内容丰富、形式多样。

第四，集成文字、图片、视频、背景音乐、语音解说等多种媒体，立体化、多方位呈现信息。

第五，图片及其中文字需清晰可辨，视频需依据知识点剪切成微片段嵌入到相应位置。

第六，系统界面设计贴合主题、美观大气，需包含展厅切换的按钮、视音频链接热区以及讲解语音切换的 UI（用户界面）元素等。

（2）思政教学 VR 教室

思政教学 VR 教室构建有数字化体验式教学平台和一系列经过互动化设计的思政课，搭配思政课理论教学资源包，教师可充分利用智慧教室互动设备和多媒体资源，采用双师课堂、云端思政课、翻转课堂等方式，由灌输式的单向教学模式变为双向互动教学模式；在思政教学 VR 教室配备有 VR 眼镜和 VR 系列课程，利用集中教学或自主体验的方式，学生可通过 VR 眼镜主动、沉浸式地学习党和国家的历史等 VR 课程。

2. 虚拟校园漫游系统

基于三维建模式的虚拟校园系统是运用虚拟现实技术、Web3D 技术和数据库技术，对学校的建筑物数据、校园网络结构、属性数据和其他数据进行处理，建立基于网络的、可交互操作的三维数字化虚拟校园信息查询系统，实现视图操作（平移、旋转、渲染、光照、雾化、视点变换）、三维漫游（绕点漫游、沿路径漫游、自由漫游）及漫游控制等功能。

用户可以在系统中行走、鸟瞰以及选择不同的摄像机视图来多视角观看校园景观，以达到全方位认识校园的目的。三维数字化虚拟校园对于建设和谐校园、校园庆典、校容校貌的展示等具有非常重要的作用，它必将成为校园信息化建设的重要组成部分。

3. 虚拟仿真实验教学平台

虚拟仿真实验教学平台（图 2-2）是一个利用信息技术模拟真实的实验环境，为学生提供实验操作的在线学习系统。该平台通过高精度的虚拟实验环境，使学生能够在不同的地理位置进行实时的实验操作和学习，打破了传统实验室在时间和空间上的限制。

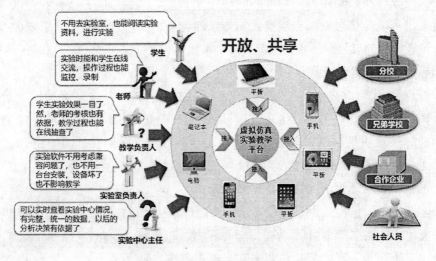

图 2-2 虚拟仿真实验教学平台

下面，将详细分析虚拟仿真实验教学平台的多个方面：

（1）功能特点

模拟实验环境：虚拟仿真实验教学平台能准确再现真实的实验设备和环境，让学生能在接近真实的条件下进行实验。实时交互反馈：平台支持学生与虚拟实验环境的实时互动，及时反馈实验结果，便于学生理解和消化实验知识。安全无风险：相比传统实验可能存在的安全隐患，虚拟仿真实验可以在安全的环境下重复操作，避免了真实实验中可能出现的危险。自主灵活学习：学生可以根据个人时间安排，自主选择实验项目进行学习，实现学习时间的个性化管理。跨地域共享资源：虚拟仿真平台跨越地理限制，允许不同地区的学生共享同一实验资源。

（2）技术支撑

网络技术：平台基于互联网技术，确保了数据和信息的快速传输与处理。仿真技术：采用先进的计算机仿真技术，模拟实验现象和过程，确保实验的互动性和真实感。云计算：利用云计算技术，保障了大规模用户访问时的系统稳定性，并实现了数据的集中管理和备份。虚拟现实：部分高端平台引入虚拟现实（VR）技术，进一步增强了实验的沉浸感。

（3）应用范围

学科覆盖广泛：平台涵盖了从基础物理、化学实验到复杂的生物、工程乃至核物理实验等众多学科领域。适用人群多样：不仅适用于在校学生，也适合从业人员及爱好者进行专业能力的提升和兴趣拓展。

（4）教育影响

促进理解深度：通过对实验环节的直观感受，学生对理论的理解更加深入。培养实验能力：平台的运用帮助学生在没有指导的情况下也能正确完成实验，培养独立解决问题的能力。提高教学效率：教师可以通过平台实时监控学生的实验进度和操作情况，及时进行指导，提高了教学效率。

（5）面临挑战

技术支持需求高：维护一个高质量的虚拟仿真实验教学平台需要不断的技术支持和更新。网络依赖性强：平台的有效运行高度依赖于稳定且快速的网络连接。实验感知差异：虚拟实验虽趋近真实，但仍存在与实际操作不同的感知体验。

虚拟仿真实验教学平台以其独特的优势正在改变传统教学和学习方式，它不仅提供了安全、便捷、高效的实验环境，还提高了学生主动探索与动手实践的能力。随着技术的不断进步和社会对教育质量的更高要求，这一平台将在未来的教育教学中扮演越来越重要的角色。

第三节 大数据与人工智能

一、大数据技术及其教育应用

（一）大数据技术概述

大数据的出现最早可追溯到 1970 年，当时著名的未来学家阿尔文·托夫勒（Alvin Toffler）在《未来的冲击》中就对大量数据、非结构化数据、信息通道和信息过载有了惊人的预测，书中指出，大量的"人工编码信息"将代替自然信息，充斥人们的生活，却又有惊人的准确度。但这时的大数据只是在一些特殊行业小范围有所应用，对社会的影响范围有限。

从技术层面上分析，一些全球知名公司如麦肯锡、高德纳（Gartner）和知名信息化企业如 IBM 等给出了自己对大数据的界定。他们认为，大数据并不只是一项单一的技术，而应该是从存在的一个技术概念逐步发展延伸的一套技术。大数据以海量数据为基础并加以分析，依托数据和分析衍生出各种高价值的产品、服务和见解，让数据能够得到最高效利用。

大数据作为信息社会发展的一个新生事物，目前尚处在逐渐被认识、被应用的初始阶段，学术界和 IT 行业对大数据的理解各有侧重，尚未形成一致的认识，因此很难对其进行精准的定义。

（二）大数据技术的内涵与特征

1. 大数据技术的"4V"理论

大数据在诞生之初仅是 IT 行业内的一个技术术语，维基百科将其定义为"所涉及的数据量规模巨大到无法通过人工在合理时间内实现截取、管理、处理，并将其整理成为人类所能解读的信息"，大数据的特征被概括为"4V"理论。

（1）海量化数据（volume）

即体量巨大、规模完整的数据。随着网络带宽的发展和扩容，数据加工处理技术的进步，以及各类网络活动的不断增多，数据产生量和存储量呈指数增长，数据规模已经发展到了 PB 级别。

（2）多样化结构（variety）

即数量众多的数据类型。随着网络活动越来越频繁，活动的类型也越来越多样化，这些不同类型的活动所产生的非结构化数据所占比例越来越大。

（3）高速度处理（velocity）

即对各类数据的高速度处理。数据规模的扩张速度越来越快，对数据处理技术也提出了更高的要求，传统的数据处理方式已无法满足当下数据发展的需要，我们需要时间敏感性更强和分析决策性更准确的高速数据处理方式。能够实时捕获数据信息并加以处理是大数据和传统的数据处理技术最本质的区别之处。

（4）低密度价值（value）

即大数据运用的真正价值。现实数据规模巨大并不断累积，但数据的规模并不匹配数据价值，相反，这些数据间存在更多的稀缺性、不确定性和多样性。

2. 大数据技术概念的新解读

随着大数据概念的普及，其内涵已经不仅仅局限于技术维度，还在演变过程中不断扩展，形成了一个语义更加丰富、维度更加多元的综合性概念。

（1）大数据是一种技术

大数据的数据规模非常大，一般认为需要达到PB级别，在这庞大的数据之中不仅包括结构化数据（如数字、符号等数据），还包括非结构化数据（如文本、图像、声音、视频等数据）。这使得大数据存储、处理和应用很难利用传统的关系型数据库去完成。要挖掘有价值的信息，需要利用可视化分析、数据挖掘算法、预测性分析能力、语义引擎和数据质量管理等技术对海量数据进行快速处理，从而获取有价值的信息。

（2）大数据是一种能力

大数据是一种分析能力，是在海量数据中寻找内在价值或联系的能力；大数据是一种预测能力，通过对海量数据的分析找到事物发展的规律，进而预测未来；大数据是一种创新能力，大数据通过对数据的整合，将看似不相关的数据进行重组和分析，挖掘数据的潜在价值，进而实现数据创新，这种创新有可能带来产业的转型，也可能创新某种产品。

（3）大数据是一种理念

首先，尊重数据，承认"数据是资产"；其次，打破以往"数据是权力，不愿开放共享"的思想，实现开放共享才能共赢；最后，树立"用数据说话"的决策理念，改变原来更多依靠"经验决策"的传统模式。

（4）大数据是一个时代

大数据时代是一个以数据为重要资产的时代，政府将加强对数据的治理和管理，提升数据控制力和国家控制力。每个个体都可以表达意愿，使得社会更加个性化、民主化、自由化和开放化。

（三）大数据技术在智慧校园中的作用

大数据技术在教育信息化中的作用，可突出表现为"四种效应"：整合效应、降噪效应、倍增效应和破除效应。

1. 对教育的整合效应

教育信息化，在进行信息系统建设的同时，必须注重系统中的内容和数据的建设。在如今的大数据时代，数据的价值往往超过系统本身，数据重于管理、管理重于技术是信息化领域比较公认的规律。而要使大数据的核心价值得以体现，这些数据必须处于"开放"的状态，大数据就是通过研究数据来分析得出事物发展内在的客观规律，这些规律的价值受到数据的真实性和广泛性的影响，怎么样获取更广泛、更真实的数据是当前大数据发展亟须解决的问题。由于各个领域所产生的数据长久以来缺乏必需的开放性，不同的行业主体都拥有各自领域的大量数据，而这些主体基于各种原因并不愿意免费分享数据。同样的状况也出现在教育领域，不同学校、教育管理部门、教育培训机构等经过多年的信息化建设和沉淀，已各自拥有独特的教育数据资源，其中一些优势的资源被一部分主体所垄断。随着信息技术的发展，信息化教育资源的应用越来越普遍，其需求量也越来越大，单一的信息化教育资源增长已经不可能满足需求端的增长速度，因此，我们需要将海量的、高质量的、颗粒度较细的教育数据汇聚起来，让这些数据关联、交互产生更高价值的信息，从而通过"开放共享"的模式来促进教育资源的增长，产生"1+1＞2"的规模效应。大数据的应用已经引起了教育领域的量变，并为其质变提供了必要条件。

2. 对教育的降噪效应

噪声是被测量的变量的随机误差或方差。数据的海量增长，并不意味着人们自身的理解能力和分析能力在同步增长。大部分信息都只是噪声而已，而且噪声的增长速度要比信号快得多。大数据的降噪功能在教育中也经常被用到，例如，基于大数据分析与长期的结果验证，大数据学情分析模型被不断优化，我们可以根据模型从海量的学生相关数据中自动挑选出有效数据，并加以精准分析，"噪声"数据被自动舍弃。基于大数据手段，我们既提高了学情分析的精度，更大大提高了分析的效率，能够基于日常数据迅捷、精准地刻画学生特点、洞察学生学习需求、引导学生学习过程、诊断学生学习结果。

3. 对教育的倍增效应

大数据起到了将以往休眠的数据激活、将静态的数据变为动态数据的"催化剂"作用，让教育数据产生更多的"倍增效应"。一方面，大数据在破解传统教育所面临的"教改难""择校难""入园难"等问题上将发挥独特的优势，"数据驱动决策""数据驱动流程"的模式将在教育行业得到广泛应用；另一方面，大数据给教育领域创新带来了新的活力，在帮助教育产业转型、创造新的教学模式、进行技术创新等方面都将发挥积极的作用。

4. 对教育的破除效应

由于标准体系的不健全和缺乏信息化统筹推进机制，我国各地、各层级的教育信息系统在数据规范、接口标准等方面缺乏协同，互通性较差，信息孤岛现象严重。这就需要大数据技术对教育行业内部和行业间的"数据孤岛"现象进行科学处理。引入大数据技术的目的就在于统一异构数据、打破数据壁垒，实现与其他部门数据的互联互通和互利互惠，使数据更易被保存应用的同时，赋予数据智慧的属性。例如，学校系统可以和社会招聘系统的数据系统互联互通，通过对当下社会需求的分析，合理配置专业和教学资源，正确引导学生创业、就业。

（四）大数据技术的教育应用

随着教育信息化进程的推进，学习、教学、科研、管理过程无时无刻不在产生海量数据。大数据时代的到来给教育教学变革和教育理论创新提供了前所未有的大好机遇。大数据的思维和理念可以为变革教育策略与评价方法、创新教育教学模式、优化教育决策等提供客观依据以及新的研究视角，能够更好地推动教育与技术的深度融合。

1. 数据挖掘与学习分析有助于教学决策和评价

教育大数据记录了教学的过程，并能发现新的知识点，创造更大的教育价值，促进和优化教学策略与评价方式。在移动互联网时代，知识的获取变成以学生为中心，每个学生的智力特点和吸收知识的水平都是不一样的，移动互联网恰恰支持了以学生为中心的学习模式，突破了传统的教学模式。新兴的教育技术与资源使得教育更加以学生为中心，使教育从批量进行到个性化实施成为一种可能；教师的教育思维也从宏观的群体教育向微观的个体教育转变，促进了以学生为中心的个性化教育的实施，进一步使得因材施教成为一种可能。

从技术层面上说，学生在互联网等媒体上留下的任何数据痕迹，都可以被分析，我们从中可以发现数据背后隐藏的学生的学习特征、兴趣爱好、行为倾向等与教育教学相关的状态信息。从这个意义上来说，未来的教育发展方向就是应用数据挖掘和学习分析等大数据技术去实现精准个性化教育。

大数据技术可以提取教师课堂教学计划、课堂教学评价、课堂视频资源中的各种数据，从而为预测、处理教学行为和学习心理提供重要依据，为教学评价提供较为全面和完整的信息，克服评估主观性强的缺陷，使教学评价不再是经验式的，而是在大数据基础上的"归纳"，更具说服力和公信力，实现教学评价的客观公正与科学正确，以及教学决策的针对性与时效性。

2. 实现教学、学习的差异化和个性化

大数据的应用使学习和教学的个性化得以体现。运用大数据技术使教师获取的数据信息更全面、更丰富，从而通过数据分析形成针对性更强、更高效的教学设计和方法，大幅提升教学质量。

3. 加强学校基于数据的管理

大数据对于学校教育管理具有重要的价值，有利于实现教育管理的科学化和精细化。学校管理离不开信息，学校是培养专业人才、传授知识和创造知识的场所，拥有众多的专业学科，学校管理中的各种控制活动和决策（如培养目标的确定、教学计划的制订、教学质量控制、教学评估、教学组织指挥、学生管理、教师管理等）都蕴藏着海量的信息资源，并不断产生各种新的数据。因此，大数据的处理和挖掘对于学校管理具有关键性作用。同时，对于重要管理对象的数据，学校可从不同维度对同一个对象进行数据记录，数据之间可以相互印证，形成多源的大数据管理对象。学校应着眼于过程管理控制、活动管理、管理决策，全面归集管理所产生的大数据，并从中挖掘有用信息。

4. 教育舆情监测与剖析

教育事业关系重大，不仅影响青少年的健康成长，更影响着一个国家未来的发展，因此与教育相关的安全、体制、资源权衡等问题历来是社会普遍关注的热点，教育话题一直都是人们生活和网络舆情的焦点。而随着网络活动在师生生活中的比重越来越大，教育网络舆情已经成为关乎教育发展的重要力量，教育网络舆情虽然可以增强社会公众对教育的公信力，但是也可能会给教育系统带来严重的负面影响。鉴于教育网络舆情监测与分析对教育决策者的重要性，将教育网络舆情监测和分析系统化、规范化和精准化，对于提升教育治理水平具有重大意义，有助于现代教育改革的推进和发展。技术的进步势必会带来生活的改变，师生交流已不限于传统的面对面或一对多的交流模式，更多的网络社交工具出现在校园生活中，这一状况为学校通过大数据技术准确把握师生群体的言论动向，快速预测教育舆情创造了有利条件，教育舆情监测和剖析的系统化运行则能将这些有利条件充分利用起来。

（五）教育大数据的挖掘和学习分析技术

近年来，随着大数据的推进与发展，教育大数据处理与分析技术已经成为推动教育改革与发展的驱动力，引起了各国政府和教育行政部门的高度重视。

大数据为海量教育数据的存取提供了技术基础，但原始的教育数据只是教育大数据的基础，相关人员只有对采集到的各种数据进行深度挖掘，构建学习分析模型，发现教育变量之间的关系，并赋予数据相关意义，才能使数据转变为信息；信息经过进一步分析和综合，形成知识，最后通过实践运用，才能上升到智慧层次。因此，教育大数据挖掘和学习分析技术是教育大数据领域的关键技术。

1. 教育大数据的挖掘技术

教育大数据挖掘（education data mining）技术是综合运用数理统计、人工智能与机器学习和数据挖掘等技术与方法，通过构建数据模型，对教育原始数据进行统计、分析处理，对学生的学习效果、学习内容、学习资源和学习行为等变量进行相关的分析，从而有效地预测学生未来学习趋势的技术。其可为教育工作者、学生、学生家长、教育教学研究者以及教学软件开发者提供支持，帮助我们实现教育系统中教育资源的良性互动，最终提升教学效果。

2. 教育大数据的学习分析技术

学习分析（learning analytics）技术的研究对象是学生及其学习环境，目的是通过对教育海量数据的分析和建模，发现潜在问题，优化和理解学习行为，预测学生在学习中的表现。学习分析技术利用数据挖掘、数据解释与数据建模的优势，对学习平台中积累的大量数据信息进行采集、存储、分析和展示，并分析测量结果，以评估、预测和干预学生的学习行为，为个别学生量身定制更有效的教育模式，进而改善和提升教与学的质量与效能，实现改善教学模式和促进学习进步的目标。

二、人工智能技术及其教育应用

（一）人工智能技术概念

人工智能（artificial intelligence，简称 AI）既能实现对人类智能的模拟，也是对人类智能的延伸和扩展。人工智能一般包括人工智能理论、人工智能方法、人工智能技术及人工智能应用系统四部分。它是一门综合性学科，涉及计算机科学、哲学和认知科学、数学、控制论、信息论、神经生理学、心理学、语言学等学科。众所周知，科学技术已经能够让机器替代人类进行体力劳动，而人工智能将实现机器对人类脑力劳动的替代。从终极目标来看，人工智能将制造出能像人一样行动、思考的机器。因此，对人工智能的理解可以分为两个方面：一方面，人工就是为特定目标设计出来的、能被人控制的物理过程；另一方面，智能是人工智能的核心概念，对智能的理解将决定人工智能的研究方向和实现途径。但是智能从哲学层面来讲，涉及意识、自我、思维等相关概念，很难针对智能得出统一的答案。

当前对智能的认识主要有三种观点：一是智能源于大脑神经网络，知识是一种信息，而大脑神经元之间的相互作用是信息传递的关键，也是产生思维的物质基础；二是智能源于知识，智能是大脑抽象思维的产物，表现为知识、语义、推理等过程，因此，知识表示和运用是智能系统的核心；三是从生物进化论的角度看，智能是人或者其他动物在与周围环境的感知和交互中演化而来的，因此，与环境的互动行为才是智能的体现。

（二）人工智能技术的内涵与特征

人工智能已经出现在人们日常生活的方方面面，我们所常见的刷卡感应系统，各种社交软件的语音谈话功能、人脸识别系统、指纹监测系统、机器人保姆等，都涉及人工智能技术的应用，都是人工智能的一部分。如今人工智能应用随处可见，小到我们日常生活中使用的各种人工智能产品，大到足以帮助整个社会进步发展的智能机器人。当代人工智能主要为人类提供了以下几个方面的服务。

1. 进行智能信息检索

人工智能可以将信息检索工作智能化。利用人工智能信息检索系统的技术特点，既可以减少人工检索带来的失误，也可以大大提高检索工作效率，使信息获取工作实现精准化、细致化，让原本很难完成的工作在人工智能技术的帮助下得以完成。

2. 处理复杂数据

人们普遍认为人工智能是能够模拟人脑思维活动的一种智能手段，人工智能设备不仅具有强大的记忆能力，还有超强的逻辑分析能力，能够自行处理许多复杂数据的问题。人工智能和人脑一样具有复杂的神经网络结构，一旦遇到棘手的问题，它们就会利用强大的记忆力，对问题进行逻辑推理和智能化分析，快速得到解决问题的方法。目前，人工智能相较于人类本身的思维能力还是略逊一筹的，但人工智能拥有人类无法比拟的强大记忆力和对复杂数据的处理能力。人工智能设备在不断储存知识的同时，运用其对复杂数据进行分析和推理证明的能力，帮助人类处理这些大数据，不仅减轻了人类的工作负担，更是让人类处理数据的能力范畴达到了空前的高度。

3. 识别各种模式

自然语言的识别、图像与图形的识别、文字与声音的识别、人脸识别、指纹识别等人工智能识别技术越来越多地出现在人们的视野里，这些功能为人类生活带来了各种各样的便利。现如今，人们越来越多的交流沟通借助网络或电子设备来完成，这就需要通过人工智能将网络或者电子设备上的各种信息进行识别，然后将识别后的信息告知用户，用户才能进行正常的沟通与交流。一些生活中常见的社交软件都会设有语音识别功能，人们网络交流的手段已经不再局限于文字表达，还可以采用更方便的语音识别功能。这个语音识别功能就得益于人工智能识别技术。人工智能识别技术的应用给师生生活、工作带来的便利还有很多，这也让我们对人工智能的发展有了更多的期待。

能称之为人工智能的系统应该具有三个方面的特征：从数据或经验中学习的能力、运用知识的能力、处理不确定性的能力。

（1）从数据或经验中学习的能力

系统需要具备从数据中或过去的经验中学习的能力，这通常需要运用机器学习算法。更进一步，如果系统具备从环境交互中学习、在与用户交互过程中动态学习的能力，具备一个不断进化和进步的学习能力，那么就可能具备更高的智能水平。同时，在学习过程中应该融入尽可能多的知识类信息，方能够达到支持智能系统的要求。

（2）运用知识的能力

知识是智能体现的一个最重要的维度。听、说、看能力如果不考虑内容的深度，则仅仅是停留在感知智能的层面，只能与环境交互和获取环境的信息，其智能表现的空间就非常有限。只有基于知识的智能系统，才能够从根本上趋近人类的逻辑推理等深层次的智慧表现。知识可以归纳为关于客观事物的规律、经验、规则，或者各种常识的描述。人工智能系统应该能够很好地存储与表示、运用知识，并基于知识进行归纳推理。只有将知识与数据融合，逻辑与统计结合，才能够催生真正拥有认知能力的智能系统。

（3）处理不确定性的能力

在现实生活中，任何事情的确定性都是相对的，不确定性是绝对的。因此，人工智能系统还应该具有很强的处理不确定性的能力，应该能够很好地处理数据中的不确定性（噪声、数据属性缺失等）、模型决策的不确定性（决策结果的置信度等），甚至模型内部参数的不确定性。例如，无人驾驶系统就需要处理各种各样的不确定性，如环境的不确定性、决策的不确定性；阿尔法围棋（AlphaGo）系统采用强化学习，以概率方式探索不同的落子方法。

（三）人工智能技术在智慧校园中的作用

人工智能技术在校园中的有效运用，对学生、教师以及校园整体的发展产生了质的影响，实现了智慧校园、平安校园以及校园多种智能化服务，为师生带来了诸多的便利和安全。此外，人工智能对于弥补当前教育存在的种种缺陷和不足，推动教育发展改革和教学现代化进程起着越来越重要的作用。人工智能对教育的影响主要概括为：提高教育信息素养、提高教与学的思维能力、提高教学的质量和效率以及提高教学的个性化和交互性等。

1. 提高教育信息素养

人工智能教育让我们能够提高信息获取、加工、管理、呈现与交流等能力，进而提升对信息及信息活动的过程、方法、结果的分析能力。人工智能将知识转化成计算机可以识别的信息进行储存并生成"信息库"，然后模拟"人类智能"形成"计算机智能"，利用"计算机智能"对"信息库"进行快速、精确、自动、科学的处理。人工智能的本质就是对"知识信息"的智能化处理，对知识信息进行形式化的表示、自动化的推理，实现智能化的教学或创造。

2. 提高教与学的思维能力

利用人工智能技术进行教学，一方面可以让学生体验、认识人工智能知识与技术，另一方面可以加深学生对解决非结构化、半结构化问题的理解能力，进而培养学生多角度思维的能力。学生通过了解处理复杂问题的思路和方法，从而得到自身思维能力的提升。

3. 提高教学的质量和效率

教育中的人工智能应用可以有效提升教学的质量，有别于传统讲述的教学方式，人工智能可以对学习者的需求进行智能分析，向学习者展示大量图文并茂的信息和数据，甚至可以向学习者展示模拟数据变化的过程和预期的结果，让学习者能够更容易地理解和掌握所学的每一个知识。另外，教育中的人工智能应用还可以提高教学效率。计算机运用人工智能技术可以自动帮助教师完成一些常规性的教学基本工作，让教师把更多的精力关注于教与学的过程和行为方式，通过减少教师的工作量提高教学效率。

4. 提高教学的个性化和交互性

智能代理和智能教学系统的应用，为教学过程的个性化、交互性奠定了技术基础。智能代理技术可以根据需要主动、快速地从网络信息中找寻并收集各种所需信息，有助于解决信息检索精确度要求较低的大范围检索问题。人工智能在教与学的过程中发挥着重要作用，教师通过人工智能技术能够做到因材施教和更高效地进行教学，学生则通过人工智能技术很方便地获取有效知识。传统教学通常是教师一对多的教学模式，全面的个性化和交互性根本无法实现，而人工智能高效精准的特性为个性化和交互性贯穿于整个教学过程奠定了技术基础。

（四）人工智能技术的教育应用

伴随着人工智能的发展，智能机器人在教育领域大放异彩。从只具有一般编程能力和操作功能到更加"人性化"，智能机器人在教育领域中的应用为减轻教师负担，替代教师日常工作中重复的、单调的、程序化的工作，缓解教师各项工作的压力等问题提供了可能性。

在当前的学校教育中，大班化教学仍是主流，教师往往要同时顾及几十个学生，每天花费大量的时间在备课、批改作业上，往往下班之后还要继续工作，不能及时关注每一位学生的心理情绪变化。大班化的原因主要是学生人数较多，而学校设施配置、教师人员配置跟不上，从而导致教师工作压力大，没有时间和精力为所有学生制订个性化教学方案。人工智能的出现为解决规模化学习环境中如何减轻教师工作负担提供了新思路。

1. 智能测评机器人（智能测评系统）

智能机器人的数据库有知识库和交互数据。知识库中有着多门学科的知识，知识库存储的知识可以分为三类：学科知识、学习资源和关系知识。能够根据知识库中的数据对作业进行批阅，以保证批阅的准确性。交互数据则储存了给学生批阅作业时的行为数据，收集了学生与智能机器人进行交互的数据，并且通过对这些交互数据的分析，实现对学生的认知诊断。

智能测评机器人的主要功能有两个：智能批阅和个性化作业与学习评估。智能批阅是根据知识库中的知识以及知识之间的相互关系对作业进行智能化的批阅，不仅能够批阅客观题，也能够批阅主观题。个性化作业与学习评估是基于交互数据对学生的认知诊断结果，结合知识库中的知识，智能地为学生定制作业，包括对基础知识的复习、对重难点知识的练习以及对有所欠缺知识模块的巩固复习，根据学生作业的批改结果，对学生学习情况进行智能评估，并生成个性化的学习反馈，有助于教师更精准地制定教学方案，实现因材施教。

智能测评机器人能在一定程度上解放教师，替代教师日常工作中重复的、单调的、程序化的工作，缓解教师的压力，使得教师能够处理以前无法处理的复杂事项。智能测评机器人的批阅过程不受时间、环境等随机因素影响，避免了教师批阅可能产生随机错误的可能性，能记录每个学生的知识掌握情况，为学生提供以前无法提供的个性化、精准的服务。智能测评机器人使得教师传授知识的效率大幅度提升，有更多的时间与精力去关注每个学生身心的全面发展。但智能机器人目前只能进行简单的批阅与出题，主观题的批阅准确度还有待改进，而且可以处理的数据目前仅针对学生的日常作业，不能全面分析学生的学习情况，距离能够帮助教师教学、教研还有一定的差距。

2. 教育机器人

教育机器人是具有教与学智能的服务机器人，其构建了全新的学习环境，改变了传统的教条化教学方式，与教师、学生一起参与到课堂活动中，成为教学主体之一。教育机器人能够协助教师开展教学活动，激发学生的学习兴趣，帮助学生解决疑难问题，为课堂氛围注入新活力。

教育机器人通常用于进行 STEAM 教育、语言学习、特殊人群学习等主题的辅助与管理教学中。教育机器人作为智慧学习环境的重要组成部分，正在改变传统的教学方式和提升教育质量。教育机器人在 STEAM 教育中扮演着关键角色。STEAM 教育注重科学、技术、工程、艺术和数学的综合应用，教育机器人通过实践操作和编程教学，能有效培养学生的创造力和综合解决问题的能力。例如，学生们可以通过编程让机器人完成特定任务，从而理解机械结构和运动特征的关系。

教育机器人在语言学习中发挥着重要作用。例如，通过与机器人的互动对话，学生们可以提高语言表达能力和听力理解能力。对于英语教育，利用教育机器人辅助学生学习英语，不仅能满足学生的学习需求，还能充分发挥机器人的功能优势。

教育机器人也在特殊人群学习中展现出巨大潜力。对于孤独症儿童等需要特别帮助的群体，教育机器人可以提供个性化的学习方案和互动方式，帮助他们更好地融入学习环境，并取得更好的学习效果。

3. 智能教育管理

智能教育管理是指利用人工智能技术对教育活动进行自动化、智能化管理和服务的一种现代教育形式，旨在提高教育管理的效率。随着科技的快速发展，特别是人工智能技术的广泛应用，智能教育管理逐渐成为推动教育现代化的重要手段。具体有（1）教学管理自动化：利用人工智能技术自动布置和批改作业，实时监控和分析学生学习行为，从而提高教学效率。（2）学校管理数字化：通过建设信息化平台和应用系统，实现学校各项管理工作的数字化，提升管理的透明度和便捷性。（3）教育评价智能化：运用智能算法对学生学习数据进行多维度分析，提供个性化的学习评估和辅导建议，助力学生全面发展。

4. 人工智能教育大模型

人工智能教育大模型是一种结合了大规模数据集、深度学习技术和教育领域专业知识的人工智能模型，人工智能教育大模型利用监督学习、强化学习、预训练模型等技术手段，自动生成各种教学资源和内容，旨在通过个性化学习资源和互动式教学方法，推动教育的数字化转型和智能化升级。这些模型不仅拥有数十亿甚至数百亿的训练参数，还能够结合通用知识与专业知识进行训练，从而实现在教育场景中的应用。随着大模型技术的深化发展，从通用大模型到教育领域的专用大模型成为趋势。目前，全球范围内已有多个典型应用案例，如口语练习、数学学习、情感分析和个性化推荐等领域的解决方案。例如，科大讯飞推出的星火智慧黑板集成了多模态理解与推荐、全自然交互、虚拟人辅教等功能，显著提升了教师的教学效率和学生的学习体验。

教育部强调深化实施国家教育数字化战略行动，建立国家智慧教育公共服务平台，促进优质教育资源广泛共享，大力推进智慧校园建设，打造中国版人工智能教育大模型。教育大模型将从学习空间、学习资源、教师角色等方面推动教育数字化转型和智能化升级，形成人机协同共生的教育新生态，通过整合先进的 AI 技术和教育专业知识，不仅优化了传统教学方式，还为学生提供了更加个性化和互动化的学习体验。这种模型的持续发展和应用将为教育行业带来深远的影响，特别是在提高教育质量、实现教育公平以及培养未来人才方面具有重要意义。

5. 校园智能安防系统

在国家对校园安全如此重视的背景下,如何提供安全的校内外环境、防范犯罪事件发生和健全安全管理制度关系到整个学校的发展。因此,基于摄像头和保安人员巡护的传统校园安防已不能满足如今的需要,而人工智能技术在校园中的应用为解决校园安防中存在的难题提供了可能。

智能安防系统能提供智能化、定制化等监控管理功能,实时监控整个学校的安全情况,对人和车辆自动识别并且进行定位跟踪,智能推送最佳路线,合理规划安排停车位,最大限度保卫校园安全。

该智能安防系统包括人脸识别门禁系统、车辆出入识别系统、GPS 定位跟踪系统、智能停车系统等子系统。

基于人工智能的智能安防系统能够对来访人和车辆自动识别,既提高了进出校园的效率又增强了安全性,对人和车辆的 GPS 定位跟踪使得系统可以一直跟踪定位外来访客及车辆,或是嫌疑人员,以防造成校园意外事故;能够根据预约信息智能安排停车位,并对违停车辆实行黑名单制,被加入黑名单的车辆将被车辆出入识别系统拒绝进入,能够严格监控进入校园的人以及车辆的行踪,并随时定位。智能安防系统的使用将大大缩减人员及车辆入校的时间,还让校园安全程度有增无减,不仅排除安保人员玩忽职守的可能,也减轻安保人员的工作负担,使安保人员有更多的精力应对突发事件,将发生意外的可能性降到最低。

第四节 5G 与数字孪生

一、5G 通信技术支持智慧校园建设

作为新一代宽带移动通信技术,5G 通信技术面向增强移动宽带、超高可靠低时延通信和海量机器类通信三类应用场景。从教育层面看,5G 通信技术能从移动学习体验、交互沟通方式、沉浸互动环境及学情精准画像等角度,创新教育模式、强化教育实效。智慧校园作为"5G+ 智慧教育"应用试点计划的重要内容之一,是 5G 通信技术应用于高校教育的重要形式。智慧校园基于多元化新型信息技术的创新发展,通过数据治理和规划,构建综合信息资源和数据服务平台,强调创新、开放、共享等发展理念,支持智慧学习、智慧教学、智慧科研、智慧管理等一体化教育模式的开展,是教育信息化发展的必然趋势和高级目标。在 5G 通信技术支持下建设的智慧校园,能转变传统教育模式,创新高校治理机制,同时优化教育服务,在教育信息资源的充分整合中促进教育信息对称,全方位提高高校办学质量,助推高校立德树人根本任务的高水平实践。5G 通信技术的特征也对其应用提出了较高要求。在基于 5G 通信技术建设智慧校园的过程当中,高校也迎来了宏观规划、信息素养、网络安全等层面的挑战,在新时代背景下,紧抓 5G 通信技术发展机遇,探索"5G+ 智慧校园"建设途径已成为高校面临的重要任务。

（一）5G 通信技术支持下智慧校园的应用场景

1. 5G 赋能情景体验式教学，构建智慧教学新场景

教学是学校教育的核心。应用 5G 通信技术建设智慧校园，可发挥 5G 在智慧教学层面的积极作用，以远程互动教学、VR／AR 情景体验式教学等形式打造智慧教学新场景。其一，借助 5G 通信技术增强移动宽带应用场景，可在稳定传输高清视频的情况下开展远程互动教学：教师可利用智能化终端设备，将教学信息资源安全、可靠、稳定地传输到云端，突破时空局限，在多地、多校教室进行同步授课，还能借助平台支撑构建远程互动新型教学模式。其二，教师还可在 5G 通信技术信息资源高速率传输的基础上，融合人工智能、元宇宙等信息技术，创设虚拟的教学情境，为学生提供沉浸式的学习体验，同时，以 VR／AR 等移动化可穿戴设备提升学生参与教学的积极性，深化师生互动，以情景体验式教学营造浓厚的智慧化教学氛围，形成智慧教学新场景。

2. 5G 赋能过程化教学评价，构建智慧测评新场景

在智慧校园建设中，AI 应用是未来进步的方向。5G 通信技术能在单位时间和网络单元中采集更全面的教学数据，并快捷传输，从而实现 AI 在教育中的灵活应用。在教学评价环节，应用 5G 通信技术能实现师生表现数据化、作业分析自动化、学生学习水平评判精准化，从而运用 AI 智慧测评逐步完善智慧校园中的智慧教学环节。为此，高校可在教室中设置 AI 摄像头，用于采集信息并实现数据转变。同时，高校可利用 5G 通信技术将师生在课堂中的表现、教学内容、教学形式等信息实时传输至云端，在智慧校园管理系统、移动终端中进行结果统计和评价分析，最终形成教学过程的实时互动及教学评价的多元创新。基于此，高校可实现对课堂教学过程的全面把控，还能以智慧化教学测评完善智慧教学环节，全面反馈教学结果，以评促教、以评促改，助推智慧校园的建设与完善，以及 5G 通信技术的高质量应用。

3. 5G 赋能智慧化校园管理，构建智慧管理新场景

应用 5G 通信技术建设智慧校园，最终目的是为全校师生提供全面、智慧的教学以及科研、管理服务，更好地满足师生在校学习、生活的需求。运用 5G 通信技术，能在基础设施逐步完善的基础上，健全智慧化校园管理体系，通过优化 OA 系统、人事管理系统、财务管理系统、学生服务系统等，为师生提供智慧化管理及服务，简化办事流程，便利师生学习、生活，提升教育管理效率，最终形成智慧管理、智慧服务新场景。

（二）5G 通信技术支持智慧校园建设的路径

1. 优化技术应用宏观规划，引领智慧校园高效推进

高校应优化宏观规划，健全技术应用管理机制，结合 5G 网络的高效运行、数据信息的标准化收集与使用，全方位引领智慧校园的高效发展。首先，高校应健全 5G 通信技术应用的管理机制，立足办学实际，明确智慧校园建设目标，科学制订智慧校园建设方案，以有效引领技术应用、智慧校园建设。具体来说，高校应加强专业工作者与管理者、

教师、学生等主体之间的交流，多元协同制订 5G 通信技术应用的有效方案，同时确保智慧校园建设符合落实立德树人根本任务的要求，为高校教育教学活动的高质量开展提供必要支撑。其次，高校应关注校园范围内 5G 网络的集成整合，以 5G 网络保障智慧校园的顺利推进。为此，高校应逐步完善网络基础设施建设，以超高速的多网融合升级网络运行，同时部署 5G 基站，安装智能化设备，实现 5G 移动终端的全覆盖，奠定校园范围内智能互联的设施基础，以支撑智慧校园的高效运行。最后，高校应制定 5G 通信技术数据信息的统一标准，畅通信息整合渠道，避免出现信息孤岛现象，影响智慧校园的全面性和系统性。高校应重视智慧校园建设过程中数据信息的价值，充分认识数据信息收集、管理及使用等环节的重要性，并以此为基础畅通信息整合渠道，以科学合理的规划部署提升数据信息的全面性及智慧校园建设的一体化水平，切实发挥智慧校园信息化管理实效。基于此，高校便可应用 5G 通信技术完善智慧校园的基础设施、支撑平台及业务系统建设，以科学合理的宏观规划整合标准化信息数据，并通过一体化服务平台支撑教育教学高质量实践。

2. 提升师生信息技术素养，多元参与智慧校园建设

作为智慧校园建设及使用的重要参与者，全体师生的信息技术素养对 5G 通信技术的应用及智慧校园的运行有重要影响。所以，高校应通过培训、实践活动及多元协同提升师生信息技术素养，激发师生参与 5G 通信技术支持下的智慧校园建设的积极性，促进智慧校园的顺利建设。从教师层面看，高校可通过校内培训、网络学习、外出交流等形式帮助教师学习并掌握 5G 通信技术理论知识和提升自身对其的应用能力。针对学科教师，高校可组织信息技术专业化培训，邀请专家学者来校开展针对性培训，同时创新培训形式，关注教师的主观能动性，以多元化培训激发教师学习积极性，带动其开展必要的实践锻炼，以使其更好地具备 5G 通信技术应用能力；针对信息技术教师，高校可组织其开展外出交流，学习优秀教师应用 5G 通信技术的经验，并在合作交流中提升其信息技术素养。此外，高校还可开展信息技术教学技能比赛，鼓励各类教师主动参加培训，提升自身信息技术素养，从而为智慧校园建设奠定人才基础。从学生层面看，针对非信息技术专业学生，高校应在提升教师队伍信息素养的基础上，让教师对学生主体开展培训，帮助学生了解 5G 通信技术、明确智慧校园概念，同时通过全面化、系统性的培训让学生掌握 5G 通信技术应用技能，并结合必要的实践锻炼，提升学生的信息技术素养；针对信息技术及相关专业的学生，高校及教师应引导其发挥"朋辈"效应，使其在日常学习交流中与同学开展合作，向其他专业学生普及 5G 通信技术，并带动其有效应用 5G 通信技术，从而在全校范围内营造应用 5G 通信技术、建设智慧校园的良好氛围，助推智慧校园的高质量实践。

3. 深化校企合作，加强智慧校园资金设备技术支持

高校应积极寻求校外合作，深化与信息技术相关企业的协同合作，发挥企业在资金、设备、技术、人才等方面的优势，助力高校应用 5G 通信技术建设智慧校园，切实提升

高校办学的智慧化水平。一方面，高校应向信息技术相关企业寻求 5G 通信技术应用的支持和帮助。高校应立足办学实际，关注地方信息技术相关企业的发展，明确在 5G 通信技术下智慧校园建设的实践方法，发现自身的不足，有针对性地开展校企合作。另一方面，信息技术相关企业应意识到校企合作对自身发展进步的积极作用，从"双赢"目标出发，为高校应用 5G 通信技术建设智慧校园提供必要支持。企业应选派 5G 通信技术优秀人才进入合作高校，以提升高校教师队伍的综合素养，同时应加大资金投入，与高校合作完善智慧校园基础设施建设，推进高校智慧校园建设。除此之外，校企双方还应以共建共享为基本原则，通过构建"5G+ 智慧校园"实验室等方式，实现优势互补，资源整合，以发挥集群效应，拓展智慧校园实践范围，巩固智慧校园建设实效，切实助力高校高质量应用通信技术实现智慧校园建设目标。

4. 完善网络技术监管，保障智慧校园安全规范运行

5G 通信技术的确为智慧校园建设提供了便利，但其技术特性也带来了极大的安全隐患，不利于智慧校园的规范运行。基于此，高校需从管理部门、信息数据管理措施及技术创新等方面入手，完善校园网络监管，为智慧校园的建设及应用提供保障，促使智慧校园在 5G 通信技术下安全、规范运行。首先，高校管理部门应提升网络安全风险防范意识，重视网络安全保护，并要求教学部门和师生在参与智慧校园建设时核查信息数据的安全性。高校管理部门应做好网络安全风险防范工作，对智慧校园中不同的管理系统设置专属的账号与密码，并在访问系统时设置身份认证或授权登录环节，从准入这一环节杜绝非法访问，以此提升智慧校园系统的安全性。同时，教学部门及师生还可应用 5G 通信技术甄别数据信息、识别敏感词、抵制低俗信息，创造健康和谐的智慧校园信息环境，促进智慧校园的安全规范运行。其次，高校应关注用户端的安全建设，加强数据信息的储存安全性。作为智慧校园建设的重要一环，用户端的联网安全不容忽视，高校可通过增加物理主机的辨毒、防毒功能阻止网络破坏行为，同时结合定期的网络安全维护、病毒查杀等行为，及时更新智慧校园系统中的安全补丁，以保障用户端的安全运行，为智慧校园的顺利推进奠定基础。同时，高校还应关注智慧校园系统中数据信息的安全储存，加强数据信息保护，并向全体师生普及使用智慧校园储存数据的正确方法，可结合无痕浏览、访客模式等规范运行。新时代新征程，高校承担好立德树人根本任务，需要智慧校园的支持。高校应在新时代背景下，紧抓 5G 通信技术发展机遇，立足办学实际，深入探索"5G+ 智慧校园"建设路径，全方位创新教育模式，协同共进，在高效应用 5G 通信技术的基础上，致力于推动智慧校园高质量发展，培育综合素质较强的时代新人。

二、数字孪生智慧校园建设

近年来，随着教育大数据、人工智能、虚拟现实等前沿教育技术和理念的兴起，新兴信息技术将对教育的发展产生更加广泛和深远的影响。数字孪生作为近年来备受学界关注的新兴概念，被应用于中国工业生产制造、智慧旅游城市、智慧医疗等领域，它或许会给教育带来实质性的变革。随着我国数字孪生技术与大数据、人工智能、虚拟现实、

云计算、物联网等前沿信息技术与理念的不断融合与发展，将推动教育向更加人性化、全面化和智慧化的方向发展，数字技术作为信息化的重要一极，正在不断地加速融合生活、改变世界。

（一）数字孪生的概念及特点

1. 数字孪生的概念

与许多其他新技术一样，数字孪生还没有形成一个公认的学术定义。数字孪生的概念始于航空航天和军工领域，经历了技术探索、概念提出、应用萌芽和产业渗透四个发展阶段。数字孪生是一种基于数据与模型的集成与融合，通过在数字空间实时构建物理对象的精确数字映射，在数据集成、分析与预测的基础上，对物理实体的整个生命周期进行模拟、验证、预测和控制，最终形成智能决策优化闭环的数字化概念和技术手段。其中信息维度的虚拟体与物理维度的实体形成了同生共存与虚实融合的状态。综上所述，数字孪生是综合运用感知、计算、建模等信息技术，通过软件定义对物理空间进行描述、诊断、预测和决策，实现物理空间与虚拟空间的交互映射。

目前，数字孪生在我国的研究和应用已经涉及机械、制造、建筑、自动化、计算机等多个学科，而作为一种社会普遍的理论和技术管理体系，它并不局限于某一学科或专业。随着数字孪生技术概念和形式的不断拓展，它为教育教学方法的改革提供了新的发展方向，甚至可能使教育发生实质性的变化。

2. 数字孪生的特点

（1）虚实共生，精准映射

数字孪生要求在数字空间中构建物理世界中实体的数字表示。真实世界中的实体对象和数字空间中的孪生对象可以实现双向测绘和互联。数字孪生体基于实时传感等数据采集，可以全面、准确、动态地反映物理实体的状态变化，包括外观、性能、位置、异常等。数字孪生技术与日益成熟的数字线程技术相结合，使物理实体和虚拟数字孪生能够完成数据的双向交流，实现虚拟与现实在其整个生命周期中的最终融合，物理实体与虚拟的数字孪生体相伴一生，从而达到虚实共生。通过感知、建模等技术，实时将物理实体映射到其数字孪生体上，实现对物理实体的准确描述，实现虚实融合的效果，并通过数字孪生体的反馈，充分感知物理实体的运行情况，预测其发展规律，根据分析结果对物理实体的行为进行协调和控制，从而达到以虚带实的目的。

（2）闭环优化，智能决策

建立数字孪生的最终目标是描述物理实体的内部机制，分析其规律和识别趋势，并形成优化指令或物理世界的策略，实现物理实体的闭环决策和优化功能。我们可以使用数字孪生技术将物理实体的数据信息传输到虚拟数字孪生体中，虚拟数字孪生体可以通过持续的模拟训练和与物理实体的交互来提供最佳决策。未来，数字孪生技术可以与人工智能、大数据、物联网、虚拟现实等技术相结合，实现物理空间和虚拟空间的虚实交互、辅助决策和持续优化。

（3）实时交互，动态调整

在数字孪生中，物理实体的所有状态能够被实时地更新到虚拟的数字孪生体中，虚拟的数字孪生体本身具备了思考的能力，从而对物理实体进行一个预判。物理实体在虚拟层由数字孪生控制，在底层通过实时多维数据的收集和解释进行实时交互。通过实时交互来处理不断更新的数据，帮助使用者在无须调整物理实体的情况下快速了解物理实体在生命周期内任何时刻所做的任何更改，并对其进行分析、预测，从而实现数字式双动态调节。未来，数字孪生技术可以结合可穿戴设备、增强现实眼镜、虚拟现实等交互技术，为师生提供更加沉浸式的互动体验。

（二）数字孪生应用于教育的优势

1. 通过数字孪生镜像对学习者进行分析与评估

学习者可以使用数字孪生来建立自己的数字图像，准确地映射在数字孪生世界，模拟学习者的真实行为，并通过虚拟现实、人工智能等在终端上呈现数字孪生图像。一方面，可以帮助学习者摆脱主观判断的局限性，检查他们的学习情况，实时地、更清楚地了解他们的学习，还可以预测未来学习的趋势，并提出反馈意见，以便学习者在学习活动中对未来自己的学习行为进行纠正，提高学习效率。另一方面，也有利于家长和教师通过数字孪生对学习者进行监控，使家长和教师对学生的认知水平、学习风格和学习态度有更全面的了解，使教师能及时了解学生的情况，从而提供准确的学习资源和应对策略，提高教师的教学质量。

2. 为学习者提供多维的具身学习体验

具身认知理论强调身体参与并影响认知的形成与发展，人们是通过身体这一媒介来认识世界的，认知是具身的，而身体发展又是嵌入社会环境的，身体在与环境的互动过程中，通过物理经验获得学习。而数字孪生技术可以通过收集个人综合数据，以数字化的方式创建个人数字模型的图像。它通过虚拟现实技术将完整、动态的学习者模型展现在学习者面前，从而可以实现自己身体与认知的另一种交流。借助数字孪生技术，学习者可以更好地了解自己，更清楚地了解自己的学习目的，从而激发其学习动机，提高学习效率。总之，数字孪生高保真、实时交互和虚实共生等特点，为学习者提供了真实的具身学习体验。

3. 与全息技术相融合打造全息孪生课堂

数字孪生与全息技术进行融合的未来课堂将以学生为研究中心。作为一个虚拟与现实共生的新型和谐课堂，它将进一步关注学生的全面发展，对学生掌握知识和技能、人机交互、发现和解决问题、更好地合作以及更深入地看待世界产生深远影响。在学习场所方面，它将构造一个等价于物理实体空间的虚拟空间，即生成一个虚拟真实映射空间。通过实时数据、历史数据和衍生数据的互联与同步，对学生的学习、实践产生重要影响。在学习内容方面，它将以高保真、透视化和精确映射的形式再现物理世界中的人和事物。在师生互动方面，它将打开物理世界和虚拟世界之间的通道，为学生创造一个不受时间和空间影响的三维学习环境。在学习评价方面，它将形成一种综合分析、预测和多维反馈相结合的，全面、多维的新评价方法，能够最大限度地提高学生的学习效率。

4. 协同构建丰富的数字孪生智慧校园

智慧校园为数字孪生体提供了物理载体，数字孪生体可以作为智慧校园的一项重要服务体系，通过数字孪生技术，可以真实还原校园内所有发展空间的组织结构。校园内的监控设备配合安防监控系统，实现对校园各管理领域的关键指标进行监测，协助管理员掌握校园运行情况；可以对值班人员的在岗执勤情况进行可视化管理，为人员指挥调度提供数据信息支撑；校园导航可以根据目的地设计最佳路线，对教室内的人员、设备等要素信息进行实时监测；校园设备的集成智能化管理能实时控制设备运行状态，如暖通设备的开启关闭、门禁管理等。

（三）数字孪生智慧校园模型及架构

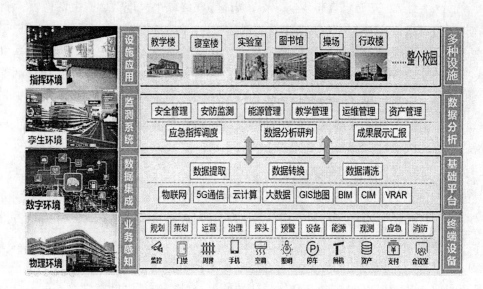

图 2-3 智慧校园数字孪生模型图

1. 六维智慧校园孪生模型

六维智慧校园孪生模型（见图 2-3）的具体内容如下：

（1）物理校园

物理校园是指原始的校园物理原貌，从宏观上可分为校园物理实体和物理空间两部分。其中，物理实体包括校园楼宇、校区道路、停车场、环境建筑、校内景观、物理设备（如教学设备、消防设备、安保设备）等可见的实体；物理空间包括存在于各教学楼、图书馆、文体馆等室内空间及校内物理实体之间的空间部分。

（2）虚拟校园

虚拟校园是指将物理校园利用仿真模拟、三维数字化建模等技术虚拟化孪生，形成物理校园的孪生体展示。借助虚拟校园可以全面体现并预测物理校园的实际状态，可以为教学者和学习者提供高互动、高投入的虚拟学习、开展校园活动等校园情境。

（3）校园服务

校园服务是指在孪生校园应用中提供给教师、学生及管理者的所有服务功能集合的总称。孪生校园服务功能可以分为功能性服务和业务性服务。功能性服务主要是为了实现孪生智慧校园所需要的基础功能技术服务，包括孪生模型的建立、优化分析服务；实时孪生数据传输、清洗、存储等数据处理类服务以及综合连接服务，提供标准化数据接口、服务接口、协议支持服务等。业务性服务是指面向教师和学生，按不同领域划分提供的各类教学及管理业务服务，如教务管理应用、学工管理应用、后勤管理应用、校园网服务、图书馆服务、安防管理服务等，各业务服务展现形式多样，可以通过 Web 访问、移动 App、微信小程序等形式支持孪生校园服务功能的实现。在校园服务设计上重在以孪生校园为底座，以服务于人为根本，并不断迭代优化，促进升级或重构孪生模型配置。

（4）可视化展示

可视化展示主要将孪生校园数据、校内原有资源数据以及校外可用公开数据有机整合起来，打破校园内管理信息分散壁垒，以数字孪生技术、5G 通信技术等为支撑，实现学校空间管理、设备管理、服务管理等整体可视化联动，包括校园全景可视、校园态势可视、安防可视、教务可视、运维可视等。例如，在可视化 3D 孪生校园中，通过模型放大缩小定位至某教学楼，联合公开地图数据提供行至教学楼的路线图；集成教务数据可直接调取行至教学楼当前上课教室、教师名单、学生出席率等概况；同时联合安防监控数据展示，可直接获取某教室点位的实时监控情况，有效提高校园监管能力，实现管理精细化、决策科学化和服务智能高效化。

（5）孪生数据

孪生数据是智慧校园孪生技术应用实现的核心要素，它来源于物理校园、虚拟校园、校园服务与可视化展示产生的一切原始数据、分析数据、应用数据等，同时将数据处理后融入各部分中，驱动各部分的运转。物理校园数据包括校园内绿化环境、教学楼体、校内道路、教室室内空间等测量数据，校内物联网感知设备、监控设备、能源设备消耗等实时状态数据。虚拟校园数据包括物理校园数字化过程建立的各类模型数据，以及根据边界条件和物理状态进行的模型仿真、指令验证、结果预测等仿真数据。校园服务数据包括校园用户数据、管理数据、配置数据、应用数据等，可视化展示数据则包括虚拟化场景数据、视频录像类数据、人机交互数据等。

（6）连接交互

连接交互是智慧孪生校园架构组成部分中实时通信、互相连接、循环迭代、及时优化的连接桥梁和纽带，主要包括：物理校园与虚拟校园之间的连接，物理校园与校园服务之间的连接，物理校园与孪生数据之间的连接，虚拟校园与校园服务之间的连接，虚拟校园与可视化展示之间的连接，孪生数据与校园服务之间的连接，孪生数据与可视化展示之间的连接，可视化展示与校园服务之间的连接。连接交互的形式主要体现为通过网络通信技术进行实时孪生数据采集、调用、传输、转换、交互、反馈、控制等，实现循环迭代优化。

2. 数字孪生智慧校园应用场景分析

从近几年发展态势看，数字孪生不仅是信息技术发展的新焦点，也是驱动众多领域布局数字化、智能化转型的新方向。数字孪生智慧校园满足校园数字化转型需求，将数字孪生技术设计应用于各场景中，为智慧校园管理带来无限可能。以下是几个典型的管理应用场景：

一是校园态势管理。数字孪生智慧校园利用仿真、渲染等技术对校园整体进行三维建模，全要素精准"绘制"，建立校园映射全景，并通过采集校园设备实时运行的服务数据等，提供校园运营态势感知，包括学校概况、教务情况、安全态势、绿色节能情况等，为校园管理者展现校园态势信息，可提高校园管理数据分析能力、决策能力。

二是校园资源管理。对校园资源管理者来说，数字孪生智慧校园对校园的楼宇、教室、设备、桌椅等实体资产状态一览无余，为开展资源采购规划、资源布局分配、资源状态监测、资源盘点统计等决策提供有力的工具和数据支持。

三是校园安全管理。对校园安全管理者来说，数字孪生智慧校园可以加强校园水电能源安全管理、人员安全管理、设备安全管理等，如视频监控、消防监控、门禁管理、能耗管理等数据，提供3D可视化展示设备状态，实时监测故障、能耗预警、自动关停设备、应急演练场景、多方联动综合处理，提高平安校园预警反应能力和管理能力。

四是教务教学管理。对校园教学者来说（如各学院授课教师、教务管理人员），数字孪生智慧校园内可直观获得教室分配安排、课程教学安排、学生出席情况等，可实现远程听课、远程巡课，提高教学资源利用率、教学督导效率和教学质量。

五是校园监测管理。通过实时监测和数据分析，数字孪生智慧校园为校园管理者提供了新的机制和手段，可增强故障定位、告警感知、风险预测能力，缩短故障处理时间，提高服务能力和风险应对能力。

六是学生服务管理。对学生来说，数字孪生智慧校园提供各种可视化、便捷式校园服务，包括校园全景服务、课程展示服务、校园定位服务、信息检索服务、能源缴费服务等，为学生提供了更人性化、智能化的校园服务体验，改善线上校园学习环境。

第三章 高校"智能大脑"智慧校园建设与规划

第一节 "智能大脑"智慧校园规划

智慧校园是教育信息化发展的"高级形态",更是学校信息化建设的理想目标。"互联网+"给传统教育带来新形势和新挑战,面对挑战还是需要靠信息技术来解决。在这个过程中,需要进行战略规划、顶层设计,重新审视教育的意义、校园的意义,而不是再次堆砌各种应用或对原有的业务系统修修补补,应该使物理校园或传统校园与互联网有机地融为一体,从而实现传统校园的"升华"。

一、智慧校园建设目标

(一)总体目标

智慧校园建设的战略目标为"统一管理、统一配置、统一应用和统一服务",其核心技术策略是从网络融合、数据融合、平台融合、业务融合、服务融合五个维度加强深度融合,实现智慧校园的创新发展。

网络融合主要是指智慧校园的感知设备、网络设施、云资源等基础设施环境的整合相融,实现基础网络设施环境的无缝覆盖。网络融合是智慧校园建设的基础,即综合利用各种网络接入手段,整合校园内的物联网、有线网、无线网、移动互联网等各种应用网络,进行全网一致的智能管理与控制,并提供开放的网络接口,实现网络间的无缝连接和通信,将所有校园网络设备连在一起,为智慧校园应用提供高速、稳定、全覆盖的网络基础环境。目前,很多高校已建成基于IPv4/IPv6的宽带网络、基于ZigBee的无线传感器网络、基于RFID和WiFi的网络等网络环境,通过融合先进的网络及传感技术,构建了多网络融为一体的智慧校园网络基础环境。

数据融合是指对校园各类基础数据、应用数据、感知信息等资源进行融合,并提供数据存储、数据治理等融合服务。其中,基础数据包括人员、设备、设施等基本数据,应用数据包括各类业务系统中的过程性数据、学习行为数据、用户网络行为数据等动态数据。数据融合是智慧校园建设的核心,主要涉及三个方面:按照学校的不同业务,对不同领域的数据进行采集、存储,开展交叉、关联应用等数据融合;对来自校园不同平台、不同系统、不同结构的异构数据源进行集成整合和统一管理;对基本数据和动态数据进行关联分析和处理,开展大数据分析和挖掘。校园数据融合的实施包括制定和完善数据标准、规范,进行数据治理和数据质量提升,建立数据中心、数据交换及监控管理平台,做好数据服务的应用及监管等。平台融合主要是指针对校园身份识别管理、数据统一管理、业务开发应用等需要，利用统一认证、云计算、SOA等技术进行整合建设，构建统一的校园基础支撑服务平台。

平台融合是智慧校园建设的关键，但目前在校园信息化建设中存在硬件设备分散配置管理、系统独立建设与应用、C/S架构和B/S架构等多种系统架构混杂、部门之间服务难以统一调度、信息无法同步等问题，因此必须重点做好校园信息化支撑服务平台的融合建设。平台融合的实施主要通过SOA、云计算等技术来实现，即采用面向服务的SOA软件架构体系和云管理平台，提供统一的平台化系统软件支撑服务，为用户的云应用提供统一的开发、运行和监控支持环境，并提供统一认证、权限管理、安全、访问控制、单点登录和开发测试等多项服务。

业务融合是智慧校园建设的核心标志。从过去分散的业务系统开发到应用集成再到业务融合，破解了打通跨部门业务流程的难题，实现了校园内智慧业务的应用。业务融合是指打破传统的围绕特定部门、特定业务需求独立建设业务系统的方式，逐步将核心业务应用转移到智慧校园的"大平台"上来，进而实现核心业务领域各应用系统之间的联系、制约和融合。在智慧校园建设中，业务融合按照"大平台小应用"的建设思路，利用共享数据和集成开发环境，基于统一的智慧校园平台来整合各类业务系统，通过将建设粒度由"系统"级细化为"功能"级，不断扩展个性化"小应用"，突破现有业务系统在支撑核心业务领域中存在的难题，实现跨职能领域的业务应用对接和流程再造，最终从根本上解决长期存在的"信息孤岛""应用孤岛"问题。

服务融合是基于网络、数据、平台、业务等，利用统一的信息门户、丰富的信息展示和可视化呈现，实现一站式、个性化的校园融合服务平台。服务融合是智慧校园建设的归宿，体现了以人为本的理念。服务融合按照"自下而上、面向用户"的思路，注重用户体验，优化服务流程，全面整合学校的教学、科研、管理、技术资源，支持无缝集成的智慧应用，提供全业务、全过程的"一站式"服务。秉承"服务碎片化"的设计理念，服务融合实现了以数据融合、业务融合为核心的校园服务碎片化，屏蔽了用户的业务系统和业务逻辑，强调一个应用（App）只完成一个事务；根据业务需求，服务融合提供灵活、方便、按需选取的"组件化"服务模块，以及跨平台和多终端的智能化、个性化服务，提升智慧校园的用户体验和使用价值。

总体建设目标为：致力于建成一个以信息化为载体，覆盖全面、应用深入、高效稳定、安全可靠、具有前瞻性的数字化校园服务体系，集成已经建设的管理系统，打通各部门的数据通信壁垒，使信息互联互通，实现教学、管理、办公、学习、生活一站式服务，由智能环境、综合服务、优化管理、科学决策、资源共享、创新模式所构成。智能环境是以先进的网络技术为基础，构建教学、科研、管理、校园生活为一体的一种新型智能化环境。综合服务是提供面向师生的综合信息服务，使得全校师生能快速、准确地获取所感兴趣的服务。优化管理是将学校的管理和业务流程再造，作为学校进行制度创新、管理创新的重要内容之一。科学决策是提供可定制的、智能化的综合数据分析应用，为学校各种决策提供最基础的数据支撑，实现科学决策。资源共享是通过数字化校园中各个应用系统的紧密联结，实现资源共享、信息共享、信息传递和信息服务，从而提高教学、科研和管理水平。创新模式是通过数字化校园的建设，探索出一条结合目前主流信息技术和教育改革发展的需要，具有明显学校特色的、以服务为本的信息化建设之路。

（二）建设目标

充分发挥信息技术优势，促进信息技术与教育教学的深度融合，提高学校师生员工的信息技术素养，创新教育教学模式，提高教学质量，再造管理流程，提升校园文化生活品质，拓展对外服务的范围，以智慧化引领学校现代化发展，增强学校的核心竞争力，为学校培养高素质人才提供信息化支撑和保障。

在统一数据标准、统一开发平台、统一资源管理的基础上，利用智慧校园将教学、科研、数据分析、管理、生活等活动，统一到一个基于数字网络的环境下，实现了四个智能化，即教学过程智能化、学习过程智能化、管理服务智能化、领导决策智能化。这样不仅大幅提高了教职工的工作效率，更提升了人才培养的质量以及科学研究实力。通过对智慧校园采集的数据加以分析，获得全体教职工以及在校学生的生活习惯、学习喜好等，为学校进行下一步的规划与决策提供支持，并最终实现教育现代化。利用先进成熟的技术手段，围绕智慧校务、智慧教学、智慧科研校园、平安校园、便捷生活六个方面开展智慧校园建设工作，同时构建支撑平台，最终建成智慧、多元、高效、开放、和谐、人文、安全的校园，为全校师生提供良好的管理、教学、生活的环境，同时架起学校与家长沟通的新桥梁。

（三）建设原则

智慧校园建设应坚持统一部署、软硬兼施、步步为营、重点突破、坚持不懈的方针，按照规范和规划一步步地建立起一个智能化、统一化、信息化的学校。

1. 统一规划，分步实施

智慧校园规划不仅要考虑构建统一的技术系统，更重要的是要制定统一的标准规范，进行顶层设计，寻求系统整合方案。要确定有限目标，分步骤实施，考虑不同建设项目的需求和业务流程特点，制定合理的分步实施计划。

2. 应用驱动，绩效评价

智慧校园建设要始终坚持以应用为导向，规划设计应根据业务需求确定软件系统的要求，根据软件系统的要求确定硬件系统的配置；面向业务应用，构建技术系统和组织体系，推动智慧校园的有效应用，以应用效果作为智慧校园建设的评价目标。

3. 职业素养与职业技能共同提升

智慧校园的基础设施、应用服务和数字资源的建设，应遵循教育规律，强调和突出教育特色，着力于学生综合素质提升，努力探求和构建适合学校智慧校园的教学模式、管理模式以及服务模式。

4. 技术系统与组织体系协同推进智慧校园的建设

要依据学校整体发展战略和信息化环境下的业务需求，进行技术系统的顶层设计，规划并改造组织结构与体系，包括组织机构、政策规范、管理机制和人员发展，使技术系统和组织体系相互匹配、协同有序。

5. 先进成熟与承前启后并重发展的智慧校园建设

应考虑技术系统的持久性、扩展性和兼容性，选用先进成熟的技术。既要着眼于新系统建设，也要关注对已有系统的利用和整合，更要重视技术系统的可持续发展。

（四）建设策略

1. 顶层设计

站在高等教育发展总体战略的高度，从高校信息化发展全局的视角对高校智慧校园建设进行长远规划、系统设计，确定智慧校园的发展目标、任务、措施与配套体系，同时采取分步实施的策略，有计划、分阶段、上下联动、相互配合，有序地推进校园信息化建设。

2. 育人为本

教育信息化的最终目的是服从和服务于培养人才这一根本使命。智慧校园的建设和运行方式都要符合学生特点和育人规律，尊重学生的主体地位，创造有利于学生快乐学习、健康成长、智慧发展，有利于教师专业成长的智慧环境。

3. 问题导向

智慧校园的归宿在于应用信息技术手段解决传统教育教学中的问题。推进智慧校园建设必须坚持以问题为导向，以应用为驱动。要依据需求确定系统建设的总体目标和方向，搞好各项业务分析，建设实用的业务系统，有助于教育教学模式的变革和教育体系的创新；要坚持边建边用，实现以用促建、建用互动、不断完善。

4. 融合创新

坚持信息技术与教育深度融合的教育信息化核心理念，将信息技术有效应用于教学训练过程，为学生和教师的学习和生活创建数字化的空间，创造一种富有智慧的新型学习环境，支持信息获取、资源共享、情境创设等，实现充分发挥学生主体作用的教与学方式，促进教学要素相互联系和作用方式的变化，实现教育教学结构的根本性变革。

5. 开放合作

智慧校园建设是一项十分复杂的系统工程，仅依靠任何单一的力量都难以完成，必须走多途并举、合作共建之路。既要坚持开放合作，采取校企合作、校企共建、租赁服务等多种方式，借助外部力量促进发展；又要整合校内资源，广泛发动校内职能部门、技术单位和相关院系的人才、技术和管理力量，合力推进智慧校园建设。

6. 特色发展

首先要体现高等教育的类型、层次特色，为高校教育教学和人才培养服务；其次在各高校之间，不同的高校由于办学历史和传统、办学规模、专业设置、管理模式的不同，校园信息化起步的早晚、发展水平的差异，对于智慧校园建设的需求也不同，各个高校必须结合自己的个性化需求，选择适合本校特点的建设内容和方法。

（五）建设过程指导思想

智慧校园建设是一个系统工程，它涉及多个设计细节和执行环节，需要从学校整体的角度全盘考虑，并经历一个酝酿、启动、发展的过程。系统规划既要从时间上、发展上进行纵向的考虑，又要从全校各个部门以及其他校外机构的协调运作的横向关系上考虑；既要考虑信息基础设施建设（如机房）、软件系统建设、安全保障系统建设等信息校园建设项目的分步实施，又要考虑这些建设项目的协调发展，最终达到建设以学校各类应用和信息资源建设为基础，以学生、教师为核心，面向教学、实训、管理、校园文化建设、校园生活等多层次的信息化应用，提供综合的信息资源共享和业务协同服务，构建信息化环境。在建设过程中的指导思想如下：

1. 分步实施

智慧校园建设的各个环节相互关联，在建设的过程中有计划、有步骤地实施。智慧校园建设的规划应根据学校各个部门的需求和业务流程的特点，制定合理的分步实施规划。

2. 协调发展

智慧校园建设的各个环节相互依赖，任何一个环节的建设都离不开其他环节。因此，智慧校园建设规划将根据信息基础设施建设、信息资源建设、公共应用平台、应用系统建设、支撑体系建设等内容内在的逻辑关系，制定合理的分步实施规划，以确保各项内容的协调发展。

3. 完善基础

智慧校园的建设应重视基础运行平台组件、基础数据中心组件等智慧校园基础类组件的建设，在这些平台建设完成后，符合一定信息标准和技术标准的应用系统可方便地实现与智慧校园的集成。

4. 突出应用

应用是智慧校园的灵魂，智慧校园的魅力只有在丰富多彩的应用中才能体现出来，因此，应用系统和服务的建设是智慧校园建设的核心内容。在制定智慧校园建设规划的过程中，可选择能在短期内实现的应用系统和服务作为试点工程，组织力量重点突破，争取早日见效并带动全局。

5. 实用发展

智慧校园的建设规划从学校的特点和需求出发，做到够用、能用即可，切不可一味地追求大而全，也不可一味地追求技术的先进性。与此同时，智慧校园建设的技术和应用都是不断发展的，具有一定的不确定性，所以，智慧校园的建设规划必须满足建设过程中的可扩展、可兼容和可转向的特点。

二、智慧校园智慧性设计

当前对智慧校园的研究和实践，忽视了智慧性设计的环节，缺少教育学视野和理论高度的分析，缺少整体上的构思和智慧性设计，造成智慧校园智慧性体现不足，难以达到理想的促进教学变革和提高教学效果的目的。要进行智慧校园研究和实践，首先要进行智慧性设计。

（一）智慧性设计构成要素

智慧性设计的构成要素有：智慧服务理念、智慧环境、智慧应用和服务（智慧教学、智慧管理、智慧科研等）、智慧文化和体验等。

智慧服务理念包含两层含义，一是站在促进高校教学、管理整体水平的高度定位学校的信息化建设，将学校发展规划的"顶层设计"与信息化建设的"顶层设计"合为一体，使信息化观念深入高校每一个管理者心中，促进信息化与决策管理的深度融合；二是智慧校园的设计应以人为本，采取用户中心主义——以用户为中心，以用户体验为中心——从生活、学习的外部环境到教学内部需求，所有应用与服务的实施都首先满足用户的需求，然后再平衡技术和管理的需求。

智慧环境是物理和虚拟校园的有机融合（也是智慧校园智慧表现的一个方面），包括智能感知（如温湿度感应、车辆识别、节能监控、安全监控的人像识别和预警、信息系统安全预警等）、无缝网络（如无处不在的互联网和内联网接入、物联网、电信网、移动互联网等）、泛在学习与工作（如数据资源获取、信息传输与处理、协作学习、存储空间、资源制作、移动办公）、便捷生活（如便捷消费、校内外互通）等，是智慧设计的实现。

智慧应用体现在以大数据采集和挖掘为特征的一体化综合信息平台，采用统一数据库和统一存储，提供主动信息服务，记录智慧环境中发生的一切，并利用大数据技术对数据进行处理，获得对教学的洞察和预测。

智慧文化和体验则是提供一个对智慧校园信息化实现之后的信息素养和信息文化的感受与体验的平台和环境，体现了人与智慧环境的互动及相互促进。用户的使用体验促进智慧校园始于理念终于体验全过程的改进，这种改进更好地促进人的智慧的形成，最终智慧校园会成为一种文化。

智慧设计除了涵盖各构成要素之外，与各构成要素之间还存在循环共生、相互促进的关系，形成良性循环。

（二）智慧校园智慧性设计的智慧表现

智慧的传统含义是运用知识、智力、工具对事物的综合分析处理能力。信息化语境中的智慧校园，通过信息及信息技术的作用，实现传统意义上学生的智慧，其途径是提供一个全面的感知环境，一个全业务的综合信息服务平台，一种新型协作关系的管理模型,最终实现信息技术与教育教学深度融合,促进教学变革和教学效果提升,即实现智慧教学。因此,智慧要从智慧教学与智慧环境中表现。

1. 智慧教学

智慧校园建设为个性化学习和信息技术与教育教学深度融合提供平台和工具,为教育教学理念、制度、方法和手段全面创新提供数据支撑,促进了教学效果的提升,其核心目的是人的发展,即智慧教学。智慧教学包括教与学两个方面,实际上智慧校园在一定程度上模糊了教与学两个方面的界限,因此对智慧教学的智慧表现描述不必作特意区分。一般认为智慧校园中支撑教学的技术主要有学习分析技术、资源个性推荐技术等。学习分析目的是理解和优化学习以及学习情境,因此,其智慧表现在获取数据,分析数据,帮助教师、学生、教育机构等解读数据,并根据数据结果采取干预措施,即实现了教学过程的全程智慧性管理、记录、分析、评价,提供个性化教学。资源个性推荐设计语义网络与本体技术,其目的是为学习者提供更好的资源检索和定位,而其智慧表现为资源系统的适应性和个性化服务能力,以及教学资源效能的挖掘分析。

2. 智慧环境

智慧环境是智慧校园建设的必然结果,也是智慧校园建设的目的之一,即为师生提供舒适便捷、绿色节能的管理、教学、生活环境。作为目的和结果的智慧环境,智慧表现包括:无缝、稳定、安全、易用的信息流通和数据传输通道,如全面的网络基础设施、物联网覆盖,射频标签、二维码等的广泛使用,智能终端的全面支持;安全、便捷、舒适的学习、工作、生活环境,如校园安全监控数据的智慧分析、自助门禁和车辆出入、可视化水电气暖等自动节能监控、可视化一卡通消费系统、室内环境的智能调控、可视化校园导航等;可协作、自适应、友好的线上社区;基于定制的信息推送、无障碍线上交流。

(三)智慧校园智慧性设计的方法:基于分层思想的模型设计

数字校园被认为是一个较为复杂的生态系统,包含了规划与设计、校园文化、基础设施、应用系统、数字化资源、保障条件、数字化服务、服务对象等诸多要素,采用分层模型对其进行原型设计,遂成为数字校园建设与研究的常用方法。智慧校园中的数据和"信息流动",即数据及其逻辑流向。泛在用户(办公室、教室、机房等处,智能终端)、视频监控数据、感应设备智能感应数据、用户消费等行为数据通过信道和应用平台或接口同数据库进行互动,对数据的分析通过相关应用进行,分析结果可视化呈现给用户。在结果到达用户之前,数据要经过一系列协议和标准的转换,其采集、传输、存储、分析、呈现是一个复杂的过程,这个过程是智慧校园建设过程中的技术和管理人员所要面对和处理的,对用户来说是透明的。用户需要的,只是信息和数据分析之后的结果。

(四)智慧校园智慧性设计的原则:以用户为中心、以教学为目标

智慧校园建设另外一个明显的特点是:以技术和管理为中心,不自觉地表现出信息化管理人员的自我中心主义。虽然技术是因为人的需求而诞生的,本身即有以人为本的因素,设计时也是面向服务的,同时这种设计思路对信息化实施者自己的管理和维护也

是有利的,但却忽视了智慧校园建设的最终目的,是给广大师生提供一个安全、便捷、智慧的生活、学习和工作环境,是利用信息技术促进教育教学效果的提升,最终是为了人的发展,即学生和教师的素质和综合能力的提高。从设计规划开始,一切以有利于技术实施和工程建设以及后期管理的方便或者有利为前提,在方便施工与管理的情况下,实施相应的应用与服务。实质上,这脱离了教育的最终目的,不符合教育现代化语境下的教育理念,也表明智慧校园的智慧性设计需要理论层面的探究,需要教育学、设计学、教育信息化等理论的指导。若在智慧校园的建设中,依然采用这种参考模型,则可能会引起一些误导。因此智慧校园智慧性设计的原则应当是,在教育目的和现代化教育理念即相关理论的指引下,以人为本、以教与学为中心,优先应用和服务提供,在满足用户需求的前提下,综合考虑技术和管理方案,智慧校园模型的构成首先要体现以用户为中心的理念,同时要包含系统构成和建设实体及其相互关系,还要体现出技术手段和智慧表现。

智慧服务理念和技术与管理是互动关系,体现出智慧校园及其建设的广泛参与。服务理念属于顶层设计,理念需要充分评估教师、学生以及各部门员工的需求,以满足需求为动力,以满足教学需求为目标,充分互动,产生螺旋式上升的效果。智慧信息通道包括智慧校园中各种数据传输所需的信道,同时是智慧环境的要求和组成之一。智慧信息平台则为用户提供最简洁、自适应、可定制的接口,用于展现、体验智慧校园和分析结果,由于用户的多样性,需要可以支持各种类型的终端。技术与管理是智慧校园的有力支撑,是智慧校园建设落地的最终手段,建设的结果之一,也是平稳运行的保证,但技术与管理已不是智慧校园建设所要考虑的核心内容,因为智慧校园的核心是用户。

三、智慧校园规划方案

在智慧校园的规划中可以借鉴首都师大的经验,建立组织机制对建设进行保障(即"一把手"工程,寻求"一笔"满足需求的建设经费,设立"一套"切实可行的政策保障体系,建立由学校多个部门参与的"一个"机构,并配套"一批"人员推进建设),从"机制创新、统筹规划,先行先试、稳步实施,标准规范、重视安全,以评促建、增强绩效,校企合作、市场配置,区域协同、共同发展"六个方面着力规划。

(一)制定科学的规划机制

信息化建设对于一个学校而言,应该有中长期战略规划和短期建设规划。中长期战略规划的作用在于响应国家相关部门,尤其是教育部、教育厅等部门对教育信息化工作的中长期规划和要求,要为学校信息化工作制定中长期建设战略目标、原则及指导思想,同时要与学校中长期发展相配合;短期建设是为了分解中长期建设战略规划,对未来 2～3 年或者本年度的信息化建设项目、重点和创新工作作出详细的安排,使信息化建设和使用部门、信息化运维人员对此有详细的了解,提前做技术和产品的调研以及准备。

短期建设规划一般应以信息化项目库的方式按 2～3 年滚动建设,按年度和经费及时调整,做到经费的不浪费。由于学校的特殊性,一般上一年的 11 月完成次年的经费预算,然后上报财政；学校一般 2 月底开学，3 月份经费才能到学校，然后开始招投标，本年度 12 月下旬财务支付截止（需要在 12 月中旬前完成验收和资产入库工作），中间还包含接近 2 个月的暑假。而一个项目从政府采购网公告开始到招标结束用时接近 1 个月（还要保证不能流标），其实留给项目的建设时间很短，因此通过项目库的方式，提前调研做方案就可以很快进入招投标流程，进而加快建设进度和财务支付进度，做到资金的精细化预算和支付。另外，信息化项目库的项目必须提前进行申报立项、方案设计、产品选型、专家论证等环节。

智慧校园建设申请立项一般应由信息化使用部门提出申请，并初步完成基本的需求调研和产品选型，经过本部门领导审批和专家的论证。

智慧校园建设立项审批要在学校信息化建设领导小组的领导下、在信息化建设领导小组办公室根据中长期规划和信息化建设的实际需要进行初步筛选的基础上，进行现场阐述和答辩，同时将邀请校内外专家进行现场论证，并排出优先顺序，论证通过的项目进入项目库，等学校批复建设资金额度后进行最终项目的立项确认，并上报学校校务会通过，信息化管理部门将与财务部门协调做好专项资金的绩效目标撰写、与采购部门商议做好产品或服务的采购方式的选择，完成后在财政系统以项目的方式报备。

审批后的项目将进入建设阶段。建设阶段分两个阶段，即招标前需求和参数的撰写、招标后项目的实施和验收。由于每个项目都是在智慧校园的框架下进行，有的项目会涉及好几个部门参与、多个系统联动，需要多轮多部门的协调、调研和讨论，需要花费很长的时间；如果没有成熟的、现成的方案就会花更长的时间，导致项目延期建设，不仅不能完成本年度的目标考核，同时也会影响下一年度的建设。

建设规划方案应在进行充分调查、了解现状、需求及利益相关者分析的基础上，形成文件型可行性方案。完整的建设规划方案，主要应包括建设组织机构及职责、建设模式、遵循标准、建设内容、建设目标、建设阶段、技术方案、体系架构、建设经费等。

（二）建设权威的组织机构

从智慧校园建设的成功经验来看，智慧校园建设的领导工作必须由校长或副校长主管，唯有校长或副校长才可以协调、组织学校各部门的资源，排除智慧校园建设中遇到的各种障碍，举全校之力推进智慧校园建设。除了由校长或副校长协调推进智慧校园建设之外，学校还可以尝试设置 CIO（Chief Information Officer，首席信息官）职位的方式，由 CIO 负责推进学校的智慧校园建设工作。无论是校长或副校长，还是 CIO，都应该具有很强的组织协调能力，具有很强的教育信息化领导力，能够准确地把握智慧校园的建设内容与未来发展趋势。

建设组织机构包括领导机构和执行机构、相应的工作制度及人员岗位职责、任务分解等，其作用是让参加建设的校内人员和中标企业明确人员的相应分工，明确各岗位的责任，加强进度推进和验收监督，协调推进中的各种问题，确保智慧校园建设顺利进行。组织机构一定要有学校一把手的参与，同时要有行业权威专家，这样才会形成全局参与、深入发展的局面。

（三）选择合理的建设模式

在"互联网＋"时代，学校的智慧校园建设需灵活进行，不能坐等学校投入来发展，要多途径发展，合作共赢。

校园信息化建设模式从经费的角度看主要有独立建设、合作建设、第三方建设、租赁四种。独立建设即学校独自投资，购买设备、应用系统及其售后服务。合作建设一般是学校和运营商、银行等合作，学校出资建设核心系统、合作方一般按照学校的要求购买通用的设备，合作方购买的产品使用权在学校，产权在合作方，该部分产品在合作期内的维保费用原则上由合作方支出。第三方建设特指 PPP（公私合营）项目，完全由第三方投建并运营，学校提出需要并对其考核，如第三方投建校园网，第三方的利润通过运营商及增值服务获取，学校不用投入资金，但学校需要在监管上下大力气。租赁一般是学校购买服务，如信息安全服务、公有云服务等。

校园信息化建设模式从开发的角度看主要有独立开发、合作开发、外包三种。独立开发需要学校有良好的政策、很强的技术能力和专业人才，开发的产品具有自主知识产权，可以转化为成果，这个在很多双一流学校都有案例。合作开发一般是软件开发商按照学校的要求，与学校一道进行开发探索，这样既提升了学校的信息化水平，同时公司也研发出实用的软件并进行推广，在这种情况下，学校和公司都拥有知识产权。外包就是公司按照学校的要求进行开发，一般是选型，这种情况下的产品是标准的，但很难适应学校的要求。

从智慧校园建设的领导主体来看，主要有三种类型的智慧校园建设模式，即由技术人员、管理人员、教研人员主导的智慧校园建设模式。

表 3-1　按建设领导主体的建设模式的优缺点

模式	优点	缺点
技术人员	有利于新媒体与新技术的应用推广,便于智慧校园的运行维护与升级改造,充分体现智慧校园的技术特性	容易过多追求媒体与技术的先进性,对智慧校园的管理,以及教与学的支持服务关注不够
管理人员	有利于智慧校园实现精细化管理,充分体现智慧校园的管理服务功能	容易过多追求智慧校园的管理服务功能,对新媒体与新技术,以及对教学教研的服务支持关注不够
教研人员	有利于充分体现智慧校园对学与教、教学研究的服务支持,彰显为学生和教师服务的核心价值	容易过多追求对智慧校园的教学、教研的服务支持,对新媒体与新技术、管理服务功能关注不够

（四）智慧校园规划从面向管理走向服务

在数字校园建设时期的信息化建设侧重管理，而智慧校园时代则是面向应用服务（图3-1），以大平台轻应用的模式进行规划。智慧校园是依托于现代信息化技术，基于互联网、物联网、大数据、人工智能、5G等技术构建的校园工作、学习和生活一体化智慧校园环境。坚持"以人为本、服务至上"的理念，以满足师生员工的需求为导向，注重用户体验和服务质量。为学生提供智慧化的学习成长时空和丰富多样的学习资源，为教师提供便捷高效的教育教学环境，为管理工作提供数据支撑和智慧服务。

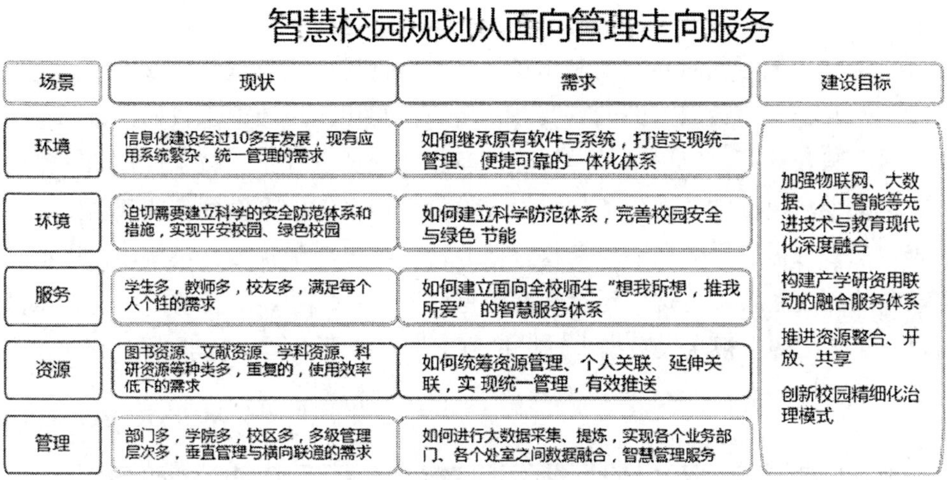

智慧校园规划从面向管理走向服务

场景	现状	需求	建设目标
环境	信息化建设经过10多年发展，现有应用系统繁杂，统一管理的需求	如何继承原有软件与系统，打造实现统一管理、便捷可靠的一体化体系	加强物联网、大数据、人工智能等先进技术与教育现代化深度融合 构建产学研资用联动的融合服务体系 推进资源整合、开放、共享 创新校园精细化治理模式
环境	迫切需要建立科学的安全防范体系和措施，实现平安校园、绿色校园	如何建立科学防范体系，完善校园安全与绿色节能	
服务	学生多，教师多，校友多，满足每个人个性的需求	如何建立面向全校师生"想我所想，推我所爱"的智慧服务体系	
资源	图书资源、文献资源、学科资源、科研资源等种类多，重复的，使用效率低下的需求	如何统筹资源管理、个人关联、延伸关联，实现统一管理，有效推送	
管理	部门多，学院多，校区多，多级管理层次多，垂直管理与横向联通的需求	如何进行大数据采集、提炼，实现各个业务部门、各个处室之间数据融合，智慧管理服务	

图3-1　智慧校园规划建设图

第二节　"智能大脑"智慧校园的功能

一、智慧教育

（一）提升学生信息素养

现代社会是信息社会，其对社会成员的基本要求是教育要面向未来、面向现代化，要求在教育实施中对师生进行信息素养的培养。信息素养也是教育信息化2.0中的要求：从提升师生信息技术应用能力向全面提升其信息素养转变、从融合应用向创新发展转变。

尽管我国教育信息化取得了很大成就，但是具体到学习主体，一些大学生信息的敏感性不强，部分区域大学生还没意识到信息的重要作用，对信息利用能力不强。这说明师生的信息化素养的提升还必须经过一个过程，必须得到培养才能提高，也反映了教育信息化的一个努力方向——提高师生的信息化素养。

从数字化校园到智慧校园发展，扩展和深化了教育信息化的内涵，它应当具有提升师生信息化素养的功能。第一，智慧校园既然是教育信息化的内涵深化，就要在一定程度上超越其技术属性，以用户为中心，让师生的信息素养有很大的提升；第二，相比于早期的校园网和数字校园，智慧校园提供了一个完整的虚拟空间，学生要在完全数据化的物理空间更好地学习生活，就必须对虚拟空间的相关知识熟练地掌握；第三，智慧校园的"智慧"成为校园文化，能让师生更便捷、更容易、更全面地在无意识中对信息技术保持较高的兴趣，并获得所需的信息技术，最终将其转化为一项对信息技术的本能反应。

（二）提高教学管理智慧化水平

教学管理是学校管理的中心，教学管理的信息化是教育信息化的一部分，相应地也经历了计算机化（单机）、网络化的快速发展阶段，智慧教学管理平台（图3-2）的功能模块越来越多、越来越智能，给教学管理带来了极大的便利，并有效促进了教学改革、改善了教学效果。

然而，数字校园时代对数据的利用还存在一些问题：没有认识到数据作为基础资源的重要地位及其在教学管理方面的重要性，导致信息化应用还处于较低层次，在大数据背景下，对哪些数据可以应用到教学管理没有相关的调查分析；教学过程拥有来源广泛的数据，但缺少从数据中发现价值的能力；教学管理系统能采集到哪些数据、怎么采集那些数据、怎么分析使用数据、如何将数据分析的结果用于预测与决策以促进信息技术与教育教学的深度融合，这是广泛存在并亟待解决的大问题。智慧校园中的智慧教学管理平台以其对数据的重视从大数据中发现价值，发挥智慧校园的教学功能。

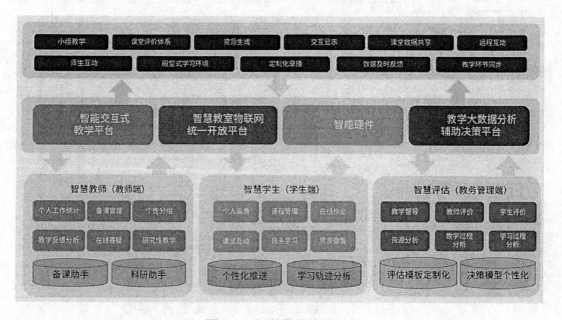

图 3-2　智慧教学管理平台

（三）优化教学资源管理模式

智慧校园还要完成教学资源或信息化教学资源的智慧化管理。信息化教学资源是指支持教和学活动的学习材料、学习工具和交流工具等资源，是经过数字化处理或者经过再加工和制作的、可以在多媒体计算机与网络环境下运行的、能够展现相关知识节点内容的教学材料。信息化教学资源对于信息化环境中的教学，培养学生发现问题、解决问题的能力，对于充分利用时间进行泛在学习，全面掌握所学内容，培养学生的创造性等都发挥着积极作用。虽然早期的资源存在缺乏系统性和整体规划、信息资源分散、资源标准不统一，制作不规范、重复建设较多、利用率较低、与学校需求脱节，或随着时间的推移教学资源所承载的知识内容变得陈旧过时，或者知识内容的表现形式或媒介类型逐渐陈旧过时而不再被师生应用于教与学活动等问题，但这些在智慧校园环境中都将被优化，通过智慧教学资源平台，可以将教师电子教案、教材（文本、音视频、PPT、动画等）根据一定的要求和规则自动聚合为教学资源；而课堂自动录播系统可以自动录制和直播教学实况，并将其缓存或永久存储起来，成为可共享的教学资源；智慧校园中的教学资源能够自动退出或更新，优秀的资源通过学生的使用次数、点评等得以保留，而不适合的自动退出或更新，能够去除没有意义的重复资源。

（四）精准的个性化数据管理

智慧校园以数据为基础，学习科学研究的数据方法成为大数据和智能时代的新方法，极大地推动了智慧学习实践。以大数据为基础的行为分析可以通过个体的外显行为深度洞察其内心世界，探索外部世界的未知领域，了解学习者的内心活动与情感状态，在此基础上通过情感、意志等动力因素的积极调节，可以有效促进个体认知系统的发展。随着大数据技术在教育领域应用探索的快速推进，数据驱动逐步成为大数据时代主流的教学范式，并呈现出科学化、精准化、智能化及个性化四大核心特征，数据驱动的精准教学要求教师利用数据挖掘和学习分析技术将课堂教学与在线学习生成的数据"翻译"成有价值的信息，从而为教师的"教"和学生的"学"提供更准确、及时、全面的支持。

二、智慧学习

相较传统的学习而言，智慧学习是从传统学习到"智慧+"的过程。它包括内部自我知识的识别定位，外部核心问题的识别定位，内外互动产生知识优化、进化，最后才是解决问题和收集意见反馈并进行改进。在此过程中，人的知识水平呈螺旋式上升，同时问题得到持续优化解决。智慧学习与传统学习不同，它是基于信息化、全球化和协同创新与知识融合的全新学习方法。

在大数据或"互联网+"时代，信息爆炸，知识呈几何级增长；在智慧校园平台上学习内容也繁多，如何有效学习就显得非常重要。

（一）智慧学习的内涵

智慧学习是一种"复杂的、数据驱动的、非线性的指导和纠正方式，可以调整机器为学习者提供人机交互和示范演示，并对学习者在某一特定时期需要什么类型的内容进行预测，从而做出及时的跟进"。智慧学习包含了五个要素。S：自我导向（self-directed）。这意味着学生由知识的接受者转变为知识的创造者，教师的角色亦转变为教学的促进者，而不是主导者。M：兴趣激发（motivated）。学习更注重的是学生的体验过程，"从做中学"，培养学生创造性的解决问题能力，教师采用的是个性化的评价方式。A：适应性学习（adaptive）。智慧学习具有基于个人偏好和职业预期的灵活性和适应性。R：丰富的资源（resource-enriched）。智慧学习拓展了学习的资源，突破了"学校围墙"和教室物理空间的限制，使学生与全球范围的学习者共享学习资源。T：技术融入（technology-embedded）。智慧学习环境能够适应师生"任意时间、任意地点、任意方式、任意步调"学习的诉求，以支持学习者轻松、投入、有效地学习。

智慧学习通过构建智慧学习环境（Smart Learning Environments），运用智慧教学法（Smart Pedagogy），促进学习者进行智慧学习（Smart Learning），即培养具有高智能（High Intelligence）和创造力（Productivity）的人，利用适当的技术智慧地参与各种实践活动，并不断地创造产品和价值，实现对学习环境、生活环境和工作环境灵巧机敏的适应、塑造和选择。智慧学习的本质特点为"以人为中心，以学习任务本身为焦点"，可以让学习者实现从"被动学习"到"主动学习"的转变，是目前全球各国教育领域都认可并极力推崇的先进理念。

（二）智慧校园下的学习方式

1. 自我导向的学习

在网络时代，知识是分散于每个人手中的，云平台技术的应用把个人手中的知识整合成一个脉络清晰、互相关联的知识群，供所有用户共享，彻底改变了知识的封闭、孤立的状态，为学习者提供了丰富的、开放的学习环境和模式。传统课堂教学"一刀切"（one size fits all）的教学和学习模式，没有考虑到学习者个人已有的知识与经验，不够适性化和弹性化。智慧学习是对学生的学习和教师的教学进行"放权"的过程，是一种智能化、个性化的学习系统，是一种学生自我导向的、以生为本的学习方式。智能教学系统支持学生基于自己的学习状况和个人认知水平、认知风格和偏好，自主进行自我探究式的学习。学习系统的"智能化"一直是计算机和教育领域的研究者们所关心的问题，早在 20 世纪 80 年代，研究人员已经开发了智能教学系统（Intelligent Tutoring Systems，简称 ITSs），它也被称为"自适应学习系统"，支持学生根据自己的学习需要自行选择学习材料、自定学习进度。无线网络通信技术的发展和移动设备的普及促进了"移动学习"的产生，使人们能够不受时间和地点的限制，可以随时访问互联网资源，并与师生和其他学习者进行互动。之后，GPS、RFID（电子标签）和 QR（快速反应）等传感技术的出现，进一步使学习系统能够监测学习者的真实学习情境，能够为学生提供及时的和必要的学习指导、提示（hints）、工具（tools）或者学习建议。智慧学习被定义为"一个以学习者为中心的人本主义学习系统"，为学习者与教师之间、学习者与学习者之间的互动提供了平台，支持学习者自我导向的学习。相比较于单向度的在线学习，智慧学习不是由内容和技术驱动的，而是由知识和学习者驱动的。

2. 情境化的学习情境

教学理论认为,学习者必须在真实的情境中,通过与所处环境的互动,主动建构知识。在传统教学中,学生无法置身于真实的情境中进行学习,计算机辅助教学被认为是实践情境教学理论的有效工具。随着移动、无线通信和传感技术的进步和普及,研究人员试图在真实的学习情境中提供个性化的学习指导和支持,将智能学习技术应用于真实的学习情境已经成为技术辅助教学的一个重要而有挑战性的话题。智慧学习的本意是在不同的时间和地点,为学生提供个性化的、与学习情境相关联的学习材料,通过这种情境学习模式,更有效地突出和实现"以学生为中心"的学习概念,帮助学生缩短在网络上搜索学习资料的时间,提高学习效率。智慧学习利用计算机为学生呈现真实世界的模拟情境,使学生能够身临其境地体验学习对象,增强学习兴趣和动机,有效地识别学习情境,包括学习时间、学习地点、学习伙伴和学习内容,辅之以同步或非同步的社群互动,使学生真正主动参与探索知识的过程。智慧学习以学习者为中心,强调合作学习,具有较好的灵活性、互动性、自我导向性和情境性,学习者需要运用他们的知识和技能解决问题,在真实的语境中实现目标。

3. 个性化的学习

在传统课堂中,教师会根据自己的观察和经验来确定适合的教学方法和风格,而在Web教学环境中,学生的学习行为和习惯都会被记录在Web系统中,教师可以根据学生的学习状况及时进行策略调整。虽然混合式学习策略的应用和网络学习共同体的形成,极大地提高了学生之间以及教师与学生之间互动的频率和水平,但是学校教育仍然没有根据学生的学习历程来定制个性化的课程和教学方式。信息技术被视为提高教育质量和教育变革的重要工具,信息技术在教育中的应用也带来了教育和教学范式的转变。智能学习系统分为两种:一种是适应性的内容呈现(Adaplive Presentation),由于学生间的个体差异较大,即便是同一个学生,他的认知水平也在不断变化之中,智能教学系统会根据学生个体表现分配练习题和提供补充材料,解决的是满足学生个性化学习的问题;另一种是适应性的导航支持(Adaptive Navigation Support),主要针对的是学生认知负荷的问题。智能教学系统可以根据学生的浏览路径为其推荐相关的学习内容,大幅提升学生的学习效率。

"互联网+"时代对学生个性化需求的关注逐渐增多,教育旨在为学生提供多样化和个性化的选择,智慧学习是指通过对学生学习数据的分析,基于学生的需求和兴趣以及已有的知识经验等个性化指标,对教学内容进行编排和设计。在这个过程中,智能教学系统会根据学生的学习完成情况自动地进行内容调整,更好地促进学生的发展。智慧学习结合了智能学习和个性化学习,除了能够满足学习者的不同学习需求和学习风格外,还可以提高学习者的交流、思考和解决问题的能力。

(三)智慧学习的新发展——大数据驱动的智慧学习

在人工智能的影响下,数据驱动的智慧学习实践范式将释放学习大数据的潜力与活力，推动智慧学习价值落地，其理论依据具体表现如下：

智慧学习环境与学习行为大数据富含大量的时空特征信息，为进一步揭示学习者的心智模式、认知规律、行为特征、兴趣偏好等个性信息，及挖掘其活动场景和位置等属性信息提供了可能。

沿循"行为—数据—信息—知识—智慧"这一连续体，深度学习等算法模型，借助其日益增强的学习能力，从广度和深度上拓展智慧学习分析方法和技术，推动形成完善的学习分析理论体系。以认识论为基础，人工智能等新技术为人类行为、数据表征、信息存储、知识创新与终极智慧之间建立了重要关联，形成了这样一个连续统一体，实现了技术与教育的融合发展。脑机接口（Brain Computer Interface, BCI）是其中的代表性技术，它能够解码人的心理活动，并将其直接作用于由认知、情感和意志决策之下的大脑机制。

三、智慧管理

当前，信息化成为教育事业发展的战略选择，教育信息化已经到了深度应用与融合阶段。智慧校园的智慧管理功能主要体现在用信息化工具即信息技术，主要是新技术优化学校资源配置，提高学校行政和组织效率，对教育教学进行预测和规划，促进管理方法的科学化和管理模式的优化与转变，进而形成新的管理模型，提高学校的管理水平。学校管理工作的水平关系着学校的教育质量和发展前景，信息化时代则取决于学校的信息化管理模型能否建立和有效利用。袁贵仁部长在全国教育管理信息化工作视频会议上的讲话指出，加快推进教育管理信息化，建设好国家教育管理公共服务平台，全面、准确地掌握全国学生、教师和学校办学条件的动态数据，对于提高教育服务水平、支撑教育科学决策、加强教育管理，都具有十分重要的意义。

（一）数据管理

数据管理是一个广泛的概念，涉及数据的采集、预处理、存储、分析和挖掘等多个环节，见图 3-3 智慧校园数据平台。其目的是从大量原始数据中筛选有价值的信息，并通过分析这些信息来支持决策、发现模式和趋势、构建模型等。数据成为基础性资源，校园内产生的数据可称为大数据，其种类繁多、数据量大、非结构化。数字校园时期，各应用系统主要由校内各部门自己建设、管理，信息孤岛现象比较普遍，统一规划的智慧校园通过统一数据交换解决了这个问题。统一数据交换旨在打破校内信息孤岛，规范数据的描述存储，减少数据的冗余和不一致性，改变原始的数据传递的交换流程和方式，提高数据的准确性，提高工作效率。

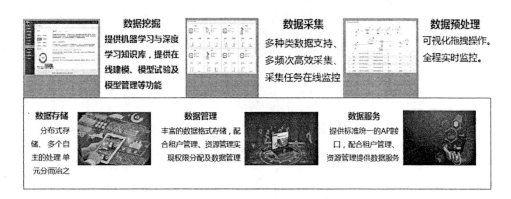

图 3-3　智慧校园数据平台

智慧校园的数据包括：人事信息数据，如教职工信息，所有部门和教学从人员入校开始就统一使用其身份、职称、工龄、科研、政治面貌等数据，及时更改人员变动信息；学籍数据，如在其整个过程即从入学到毕业，多数使用同一身份、成绩、健康状况等数据，及时变更变化信息；图书、国资、设备等资产信息数据，统一使用射频标签，既方便信息录入，又方便管理查询和盘点；教务数据，如班级、教室安排、课表、考评、考试成绩等；组织机构和制度数据，如机构及其职位、规章制度及其发行和适用范围等；金融数据，如学生消费时间、消费内容、消费地点，物资采购价格，人员工资，奖助学金，投入与支出财务数据等。除此之外，统一数据交换平台还具有灵活的兼容性和接口，方便数据类别更改或添加。

在系统组成上，智慧校园统一数据交换平台(图 3-4)由中央数据库系统、元数据管理、数据交换引擎、数据标准、数据安全等组件组成，数据是由数据标准单元、元数据单元、数据质量单元、数据资产单元、数据安全单元、数据集成单元、应用数据组成，经过数据采集、数据存储、数据清洗转换、数据交换共享、数据分析计算生成应用数据。再通过定向开发或者连接教务、人事、科研、学生管理、财务、一卡通、统一门户、OA(办公自动化)、图书馆、Mai 系统、国资、医疗等的数据库，为其提供统一的数据，实现基础数据在全校的共享。统一数据交换的功能，即提供基础数据服务、实现数据统一管理。同时，这些数据也可以为每年填报的高等教育基础表、教学状态数据库等提供数据支持。

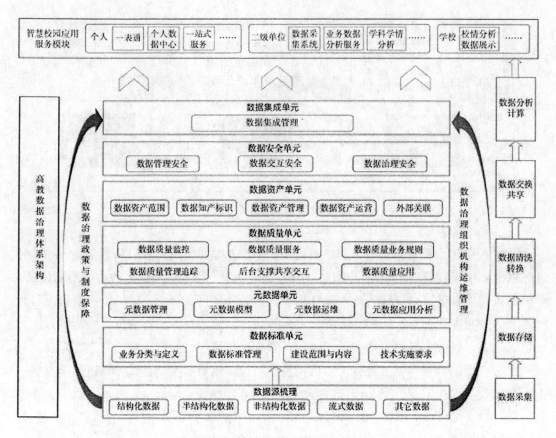

图 3-4　智慧校园统一数据交换平台

（二）业务处理

数字校园时代，校园业务处理部分通过 OA 实现，然而 OA 只能处理简单的行政公文，而且多数是自上而下的，各管理单位职责内的人、财、物管理业务没有统一的定义，各自管理本部门的信息管理系统。

智慧校园业务处理主要通过协同办公系统和基于大数据的决策系统实现。协同办公系统是基于学校组织机构的管理信息系统的智慧融合，统一的校园教务、学生、人事、财务、国资、后勤、科研等管理数据，极大地提高了管理层的运行效率。实现流程审批、协同工作、公文管理、文档管理、信息定向发布、会议管理、关联人员、系统集成、门户定制、通讯录、工作便签、问卷调查等。

基于大数据的决策系统主要为校园决策层服务，洞察和预测教育教学的发展方向及校园人、财、物等资源配置，决策办学方向。通过无处不在的计算和传感器，大数据能够解析存在于现实校园、虚拟校园及虚实融合校园的复杂网络关系，并适时做出判断和决策。这种决策模式遵循数据转变为信息、信息转变为知识、知识涌现出智慧的流程。因此，智慧校园可以说是一个非线性的、去中心化的、自下而上的、发现群体智慧的管理模式。

智慧管理功能涵盖人、财、物，如行政机构和人员、流程管理、教学资源和教务行政、科研数据生成、科研项目管理、智慧图书馆、智慧教室、平安校园、校园节能等。智慧校园管理要充分发挥信息化最新思维，即互联网思维。更好地协作，使所有人员有机会了解校园管理每一个具体细节并能发挥相应作用，对行为结果进行预测，从而进行科学决策。需要注意的是，智慧校园的功能并不是要全面"接管"校园，而是为校园管理提供更科学的手段，更高效的流程。

四、智慧生活

生活服务功能是智慧校园教育教学、管理功能之外的另一个重要功能，生活服务包括校园内的食、住、行、用等，智慧校园的这一功能主要通过掌上校园和一卡通系统来实现。

（一）信息获取

随着无线通信技术的发展，移动互联网和智能终端被逐步普及，掌上校园是利用移动互联网和智能终端，提供校园信息查阅、业务办理、交流沟通等应用的 App，由移动管理平台和客户端两部分组成。掌上校园不仅仅是为了把 PC 端的应用在智能终端上实现，更是为了方便师生的校内外生活、提升用户体验。通过移动管理平台对数据的集成、应用的管理和用户的权限设置，用户账户登录可以自定义自己的快捷应用，不同角色的用户能够访问权限内的应用系统自动推送的重要通知及各应用系统的提示信息。

教师可以查看考勤信息、奖惩信息、考评信息、工资、个人报账信息、日程管理、邮件提醒、学籍信息、财务信息、健康情况，进行公文处理、移动 OA 办公等。

学生可以通过在线咨询功能进行提问，与教师进行互动；查询校园卡消费明细、在线挂失，查询宿舍水电费缴纳情况、卫生检查结果等，查询自己的学分、课程表、成绩、考试安排、论文、辅修课程、空闲教室，进行教学评价等；可以进行移动学习，学生可以方便地下载到学校发布的各种教学资源，访问智慧图书馆学术资源数据库，真正做到移动学习。

掌上校园基于移动互联网，充分利用了智慧校园的基础网络和应用资源，实现了智慧校园生活服务和移动学习无缝覆盖功能。

（二）校园消费

在校园内，凡有使用现金或需要识别身份的场合均采用一卡通来完成，导入一卡通可以是实物卡，也可以是虚拟卡，"一卡在手，走遍校园"，实现用校园卡代替就餐卡、借书证、上机证、学生证、考试证、工作证、出入证等各种卡证，达到一卡多用的目的。通过与市内公交公司的合作，可以实现校园卡校外刷卡乘车功能；通过和第三方支付比如支付宝、微信等合作，可以实现校园卡充值、校外消费的功能。校园一卡通既实现了对师生员工日常活动的管理，又为教学、科研和后勤服务等提供了重要的数据信息，同时又是智慧校园中信息采集的基础系统之一，对学校的管理和决策支持具有重大意义。

（三）校内泛在导航

地理信息系统（Geographic Information System，简称GIS）。通过使用地理信息综合管理应用平台，可以实现智慧校园GIS校内导航功能。GIS服务是大型空间数据库管理平台，存储空间地图数据及与业务系统相关的专业空间数据，实现空间数据的共享和统一管理，并对相关数据进行综合展现。业务系统可以通过统一的GS接口调用GIS地图服务，访问GIS地图数据。其主要功能是三维虚拟校园展示，支持对新生和校外来访人员的引导，如校内地图、建筑物和教室介绍及路径与空闲时间查询、校园信息发布等。支持在PC端、手机端和固定位置触摸屏等展示。

第三节 "智能大脑"智慧校园建设内容

一、基于智慧感知的校园环境

便捷、协作、节能的校园环境，是智慧校园对校园物理环境的基本要求。这个物理环境实际上融合了网络和数据，目的是给学习及其辅助要素提供最高效、最简单、最易用的空间和环境，包括基础网络、环境感知与泛在导航、门禁与号牌识别、能源监管系统等。

智慧校园基础网络要达到泛在网络的程度，即网络无所不在，为泛在学习和移动学习及移动办公提供网络支撑。包括有线和无线覆盖：有线网络技术成熟、稳定、带宽高、相对安全，无线网络部署灵活，有线和无线网络相结合能发挥各自的优点，无缝覆盖形成泛在网络，基本能满足移动学习和办公的需求。有线网络用于室内网络覆盖，在一个园区内用户采用统一网络接入，即在校园内任何地点、任何时间，使用任何智能终端，只需一个账号登录一次，就能访问权限之内的所有信息和服务，比如选课、缴费充值、成绩信息查看等。统一网络接入的前提是泛在网络，实现途径是统一认证系统，以使用笔记本电脑、平板电脑或者智能手机等智能终端。

基于智慧感知的校园环境（图3-5）利用物联网覆盖，视频图像识别技术、射频技术、无线网络技术（WLAN，移动互联网、WPAN、WBAN、Zigbee）、二维码等，实时感知人或物附近环境或学习者动态。提供导航服务，如教室排课情况、图书馆座位，图书借阅信息的查询，外来人员服务如校内GIS地图导航、办事流程查询、科室职责查询等；提供学习者个性化学习服务，如捕获并分析学习者学习状态，提供个性化辅导、资源等，帮助提高学习者的学习效果；楼宇与室内环境的智能调控，如温度、湿度、亮度等；门禁系统主要针对楼宇各出入口，通过指纹识别或者一卡通识别或者其他方式，对校内正常出入人员进行身份识别后放行，方便了人员出入，减少了不必要的安全力量；车辆号牌识别系统用于校门或者校内区域性的车辆出入或停靠的自动识别、放行、泊车。

能源监管系统主要用于技术上的节能管理，通过部署智能水表、电表等，对校内各房间或楼宇用水、用电等进行智能监控，发现问题，提前预警；通过感知系统，控制路灯、教室、会议室等的照明系统。管理人员通过智慧网络随时查看系统运行情况,掌握能源使用状况。

部署新型物联智慧校园(图3-6)环境不再是信息化技术和设备的简单应用,而是通过先进的理念,应用先进的信息技术和设备,实现人与人、人与物、物与物的全面、充分的协同,同时采集大量数据,通过对大数据的挖掘获得有价值的指导,对未来进行预测,指导教学、指导校园治理乃至指导教育决策。

图 3-5 校园物联网应用全景图

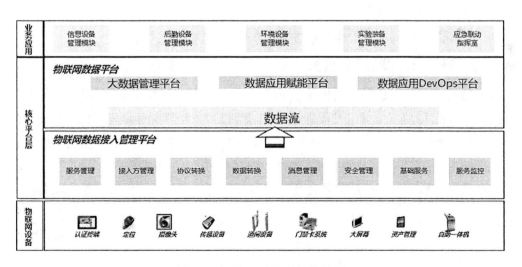

图 3-6 部署新型物联智慧校园

二、基于个性推荐的智慧教学系统

智慧校园环境是基础,智慧校园建设的目的是支持教学。这种支持可以是直接的,也有部分是间接的,智慧教学系统是大数据背景下必不可少的校园信息化的主要组成部分。

　　智慧校园中的智慧教学系统不同于数字校园孤立的多媒体教学和数字化教学平台，除了具有数字校园时代便捷性、网络化、泛在化（不受时空限制）特征，其功能和组成均有较大拓展，包括以大数据为基础、以学习分析为手段的个性化教学，可协作、自适应、友好的线上社区，基于定制的信息推送如掌上校园，对教育教学资源的管理，对教学资源的分配预测等，具体来说，应具备一些新的特性，如能涵盖教学相关的所有环节（教学计划、教师分配、教室安排、编班、排课、备课、上课、课后互动、辅导答疑、协作学习、考试、作业提交批改、评教、听课教研活动等）、数据统计分析、支持个性化学习、资源按需获取、教学效果评价、对教学效果进行预测、对资源分配进行管理和预测。

　　智慧校园的个性化教学具备了关注并记录学生的个体差异及丰富其个性体验的技术基础，完全能够做到个性化教学。智慧校园中的教学管理系统能够全程感知并记录学生的学习时间、学习情境、学习状态、学习效果、学习需求等，并将之转化为大数据进行分析处理，据此为学生和教师提供基于数据分析的学生评价和诊断结果，为下一步教学安排提供依据和方向，教师据此可以有针对性地对学生进行辅导，学生可以根据自己的学习状况进行针对性的补充练习，比如，可以给不同程度的学习者组合不同难度的练习题或试卷，并给出不同的频度和时间间隔，这样可以使学习者在相同的时间内完成学习进度。同时，在判断学生学习效果和需求之后，主动为其推送合适的信息和资源。这样，基于大数据分析的个性化学习可以辅助个性化教学的实现。

　　从数字化教学走向智慧教学已成为信息时代教学发展的必然趋势。智慧教学是教师在智慧教学环境下，充分利用各种先进的信息化技术和信息资源开展的教学活动。总的来说，智慧校园为学生提供了一个智慧教学环境，智慧校园的智慧型教学系统涉及教学的全过程，克服了信息孤岛，提供了智慧教学服务。

三、基于大数据的决策系统

　　在大数据时代，可通过大数据的决策系统（图3-7）对采集到的所有实时数据和历史数据进行分析，为教育教学资源分配等提供决策支持。可预测的数据的处理系统（采集、传输、存储、挖掘）基础数据不仅包括结构化数据，还包括图像等非结构化数据，通过搜索引擎技术、超文本全文检索技术、多媒体检索技术、人工智能技术、大数据挖掘技术，对大数据进行分析，洞察和预测教育教学的发展方向、校园人才资源配置，以及决策办学方向。

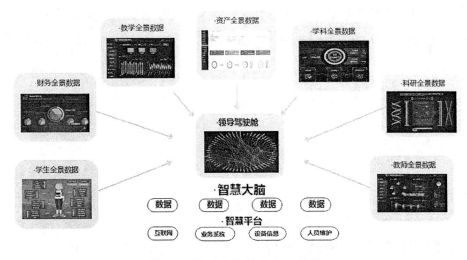

图 3-7 基于大数据的决策系统

四、基于云的信息化技术框架

全面将数字化校园升级到"互联网+"智慧校园，不能仅进行学校内部的信息化架构改造，还要充分利用互联网的资源整合优势与技术优势，为高校提供相应的信息化服务内容。"互联网+"智慧校园不仅要建设在学校的私有云上，还要使用公有云。从MOOC课程开始，学校和课程的界限开始模糊，部分学习在云端开展，必须相互结合，才能全方位地进行数据的收集，进而实现科学决策。

智慧校园服务及运营平台：立足学校内部，对现有数字化校园的基础平台进行升级，不但能够解决传统平台在校内系统中的数据集成、身份集成和信息集成的问题，而且同时具备高度的校内应用管理能力、接口管理能力、服务提供能力和拓展能力，为高校提供信息化的统一基础运行私有云平台，使之成为智慧校园的基础运行环境。其核心作用是对数字化校园传统架构进行升级，实现学校的整体信息化体系从集成模式向云模式的转变。借助云计算的优势，更好地支撑学校后期的用户服务提供和业务流程优化。

智慧校园云守护：为了更好地服务于高校的信息化，智慧校园云守护为用户提供高品质的云端运维服务。可以在线实时采集信息化软硬件运行数据、系统行为数据、用户评价数据等多方面的内容，基于数据为高校提供全天候的信息化运维服务与运营服务。其核心作用是改变原先的被动运维模式，借助云端服务能力，实现不间断的运维与故障消除服务，并帮助学校对信息化建设效果进行科学评估，为后期的优化迭代提供数据依据。

智慧校园云工厂：智慧云工厂通过开放服务平台，将学校应用开发过程中需要的核心能力面向外部开发者开放。同时提供对应的开发工具、技术培训、质量管控，高校将业务需求进行在线发布，由此体系上的外部开发资源帮助学校应对需求变化。其核心作用是通过互联网众包方式，充分整合外部开发资源，帮助学校实现需求变更与应用优化的快速响应，大大降低学校需求的响应时间和周期，同时有效保证服务质量。

五、基于内外融合的全面信息服务

高校信息化的使用者和终端用户近年来发生了巨大的变化，大量的教职工与学生已经完全适应了互联网模式带来的便利与快捷。因此，学校内部的信息化建设不能只着眼于校内现有的业务与内容，必须进行有效拓展，利用基础运行云平台的开放能力和整合能力，将互联网服务充分引入高校内部。

同时，我们也必须充分考虑学校的自身特色，将互联网服务与校内业务进行有机的整合，其目的在于通过互联网服务的先进性和优质资源，对校内业务进行优化，帮助学校实施管理、教学、科研的全面提升。

六、基于开放生态的运营机制

未来高校信息化建设的核心是以面向角色的服务为导向，建立整体数字化校园开放性生态体系。以先进的技术构架为依托，创造一个高开放度的信息化环境，更好地应对学校内部业务变化和外部信息技术发展趋势带来的冲击。要构建这样的一种生态体系，学校需要从技术架构、建设思路、建设模式等多个方面进行转变。要做到能够同时满足技术发展的需要、学校业务的需求、供应商参与的诉求，充分利用学校在信息化方面的人力与物力投入，构建良性的、可持续发展的校园信息化生态。

基于开放的信息化环境（图3-8），将校内信息化建设成果和校外互联网应用都以服务的形态进行重新梳理、重新组合，并通过有效的管理机制在校内的统一应用平台上进行注册、发布，为校内师生提供综合性的服务获取通道和高体验度的应用服务，大大增加用户黏性与依赖度。基于高使用率的综合服务，校内师生不但可以在综合服务平台上使用服务，还可以对校内服务进行评价和反馈，综合服务平台同时记录下各类用户的操作轨迹、用户行为，辅以传统的管理业务数据，为各级管理者提供全面、有效的数据分析服务，帮助各级管理者决策分析，优化业务模式。各类需要优化的应用，需要有效的运营机制保障，在校内建立长效化、持续化的运营机制，保证校内应用和服务的升级与迭代。在运营机制的保障下，借助快速建模工具和快速开发平台，让信息中心、建设方和服务提供商都可以基于完善的运营机制参与其中，共同提升校内信息化水平。

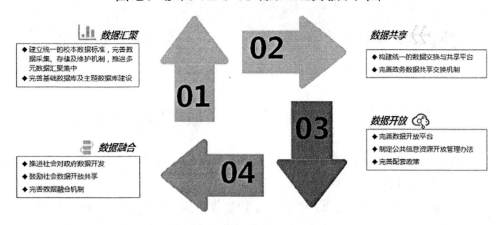

图 3-8 基于开放共享的信息化环境

　　如此一来，为学校的学生、教职工、管理人员、校领导以及校外服务提供商和社会人士提供一个良好的生态圈，借助生态圈的形成，为围绕学校的各个角色提供优质的服务，并对各类信息系统进行有效的整合重组，提升信息化成果使用率，发挥数据积累价值，持续为学校各级领导和管理者优化管理提供数据支撑，并进行学校管理模式和服务模式的优化和再升华，达到持续更新、持续迭代的效果，保证校园信息化建设的先进性和可持续性。

第四章 高校"智能大脑"智慧校园系统建设

第一节 "智能大脑"智慧校园应用系统构成

从实践的角度来说，智慧校园应用系统构成简单来说就是 7 个"一"的建设，即一卡一库一表一标一网一厅一应用。

一卡，一张一卡通走遍全校园。通过一卡通建设实现食堂消费、电费缴纳、超市消费、校车乘坐、小额费用缴纳等金融功能，实现学生证、考试证、门禁等身份识别功能。建立与实体卡相对应的虚拟卡，既可以在在校时间使用，毕业后也可以继续以校友卡使用，实现图书借阅、食堂消费等功能，同时利用该功能可以长久地跟踪毕业生的就业去向等，实现对学生全过程的数据跟踪和分析，为学生的成才、培养方案、教学质量等提供决策支持。

一库，这个库是指数据库，特指经过数据治理后的大数据中心数据库。大数据中心数据库包含在数据标准的基础上经过清洗后的结构化数据库，也包含非结构化数据，如地理位置、上网日志、平安校园视频、智慧教室学习行为等。大数据中心数据库是大平台轻应用的基础，也是服务门户的基础；是智慧校园建设的重点，也是智慧校园建设的成败关键点。

一表，是智慧校园最需要的服务，用一张表完成跨业务部门的流程。师生及各类用户通过一张表提交就可以解决问题，如学生的请假，学生在线提交，辅导员审核，院系书记审批，数据将进入教师的课程点名、教务的上课人数、学生的上课情况等应用和平台记录；教师年度考核，教师发起填写，系统自动汇集教务系统和研究生系统的教学工作、科研系统的科研数据、教师发展平台的参加学术活动、自动填写来自人事系统的教师的基本信息（学历、工龄、年龄）、教师填写德勤能绩四个方面的自评以及其他说明，提交并经过述职后部门领导给予级别的评定，然后进入人事系统的教职工考核结论，最后以电子文档的方式在档案馆存档，所有的过程都有痕迹和印鉴；教师调课程序，教师与任教班级协商补课时间，教师发起流程、学生在线认可签字、院系审批、教务处领导审批、进入教务系统、学生教师课表体现、教学督导听课查询、年末学校调课次数统计等，实现了学生、教师、管理部门之间的流程的快速办理，再也不用多跑路、等待领导签字了。一张表是流程或流程再造的结晶，是服务意识的体现。

一标，是指智慧校园建设的信息化标准。标准包含国家标准、行业标准，以及学校制定的标准——校标，在数字校园时代，各个业务系统都是由企业或者开发人员构建，没有统一的标准，在信息化集成的时候就存在问题，必须经过数据交换和清洗才能被下游的系统或数据中心采用。标准的建立是数据流转和数据分析的基础，没有高质量的或可识别的数据基础就无法实现高可用的服务。如学生的学号，有的学校采用入学年份加流水号的方式来实现，实现起来容易，但数据分析起来很困难。如某校学生本科学号，系统内部 20 位学号，学生使用 15 位，效果较好，用 5 层 15 位数字码，第 1、2 位表示学生类别；第 3 到 6 位表示入学年份；第 7 到 12 位表示学科专业代码；第 13 位表示自然班号；第 14、15 位表示流水号；而教师采用系统 15 位，教师采用三层 10 位数字码，第 1、2 位表示教职工类型；第 3 到 6 位表示进校年份；第 7 到 10 位表示流水号。数据的标准化可以快速地生成所需的数据，如专升本三年、本科四年、土木五年毕业年份，可以快速在各类应用系统做标记，提前在服务门户推送学分差距、离校时借书未还等信息，同时在管理后端，相关人员也会及时处理信息。如年薪制教师的考核和薪酬发放、柔性人才的科研考核、人事代理教师的社保核算等。

一网，是指全校或全园区统一出口、统一管控的一张网。现在很多学校都是多网并存，管理混乱，安全界限不清，不容易管控，容易发生安全事故但无法追溯。按照国家保密相关的文件，一个园区建议一个统一出口，最多不超过两个。由于历史、资金、管理和意识等原因，学校的校园网多由运营商投建，同时为了减少垄断因素，不同的片区由不同的运营商建设，没有统一的身份鉴权机制（有的学生有多个运营商账号，还有学校分配的账号），学生在校园内发出的信息没有经过学校的上网行为审计系统、没有经过与公安部门对接的系统，无法及时溯源，同时有可能会存在通过非密网络传输涉密信息的情况。

一厅，是指一个服务门户或办事大厅或服务平台，一个服务门户是各类信息高度集成的展示，用户在门户查询所需信息，如课表、成绩、一卡通余额；提交学生成绩、科研成果、申请奖助贷；按照提供的 API（应用程序编程）接口，进行应用的开发等。服务门户的服务都是基于数据中心来完成，如教师职称申报，系统自动收集基础信息，收集从上一职称开始的教学、科研、获奖等数据，这些数据按年度收集并且经过了职能部门的审核，此时直接提取，不需要再次签字确认，如研究生导师考核，系统自动提取考核年度的科研、教学，自动按照本年度的各项分值进行核算，导师可以查看数据有无遗漏（可以补充数据），系统最终计算出分数给出考核结论；学生贫困奖学金的申请，学生提交后系统会自动判断该生在学生的消费属于哪个阶段，如果消费过高会自动终止申请等。同时，服务门户要提供 App 或基于微信的服务。

一应用，是指一批应用，是智慧校园的支撑。没有了应用也就没有了数据源，也就不会有智慧校园的智慧性，就不能发现和洞察，进而无法进行决策支持。

智慧校园的应用一般以角色视角重构校内业务应用，完成服务化转型。基于现有的信息化建设成果，在校内通过服务封装和流程重组的方式，将原先各类业务系统、信息系统的功能提取出来，利用基础支撑平台或服务门户的组件化能力，组装形成新的业务功能模块，为广大师生提供服务。针对教师、学生、职工、管理人员等几大角色，提供除了原有行政管理类外的全维度服务，覆盖生活、工作、教学、科研等诸多方面。让学校的信息化建设真正面向全校人员发挥作用。提升信息化建设成果的使用价值，增加全校人员对信息化建设成果的依赖程度。同时，收集大量传统管理信息化建设无法获取到的校内数据，为后期决策分析提供数据支持和数据基础。主要有学生、教师、教学、办公、公共 5 类服务。

一、学生类服务

学生类服务其实就是高校学工系统的概念，从招生开始，到校友结束，全生命周期覆盖。对于自主招生的高校一般还应该有招生系统，包含招生计划编报、招生宣传管理和招生录取管理。

（一）迎新服务

迎新是高校每年的重点工作，一般在 8 月中旬完成录取工作，9 月初报到，需要完成分班、编学号、分宿舍等工作，如何进行统筹、规划、管理迎新工作非常重要。一般分为事前准备、事中控制、事后分析。

1. 事前准备

事前准备也就是网上迎新阶段，主要完成如下工作：

（1）数据准备

完成招生数据的导入，招生办从上级部门招考系统导出数据；迎新系统管理人员按需导入数据，按照放暑假前 7 月份教务处准备的学院、班级等数据完成分班、编学号工作；宿管部门人员导入可分配宿舍信息（如果有宿舍管理系统，数据直接抽取），各个学院为每个学生分配床位，特殊学生手动分配，其他学生一键自动分配；迎新系统管理人员提供账号或数据（此时已经完成根据学生类别、专业、宿舍级别等数据进行各类计算）给财务处以便进行学费的代扣、给保卫处进行军训的安排、给校医院进行体检的准备；同时推送数据到相关的下游系统，如一卡通、图书馆等，以便学生入校就可以使用一卡通进行就餐、图书借阅、门禁等。

（2）迎新系统的配置

完成迎新流程配置、学生数据准备、权限分配功能。按学生类别自主定义迎新流程、进行新生到校后各环节办理权限的分配、配置新生在家即可完成的各类事项。新生到校前就可以在线登记个人信息、购买商品、预订军训服装尺码、到校信息登记（方便学校安排接站）、申请绿色通道、完成财务缴费。通过新生服务的提供，大大减少了入校后的办理事项，缩短办理时间。

2. 事中控制

事中控制也就是现场迎新或现场报道，主要完成如下工作：通过对到站信息的统计，方便学校安排人员接站。同时为各环节负责教师提供现场在线办理的功能，应用支持与外部扫描、读卡设备集成，快速定位学生、快速办理。并为办理人员、院系领导、学校领导提供各环节办理进度实时预览功能，提升现场办理效率。

3. 事后分析

主要完成如下工作：提供总体报到情况、各环节实际办理情况的统计，并可以按照全校、院系、专业、生源地、民族等维度进行细分查询分析。为管理人员和校领导提供对于新生和迎新整体工作的直观数据展现，提供决策分析和迎新各环节流程优化支撑。同时生成未报到人员数据到各个院系进行核实，将核实后的未报到学生的数据上报教育厅。

报到结束后迎新系统的使命结束，报到后的数据再次推送更新下游系统的数据，此后学生的数据源就是教务系统。

（二）学工服务

学工服务系统的主要功能是考核和奖惩。从数据中心获取的全面、准确的学生基本信息可以进一步统计出有效的数据，从而为学校领导制定全校策略、开展规划工作提供准确完整的数据依据。

1. 奖学金服务

奖学金应用主要解决以往评定过程中工作复杂、流程不透明的问题，在实际的应用中按照学校或学院的评定文件，灵活设置评定的条件、评定的流程以及为各个院系分配名额，能够使得整个奖学金评定过程更为有序、可控地进行，评定结束后可为管理人员自动生成奖学金业务的统计分析及相应报表，大大减轻日常数据汇总和调整的工作量。

2. 违纪处分管理

主要针对所有在籍、在校学生的违纪处分管理及统计工作，简化违纪申报与审核流程，把原本线下的烦琐流程转变为简便的线上流转方式，将以往的数据全部保存在应用中，给日后的查询工作提供便利。

3. 助学金服务

助学金应用主要解决以往评定过程中工作复杂、流程不透明的问题，在应用中可灵活设置各个奖种的评定条件、评定流程以及各个院系的分配名额，能够促进整体评定过程更为有序、可控地进行，评定结束后可为管理人员自动生成助学金业务的统计分析及相应报表，大大减轻日常数据汇总和调整的工作量。

4. 勤工俭学服务

主要针对勤工助学的岗位管理、上岗审核及报酬发放等工作。学校管理人员对勤工助学流程、开放申请时间等进行设置；设置学校各个部门的需求及联系人；学工部门审核上报的各类岗位，并对学生的各种岗位申请做出终审；审核校内各个单位上报的勤工助学补贴发放数据，查询统计勤工助学的工作、考勤、考核等相关数据。班主任、辅导员或院系负责人可查询勤工俭学学生的上岗情况。

5. 助学贷款服务

主要针对学工部门对贷款相关工作的管理。学校管理人员设置贷款相关参数、终审学生贷款的申请、对助学贷款的数据进行查询统计、管理学生还款情况、管理学生的生源地贷款数据等。学生可在线申请贷款并查询审核进度，在毕业后可查看还款情况。班主任、辅导员及院系负责人参与学生贷款的审核工作。院系负责人可对本院系内学生贷款情况进行查询统计。

6. 学生预警服务

针对辅导员、院系负责人等群体负责学生多、缺少统一的学生全方位信息总览和关注平台的情况，提供针对性的预警工作平台。通过与其他业务应用、系统的对接，实现信息的集成和共享，将重点关注学生群体及其日常异动情况，并将其主动推送到管理人员的工作桌面，保障辅导员的日常工作更有针对性，并通过对于学生的多维度数据汇总和分析，实现学生情况及时预警的功能，综合达成对于学生的精细化管理。

7. 寒暑假留校登记服务

主要解决学生寒暑假留校登记的工作，以便学院、学校了解学生去向，如在寒假进行新春慰问，在暑假的雨季进行安全预警等。

8. 心理普查服务

主要针对学校心理健康中心日常所面对的心理普查、心理测试的管理与服务。应支持约 2000 人为测评批次的普查安排，授权用户可随时查询普查进展情况，便于督促院系开展工作。

9. 带班信息管理

包含辅导员的基本信息、联系方式等，使院系书记、学工人员可以在必要的时候联系到人；记录所带班级学生的所有信息以及重点关注人群；记载教师与学生交流的时间、地点、主要内容等事项；通过门禁系统和 LBS（移动位置服务）信息自动记录走访宿舍信息等。

10. 学生社团管理

主要解决各类学生组织的审批、运行、参加人员、学生干部、社团活动等。学生社团是学校校园活动的关键，也是学生参与度最广泛的校园活动。有效地对社团进行认证管理、规范活动将有利于大学生健康成长，有益于社会实践活动的开展，有助于创新创业项目的申请。

11. 校园文化活动

由具备相应系统权限的教师维护校园文化活动，在活动发布的规定时间内，学生可以在网站上进行申请；学生可以上网查询并申请参加活动；实现学生活动现场签到功能，现场刷卡，通过程序获取活动开始时间和结束时间，自动判断学生是否签到。

（三）宿舍服务

1. 宿舍房源管理

学校宿舍管理人员可以用数据化、可视化的方式对学校的宿舍片区、宿舍楼栋、宿舍房间号等基本信息进行有效的管理，具体内容包括：校区、宿舍楼栋编号、单元号、楼层号、房间号、床位号、住宿费标准、宿舍所住学生性别、备注等信息，从而使得学生宿舍房源管理工作变得更高效、更规范。

2. 学生住宿管理

围绕着学生的入住、日常住宿管理、调宿、退宿进行。其中，一般在新生入住或老生搬迁的时间段内工作量较大。因此，学生住宿管理应用主要包括批量住宿安排、学生宿舍申办、日常住宿管理等几个部分。

3. 宿舍日常管理服务

（1）宿舍住退调

为学校管理人员提供学生在校住宿期间的住退调业务办理，可批量给学生做退宿处理及对宿舍管理平时的异常进行处理，可查看全校宿舍日常动态的日志信息，并能对入住、退宿及调宿按照筛选条件进行统计。

（2）宿舍卫生管理

为宿管人员提供对于日常卫生检查的电子化记录功能，改变传统的线下工作方式，从而保证宿舍日常管理工作变得更高效、更规范。同时，业务积累的数据也可为学生评奖评优等业务提供依据。

（3）宿舍违纪管理

宿舍违纪应用可为宿管人员提供对于日常违纪检查的电子化记录功能，改变传统的线下工作方式，从而保证宿舍日常管理工作变得更高效、更规范。同时，业务积累的数据也可为学生评奖评优等业务提供依据。

4. 宿舍报修服务

围绕对于师生宿舍报修业务的服务及整体流程的管理，宿舍报修应用提供了师生在线申请报修及进度查看、维修负责人在线受理和派工、业务管理人员在线管理、监控办理进度和查询统计等功能。结合线下维修及结果反馈，提供完整的面向报修业务场景的应用。

5. 在线选房服务

由于当前大学生自主性强、服务要求高，传统宿舍分配学生入住的模式已越来越无法满足其需求，学生自主选房、选择室友的呼声也愈加高涨。针对此项需求，通过学生选房应用的提供，既能够保证管理人员的房源管理工作有序进行，也能够保证学生的个性化需求得以满足。

（四）就业服务

1. 生源管理

毕业生生源数据统计是系统一切相关就业功能的前提。生源信息包括毕业生生源和非毕业生生源，教务处提供本科生的生源数据，研究生院提供研究生的生源数据。学生在系统内核对本人的生源信息是否正确，若信息有误，在线提交申请并提供证明材料。生源信息的统计，统计报表能够按照学院、专业、学历类别、生源地等条件自由组合使用；生成的报表可按照学校的不同需要导出成需要的格式。生源地上报一般分为教育厅就业指导中心和教育部两种生源数据。

2. 推荐表管理

推荐表分为本科生推荐表和研究生推荐表两种模板。学生在本人生源信息确认后方可填写推荐表。推荐表经院系审核后在就业网上发布，供用人单位查询。审核通过后的推荐表学生不可修改，若需要修改，必须经过院系的反审核流程。各院系或毕业生本人可打印、导出推荐表。就业中心能够制作全校学生推荐表。

3. 毕业去向管理

毕业去向管理主要包括就业协议、出国、升学、未就业、灵活就业、隐性就业等方式。不同的就业去向填写的信息有所不同。学生在本人生源信息确认后，可进行毕业去向的在线登记，院系或就业中心也可对学生的去向根据就业协议进行代填，能生成就业去向报表，对就业协议进行统计。

4. 招聘管理

用人单位网上注册账号，注册时须准确填写单位名称、地址、联系人等信息。注册信息经过就业部门审核后，就可以发布相关信息、查询毕业生信息，并在学校进行宣讲会和现场招聘会等。

（五）离校服务

1. 离校管理

根据学校的实际离校手续安排，为每一类学生的离校流程在应用中实现规则的固化，从而实现离校业务在信息化层面的初始化。主要提供包括类别信息维护、离校流程配置、环节办理人员授权、毕业生离校服务配置。

2. 离校办理服务

通过之前的权限配置，各环节负责教师在离校办理应用中可对学生离校需办事项进行核对和办理，应用提供了简洁的办理操作，能够以图形化的方式实时显示当前环节的办理进度，为办理人员的工作提供依据。离校办理一般包括财务学费结算和项目经费结清、图书归还和超期罚款处理、保卫处户口迁移、组织部组织关系转移、学院按照之前的办理情况发放两证等环节。

3. 离校单服务

为学生提供电子离校单服务。学生可快速了解整个离校环节，离校系统以不同的颜色图标直观告知学生哪些未办理、哪些已办理、哪些无须办理、哪些必须现场办理的环节。对于未办理的环节，可以清晰地查询到此环节由哪个部门进行办理、办理地点在哪里、什么时候可以办理以及办理时所要满足的条件等。

4. 离校统计

通过离校统计应用，业务过程及结果数据无须手动维护和线下共享，简单易用的权限分配功能，保障业务进展数据随时可取、可查，信息孤岛得以完善解决，并能够以完整准确的数据辅助各项决策。

（六）校友服务

校友系统是智慧校园的最后一个应用，接收和管理数据中心推送的相关信息，为校友总会、二级校友会的及时联系提供数据支持，提高了校友会工作的效率，更好地服务了校友。同时，校友系统作为学校与校友、校友与校友之间沟通联系的桥梁和平台，达到增进校友之间、校友与母校之间的感情的目的。

1. 校友管理

校友的信息由数据中心自动推送，使用学校提供的虚拟校园卡账号和密码即可。校友信息通过自己和朋友提交修改，确认后变更，如工作单位、所在地区等。校友统计分析支持常见的柱状图和饼图等多种统计分析图表。校友信息统计分析应至少包括从事行业、居住地等信息的统计，以及各类自定义属性统计分析，包括校友属性、信息可信度、密切度等的统计。

2. 校友会管理

校友会管理包括院系二级校友会的管理、二级校友会成员的管理、地方校友会机构的管理和地方校友会成员的管理。校友会成员按入学和毕业的学院、系别、专业、班级和班级成员的方式管理。

3. 校友网站

校友网站的主要栏目包括母校概况、校友会、通知公告、校庆专栏、校友活动、校友风采、校友办、校友企业等，同时包括校友的登录、注册入口和校友社区、校友服务及回馈母校相关栏目。

二、教师类服务

教师类服务是教职工的人事管理应用，覆盖了校内、校外各类人员入职前、入职、在校、离校等环节的全过程管理，为学校人力资源业务提供全维度的管理与服务功能。

（一）教职工招聘

教职工招聘应用是为学校解决每年的学校教师岗、管理岗、辅导员岗的人才招聘问题。系统通过内、外网的结合，实现了对网上招聘的管理。需要应聘学校各个岗位的人员通过服务网站提交简历；管理人员也可以通过系统对简历进行筛选、审核。初审通过后的人员进入待考核状态，审核流程以工作流的方式可以自动转到对应的审核环节，并由审核人进行线上或线下的办理，大大减轻了招聘管理的工作量。同时，教职工的招聘工作和教职工入职业务自动对接，教职工报到时系统可自动获取应聘时填报的信息，再通过新进教职工报到服务办理进校相关事宜。

（二）新教职工报到

新进教职工注册报到应用是为学校解决新进教职工进校过程的应用。新进教职工在招聘环节进行了账号的注册，录用后信息自动转入系统，人事部门人员再次按照报到单进行材料审核，审核通过后自动生成职工号，相关信息被推送到数据中心，数据中心将数据推送到服务大厅、财务处、一卡通、图书馆、教务系统、网络认证系统、邮件系统等，切实优化了报到流程。

（三）教职工管理

教职工管理包含各类人员管理应用，如事业编制人员、非事业编人事代理、聘用制人员以及离退休人员等。教职工管理应用为学校解决人事档案的统一管理和分析工作提供了很大帮助。个人可以查询和分析自己的相关档案信息，人事处可以对在职教职工进行查询、统计和分析，对各类人员进行查询及对教职工查询的授权。学校授权人事部门对教职工信息进行统一的管理，并将其作为人力资源的权威数据源，教职工基本信息按照国标和校标进行，主要包括基本信息、求学经历及工作经历、在校信息、岗位职务变更等信息，每块信息均可按照角色进行最小粒度的权限设置和划分。同时提供教职工的信息变更渠道，教职工可自行修改自己的信息，院系和人事处可进行审核，院系也可对自己管辖范围内的教职工直接进行信息维护或提交人事处审核；还提供个人信息变动历史查看和追溯，并且包含了对系统的维护、管理、查询和各种情况的统计，对信息管理、信息查询、年龄、性别、学位、岗位、职称等的统计分析。

（四）个人数据中心

教职工可在服务门户查询自己的数据，如我的个人信息、科研信息、教学信息、资产信息、财务信息等，同时服务门户会根据历年的数据给出趋势预测。

（五）年度考核

年度考核是解决上级部门及学校每年对每个教职工进行德、勤、能、绩四个方面的量化认定工作。按照传统的模式，由人事处制订考核方案、教职工填报、各单位考核并给予评语和考核等级、各个部门上报人事处、人事处发布考核结论。利用服务门户，考核在线下进行，数据在线上运行，很快就可以完成考核结果的统计，同时可以很容易地查阅考核过程、监控考核进度、登记和发布学校考核评定结果等。

（六）职称评审

职称评审应用是为了解决高校每年教职工的职称评审工作。人事处先进行职称评审方案的制订，教职工按照职称评审方案进行职称申报表的填报，各部门人事秘书进行职称申报表的审核，人事处代表学校组织职称业务、监控职称评审进展情况并再次审核由相关部门审核通过的人员。职称评审环节可以分别设置评议组、学科组、高评委专家和评议秘书。各学院评议组分别进行评议，网上查阅各学院申报人材料；各学科组按照学科分别进行评审，网上查阅各学科申报人材料；高评委对审核通过的人员进行评审，高评委秘书对投票结果进行录入；最后人事处代表学校统一公布职称评审结果。

（七）薪酬管理

薪酬管理可以根据学校不同的人员类别、用人方式或者状态等进行管理，按照上级部门政策和事业单位工资体系进行，包括薪资信息、工资信息、薪酬标准等的管理。薪酬管理可以依据员工的岗位级别、薪级工资级别等各个标准级别来自动计算薪资标准和标准的变化；可以根据学校教职工信息的变化自动提醒各管理员办理起薪、停薪、复薪、离退休业务；可以对各项薪资款项的数据进行确认，提交人事处领导进行薪酬月度发放的审核，审核通过的薪酬数据可对接财务。

（八）离退休管理

离退休管理应用是针对学校离退休处对退休人员办理退休后的一系列服务和人员管理，包括对离退休人员的信息维护、慰问管理、退休人员去世管理和相关统计分析。服务包括离退休管理和离退休分析。

（九）证明打印

证明打印应用是为了解决教职工出国、贷款等需要开发的基于智慧校园的小应用，可在线打印在职证明、收入证明、年收入证明等，同时提供英文版。可以直接到人事部门进行打印盖章，或者在自助打印设备刷身份证或一卡通进行打印。

三、教学类服务

（一）学籍管理

为教务处提供对学籍的基本管理功能，包括新生信息、学籍信息、新生选拔、学籍变更/异动、学籍注册等。

（二）课程管理

课程管理应用模块主要管理课程的整个过程，维护课程的基础信息，包括新开课申请、课程管理和课程查询。

（三）培养方案管理

培养方案是教务教学核心功能，教学都按照培养方案进行安排，培养方案贯穿整个教学过程，包含参数设置、方案模板、培养方案管理和培养方案审核功能。同时，系统向学生开放个人方案查询服务，让学生可以在线查询和了解自己的培养方案情况。

（四）执行计划管理

执行计划是对培养方案的信息按学期进行汇总，生成指定学期的执行计划。执行计划管理是学校每个学期必做的一个工作。每个专业通过培养方案制订学期的执行计划，执行计划制定完成后，就可以汇总成学校的开课计划。执行计划包括：执行计划管理、执行计划变更、执行计划变更统计、校公选课计划申请和校公选课开课申请。教师可以在线申请每学期要教授的校公选课，由院系进行审核后开放该课程。院系和教务处也可以直接在线添加公选课。

（五）教学任务管理

学校依据执行计划自动生成学校的开课计划，再依据开课计划生成教学任务。教学任务包括开课计划管理、教学任务管理、教学任务检查、教学任务进度查询、重修人数统计、历年任务查询、教学日历维护、开课情况统计、体育项目维护和分级教学。教学任务管理包括参数设置、教学班维护、教学任务导出和打印开课任务书。教学日历维护包括参数设置、教学日历维护和个人教学任务。教师可以登录系统查看自己的教学任务。

（六）教室资源管理

教室资源管理实现对校区、教学楼、教室等基本信息的维护，以及教室借用的登记和维护。系统还向全校人员提供空闲教室查询服务，查询当期的空闲教室情况，可以按时间、教室类型、校区、教学楼、教室容纳人数等条件进行查询。

（七）排课管理

排课管理是对教学开展过程中需要的相关资源（包括课程、教师、教室和时间等资源）进行有机的组合，在满足学校教学活动正常开展和尽量满足学生选课需求的前提下，找到上述资源的最优组合，实现教学资源利用的最大化。系统提供按班级、教师、教室三个维度的课表查询功能。

（八）选课服务

提供包括分级教学管理、选课管理、学生网上选课、重修选课、免听申请、免修申请、选课结果管理、学生课表查询在内的一系列选课类服务，为教务处管理选课和学生自主选课提供信息化支撑。

（九）考务服务

提供包括考试安排、监考安排、考试违纪登记、缓考申请／管理、我的考试安排查询、我的监考安排查询等应用服务，为教务处、教学教师、学生等多种角色提供信息化服务内容。

（十）成绩服务

为教务处、学院、教学教师、学生等多个角色提供包括成绩录入、成绩复查、个人成绩查询、全校成绩查询、校外成绩认定、成绩统计分析、培养方案完成进度查询等众多应用。

（十一）毕业审核服务

围绕毕业审核业务，提供包括毕业审核设置、提前毕业申请、毕业预审、毕业审核、学位审核、阶段审核、社会考试报名等相关服务应用。

（十二）资源中心

为学校整体教学资源管理提供统一的渠道，包括学科门类、院系单位、系室信息、专业信息、班级信息、学年学期、教师资源等，便于在学校层面合理协调和分配各类教学资源。

四、办公类服务

智慧校园的办公类服务主要有公文管理、议题管理、督办管理等。

（一）公文管理

1. 发文管理

实现学校发文的网上拟稿、审批、核稿、会签、编号、成文、校对、盖电子章、打印、发布、办结、归档等过程的流程化管理功能。一般通过 Word 控件支持正文的在线编辑、留痕、查看、套红等功能。发文文件内容统一采用 Word／WPS 进行在线编写。系统管理员按照公文的类型定制文件流转过程，办公自动化系统按照预先定义的工作流程进行流转，并按照定义的授权体系进行查阅。

2. 收文管理

学校收文管理主要是对学校外部来文的收文登记、编号、主任拟办、校领导批示、转办、承办、查询、归档等过程进行流程化的管理，并提供收文监控，统一管理和查看所有收文办理情况。

3. 部门发文管理

实现部门发文的网上拟稿、部门领导审批、会签、编号、套红、盖电子章、发布、办结、归档等功能，并通过 Word 控件支持正文的在线编辑、留痕、查看、套红等功能。

4. 文件查阅

校级文件，按照流程经校领导签发后形成，发布时可选择全体发布或部分范围发布。可以设定校级文件的发布规则及自定义目录，并且可以进行文件的目录转移以便后期存档；部门文件同理。规章制度，由学校和部门制定并审批后，可以直接在办公自动化系统发布成规章制度文件，可以自定义规章制度目录，并且进行规章制度目录转移。

（二）议题管理

完成各类议题的网上起草、审批、归档等功能，可以查看本部门已有议题审议情况及所属会议。

完成议题的汇总审批，并且进行议题的通知和审议状态的反馈，同时设置资料提交时间，议题相关人员可在截止时间前上传会议材料。

（三）督办管理

督办管理主要服务于高校年度重点工作、重要会议（党委会议、校长办公会），上级来文的督办、分解、落实，实际督办事项的批示下达、协作、督办跟踪等督办业务管理。系统实现督办单制作、通知、跟踪、承办人承办、督办结果反馈和查询等功能。同时可以对督办任务进行进度管理。督办任务的拆解、阶段完成情况汇报查看、审批、归档；督办拆解任务的审批干预及进度条设置。

五、公共类服务

公共类服务主要是基于服务门户提供的服务。下面进行具体介绍。

（一）在线咨询

为学校管理部门和师生之间提供交流和信息互通平台，设置咨询区，师生可以进行提问，管理员给予及时答复。在线咨询可以对咨询回复情况进行统计。

（二）消息推送

当部门有通知需要告知学校所有人或部分人，群发送消息通知时，可以直接编辑简单文字或发送通知链接地址、附件等；发送方式可以选择指定用户组或发送统一点对点的提醒，并且可以方便地查看消息的已读人数和未读人数，以便统计和再次提醒。

（三）校园黄页

外来人员以及本校师生办事需要找人找地点时，需要查询相关部门的办公电话和地点，目前学校有些部门是在网站上贴出办公电话和地点的，但分散在不同的页面，而且不能查询，不方便找到，有些是发的纸质册子，受数量成本限制和数据更新频率限制，需要提供一个可以维护和查询办公电话和地点的信息平台，解决信息不对称的问题。当人员信息发生更改或部门调动时，信息需要及时更新。如果需要人工维护，则更新较慢，工作量也大。信息从校园的组织机构、办公人员的基本信息数据源获得，无须人工维护，与数据源保持一致。师生可以随时随地接入学校内部网络后查询学校办公地点、电话、邮箱等公开的相关信息。

（四）通知公告

学校各部门通过统一的渠道，做到消息内外有别发布通知公告，师生则可以通过这个平台统一获得需要的通知公告内容。

（五）个人日程

师生对于学校内日常安排的事情，包括校级的公用日历安排，如会议安排、请假、课程安排等数据分布在不同的业务系统中的，当需要查看课表时需要到教务系统应用中查看，当查看会议安排时需要到 OA 办公系统中查看，实际这些数据都是一个个事件，分布在日历中的分散事件点，通过日程安排应用聚合在一起，并且个人可以添加自己的日程，设置日程类型公开或不公开，便于事务安排和信息共享。下级人员要找上级领导办事、处理事或帮助安排事情时，就会需要查看上级的日程。师生查看学校校历安排公共日程及个人日程信息，可以新建事件，增加提醒，导入课程信息、会议日程信息等第三方日程数据。

（六）邮箱自助开户

每年都有新生和新进教职工入校，很多学校都是信息化管理部门在新生入学前批量创建账户，教职工入校后需要拿着有效证件跑到信息化管理部门去开通邮箱，对于漏掉的学生也需要拿着有效证件去信息化管理部门开通。对于新生和教师，有些并不知道自己已开通邮箱，并且有些人已开通邮箱但没有使用，造成邮箱资源的浪费。为了解决信息互通的问题，利用数据中心推送的数据实现邮箱自助开户，师生用自己的信息进行激活，简化了流程，提高了效率。

（七）我的校园卡

对于钱的事情，大家都会比较关心，在学校主要是通过一卡通进行消费，一般都采用数据接口的方式提示最近的消费记录，或登录到一卡通系统查看全部的消费明细，是基于时间维度的查询，没有做到多方位的分析和展示消费情况，比如，类别维度、金额维度等，让用户了解自己的消费分布。我的校园卡能够为师生提供一卡通消费的多维度统计分析，并以形象的图表展现。

（八）后勤／网络报修

当师生在使用校园网络或信息系统服务发生错误或异常等故障问题时，可以通过电话、网上、移动端直接进行报修。当报修后需要查看报修处理进度时，可以在手机端或网上进行查看。当网上报修内容有处理时可以给予通知提醒，报修处理后可以进行反馈评价。不同网络故障的管理员可以在网上查看和回复自己需要处理的故障问题，对线上线下报修信息进行管理。

（九）失物招领

失物招领为全校师生提供统一的失物招领平台，捡到物品可以发布，丢了东西可以快速查询，并且对于有明确信息的一卡通和学生证等，可以利用共享数据进行查询，快速确定失主信息，精确匹配物品信息，提供寻物者与招领者之间信息的链接，提高物品归还的效率。

（十）体育场馆预约

当师生需要预订体育场馆进行体育锻炼时，可以登录体育场馆预约，选择锻炼项目和时间，根据目前场馆安排进行预约。预约后会收到提醒，也可以查看我的预约。体育场馆的管理人员可以维护体育场馆的具体信息、占用场馆情况及开放申请设置，可以根据时间、类型、场馆，查询和统计场馆安排情况。

（十一）临时人员业务申请

学校各部门有外聘或合作的外部人员，当他们需要开通学校的一些资源权限时，各部门的人事秘书可以通过登记临时人员基本信息，选择需要开通的业务，会自动发起权限审批，审批结束后自动推送数据到各个业务系统。如有权限变更，可以发起权限变更申请；应用管理员可以根据学校实际情况，设置审批流程及人员。

（十二）自助打印

为校内师生提供自助式的证明类材料打印服务，用户可通过身份证、校园卡、校内账号等多种方式登录到自助服务终端,并选择对应的打印内容,系统会自动打印相关内容并自行取件,无须人工干预。系统通过电子签章、二维码防伪等多种手段保证证明类材料的合法性和有效性。

第二节 "智能大脑"智慧校园大数据中心建设

智慧校园大数据中心建设包括三个方面:一个是大数据中心机房建设,属于工程类的建设;一个是智慧校园云平台建设;一个是基于云平台的分析平台建设。

一、大数据中心机房建设

大数据中心机房(图4-1)建设主要解决智慧校园平台中数据的存储、传输、使用、分析等的物理环境。从能耗和可扩展的角度来看,建议使用模块化机房,不要再建传统机房。

图 4-1 大数据中心机房

(一)模块化机房的优势

1. 高可靠性

模块化机房在布局、结构设计、设备选型、日常维护等各个方面进行可靠性的设计和建设。在关键设备采用硬件备份、冗余等可靠性技术的基础上,采用相关的软件技术提供较强的管理机制、控制手段和事故监控与安全保密等技术措施以提高机房的安全性。

2. 易扩容性

模块化机房有良好的灵活性与可扩展性，能够根据业务不断深入发展的需要，扩大设备容量和提高用户的数量和质量。能够在不影响现有设备运行与保障投资的前提下，按需扩充机柜、配电、制冷容量，以提高用户的数量和质量。

3. 高维护性

模块化机房由一体化配电柜、行级空调、机柜系统、密闭通道组合而成。机柜系统主要容纳 IT 和网络设备，无须维护。密闭通道为气流遏制系统，主要用于冷热气流的隔离，无须维护。一体化配电柜包含 UPS 系统和负载配电系统，主要功率器件均支持热插拔，平均维护时间小于 10 分钟。行级空调用于模块内制冷，空调电源、风机均有冗余，便于维护。

4. 高密度性

传统机房制冷采用上送风或下送风方式，单柜功率密度通常小于 3kW/r，在较高功率密度时，会导致局部热点而引起设备宕机。模块化机房建设，采用行级空调近端制冷，可有效消除局部热点，单柜功率密度支持 21kW/r。

5. 经济性

模块化机房采用模块化 UPS、行级空调等先进的设备，通过 UPS 功率模块智能休眠、空调精确送风等先进手段，可以大幅度降低 PUE，减少机房的运营成本。以较低的成本、较少的人员投入来维持系统运转，提供高效能与高效益。

6. 管理性

在建设机房时，随着业务的不断发展，管理的任务必定会日益繁重。所以在模块化机房的设计中，建立了一套全面、完善的管理和监控系统。所选用的设备具有智能化、可管理的功能，同时采用先进的管理监控系统，实现先进的集中管理监控，实时监控、监测整个中心机房的运行状况，实时灯光、语音报警，实时事件记录，这样可以迅速确定故障，提高运行性能、可靠性，简化机房管理人员的维护工作，从而为机房安全、可靠的运行提供最有力的保障。

（二）建设的内容

1. 需求的明确

要根据具体建筑面积和实际需求计算机柜的需求，按照各类 IT 设备、安防、监控、照明、制冷等计算用电量的需求和 UPS 的总容量。

2. 空间的布局

按照需求，在保障数据中心各类设备环境参数的基础上，满足安全等级的要求、合理布置改革配套功能设施，减少系统之间的干扰，做到布局科学、装修完美。

3. 机柜及密闭冷通道系统的规划

这是模块化机房的关键，包含机柜的技术方案、机柜内气流的组织、天窗组件、骨架设计、抗震加固、消防等规划。

4. 供配电系统的规划

对于数据中心设备的供配电系统的规划，应先纵观总体金字塔管理体系，再从末端应用层到应急自备发电机和不间断电源系统以及市政高压输变电。供配电系统按电力的保障要求对负载进行分类，定义负荷等级进行分类保护。如精密空调、消防系统就需要高级别，而机房照明、新风系统可以被定义为二级等，减少服务器及应用的宕机。

5. UPS（不间断电源）配置

模块化 UPS 支持热插拔。

6. UPS 电池的配置

按照恒功率算法计算电池组的个数。

7. 防雷接地

一般为感应雷防雷系统，仅对机房的电源系统进行感应雷的防范。

8. 空调制冷系统

对制冷容量规划及空调配置、列间空调室内机、室外机组等进行设计。

9. 微模块布线系统

微模块布线系统包含微模块内的布线装置和成套线缆。

10. 集中管控平台

能够通过 TCP / IP 网络、RS232 / RS485、GPRS 等媒介实现对中心机房、分散于不同地域的机房等场地内的动力环境设备进行有效的集中监控，监控对象包括动力设备（UPS 电源、蓄电池组、发电机）、精密空调、室内空气质量检测、低压配电柜、精密配电、新风机、环境系统（温湿度检测、漏水检测、防雷监测、消防监测等）、机房灯光自动控制系统、能耗监测。

11. 门禁系统

通过生物识别技术，记录来访者的信息，并做好授权访问。

二、智慧校园云平台

（一）智慧校园云平台的目标

1. 快速交付

利用虚拟化技术，可以快速部署虚拟机，完成应用基础设施的交付。再也不需要找启动盘、做 RAID（Redundant Array of Independent Disks，独立磁盘冗余阵列）、装系统耗费几个小时才能完成，基于模板几分钟之内就可以装好虚拟机，配置好操作系统的安全策略。

2. 扩展性好

利用虚拟化技术，可以及时针对业务变化进行快速调整和部署。

3. 安全性高

利用虚拟化技术，实现计算资源、存储资源、网络资源、安全资源池化，可以进行云平台的全网有效管控，提高系统安全度和可靠性。

4. 自助服务

管理员通过自助式门户和目录向终端、向用户或租户提供的预定义基础架构和桌面服务，使用者通过界面进行自动化调配。能够提高用户的敏捷性以及降低 IT 成本，同时使用模板的定义还能确保符合行业和单位的法规和策略。

5. 易运维

云平台实现了统一调配、集中运维，对管理员而言，只需通过一个管理界面就可以完成对数据中心内所有服务器的安装配置、性能监控等管理任务，并全面地了解基础设施所有层的情况。通过标准化、专业化和流程化手段提高运维水平，降低信息化管理人员投入和培训方面的开销，有效解决用户信息化维护力量相对薄弱的问题，提升了架构应对突发事件的响应能力，使业务系统远离宕机威胁，保障业务持续运行。

6. 低成本

把所有业务系统纳入业务连续性保护体系，消除存储单点故障，实现业务系统的高效、连续运行。

（二）智慧校园云平台的内容

1. 云平台计算资源池

云平台计算资源池也是计算虚拟化的基础，在现有物理服务器的基础上，底层部署虚拟化产品，将物理服务器池化，使得计算资源成为整体；在资源池的基础上，新增管理资源池和边界网关资源池。对现有资源的扩容是为了给更多的业务系统提供支撑。管理资源池用于支撑云平台管理类虚拟机，边界网关资源池用于支撑边界网关虚拟机。

2. 网络虚拟化

支撑虚拟化基础架构以及云平台，云平台的网络拓扑要具备安全、可靠、可扩展、能与云平台软件联动等特性。通过网络虚拟化，数据中心的各类应用所需要的网络功能都可以快速、便捷地由数据中心 X86 Hypervisor 来实现。同时通过网络虚拟化功能，许多虚拟网络可以快捷地复用到一个单一的数据中心 IP 转发物理网络上。通过网络虚拟化建设，进一步完善云平台，包括：进一步推动网络系统的软硬件分离，改变传统物理网络的组建和管理维护模式，加快虚拟化系统的部署以及提升资源池安全防护力度。

3. 云平台运维管理

传统的监控运维都是设备或软件独立的、相互之间无任何关联，例如，服务器、网络和存储，都是由各自厂商的产品提供的软硬件进行监控，管理起来复杂麻烦。而且对于软硬件的监控都是事后报警，处于被动状态，不出问题就不知道系统存在风险，一旦出了问题也不知道如何去定位，尤其对于容量问题的出现。在系统建设之初，没有合理规划，可能导致在系统运行过程中，计算、内存、网络和存储资源存在瓶颈，无法满足系统业务量的快速增加。因此,传统竖井式的监控运维管理体系存在很多限制,业务敏捷性受到严重影响。在云计算平台上,服务器、网络和存储都形成资源池,中间件、数据库及应用都是在资源池上共享运行,对于监控运维管理的方式从竖井式变为水平化,分层次全方位地监控,监控的对象包括硬件的服务器、网络和存储,也包括虚拟化层、操作系统、中间件、数据库、应用以及桌面。同时,借助智能数据分析技术,对于系统的容量、健康度以及风险实现预警机制。

4. 存储资源池

解决现有存储资源无法满足业务增长所带来的存储危机,增加共享存储,同时考虑未来可扩展的分布式存储,实现云桌面、视频、图像、网盘等一些结构化和非结构化数据的存储,满足高速存储应用需求、数据备份需求、数据共享需求以及数据容灾需求。

5. 安全资源池

解决云平台安全问题,如防病毒、防火墙等,3层以下可以用系统来完成,3~7层需要部署安全产品来解决,同时可以解决东西向的流量问题。

三、大数据中心应用建设

校园大数据中心(图4-3)是基于云平台的计算资源来开展研究,其建设基本上没有完全标准化的解决方案,因为大数据的需求是个性化的,如经济学院要做金融大数据分析、大健康学院和校医院要做大健康大数据分析、计算机学院要做可信网络大数据分析、图书馆要做教师学术行为大数据分析、学工部要做学生画像、就业处要做就业主题,每个部门的要求都不一样,同时数据来源差异很大,有购买的、有爬虫获取的,有结构化、半结构化、非结构化的等;应用系统使用的时间点、使用频度等也有差异,信息化管理部门一般提供云平台,并对需求进行合并,尽量归并到智慧校园平台,如图书馆的教师学术行为大数据分析可以和科研服务平台进行耦合;学工部要做学生画像、就业处要做就业主题这两个就是属于学生类的大数据分析可归并处理等。针对智慧校园大数据而言,一般应该有大数据身份管理平台、应用门户、主数据管理平台及移动端、数据服务总线平台、大数据底层平台、数据分析工具等。大数据应用建设数据采集平台、数据展示平台等都可以复用,但每一个算法分析都有差异,需要依靠科研人员协助完成。

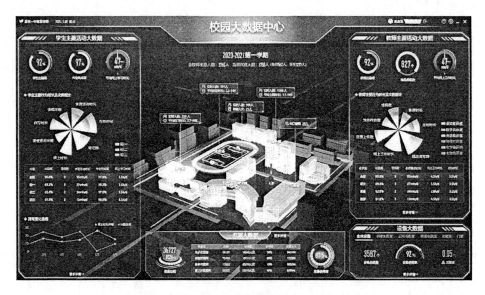

图 4-3 校园大数据中心

第三节 "智能大脑"智慧校园服务平台建设

一、智慧校园服务门户建设

智慧校园服务门户是智慧校园智慧性的体现，每个学校的叫法都有差异，如信息门户、校园门户、服务门户、服务大厅、一站式服务大厅、一站式办事大厅等，其实就是在智慧校园提升学校各类信息资源集成和交换水平的基础上构建的管控学校各类网上服务的信息平台，开发建设各类网上服务业务，满足学校各类人员网上一站式个性化信息服务和事务办理需求，实现以线上办理为主、线上线下结合的新型学校管理与服务模式，从而简化师生服务程序，方便师生办理事务，提高学校办事效率，提升学校整体服务水平，为学校全面发展提供有力支撑，包括综合信息服务门户、统一身份认证平台、统一通信平台、数据管理平台、系统管理、应用开发平台、业务系统集成、一站式服务大厅等，囊括了智慧校园应用系统的全部内容。

（一）建设的目标

服务门户实现三个转变："师生跑腿"变为"信息跑路"，"师生来回跑"变为"部门协同办"，"被动服务"变为"主动服务"。

服务门户实现三个目标：建立教职工、学生的服务目录，建设教职工、学生数据库，建立跨部门的信息互通共享机制。在研究梳理服务流程体系的基础上，实现"一站"申请，简化师生办事流程。建立学校服务事项优化管理机制，建立一站式服务大厅，整合构建统一服务门户，实现跨系统数据共享、交换，构建线上线下一体化服务体系，实现"一站"受理，创新师生服务模式。构建师生统一身份认证体系，构建师生服务"一张网"，以大数据创新推动服务新模式,实现了"一站"通办、畅通服务的目标。

(二)建设的重点和难点

1. 信息开放共享

在大数据平台的基础上,科学梳理数据资源,建设统一的基础数据库,建立共享交换机制,利用大数据辅助决策分析,实现数据的开发融合服务。在服务办理过程中,已有的数据自动填写,用户需求的数据精准化推送。

2. 服务模式转变

服务模式由线下的等待服务转变为线上的主动服务。

3. 办事效率提高

实现事项的分类导向,由单个事项转变为以用户需求为导向的服务化分类方式;实现事项办理的标准化,通过标准化服务流程引擎,按照事项分类提供一站式服务内容和方式;利用单点登录、关联查询等配套数据接口,实现了数据服务统一化。

(三)建设内容

第一,全校统一的服务入口。实现一个入口完成全部事情的办理。

第二,服务按人群定时定向推荐。

第三,支持多维度搜索,服务信息清晰明确。

第四,数据自动填写,审核进度一目了然;多渠道待办提醒;在线审批,信息一目了然;办理结果自动提醒,随时掌握办理进度;流程服务监督评价。

第五,可视化的服务统计。

第六,公共服务建设,其主要内容如下:

①业务流程类服务:提供部门内业务流程服务和跨部门的业务流程类服务,如上课请假、教室借用、场馆申请、网络报修、后勤保修、失物招领、补考服务、出国申请、学生休学等。

②数据查询类服务:提供数据查询类服务,如工资查询、成绩查询、课表查询、校园黄页、校园活动、班车服务、考试安排、消费查询等。

③系统链接类服务:在实现统一鉴权认证的基础上,集成系统链接类服务,通过单点登录实现业务服务的跳转。

④流程指南类服务:提供办事流程指南类服务,如办事流程的介绍、跨职能部门业务流程图、资料下载。

第七,大数据分析建设,通过采用微服务架构、插件式开发模式,提供插件在线管理功能,支持在线 AES 证书认证、在线模型说明管理,同时具备聚类、分类、预测、关联分析的能力,具体内容如下:

①聚合分析服务:提供对校内外特定网站和新闻网站,以及论坛进行先分类再聚类模型构建,并进行正能量的评估,应用 Apriori 和 FP-growth 算法,能够全面监测热点

新闻、话题、事件的整体发展趋势，让学校能更好地对校内外网络的内容安全进行控制和引导。

②中文热词工具服务：关注学校各类社交网络及平台提及的关键词，深入洞察师生心理，帮助学校及时了解舆论方向。

③热门推荐工具服务：采用大数据挖掘技术，实现对推荐服务进行标签化管理，并结合服务的分类提取潜在的热门服务，为学校师生提供最热、最新的服务推荐，如视频推荐、应用推荐、课件推荐、课程推荐、图书推荐等。

④关联分析服务：采用主流的大数据挖掘算法，以学校数据中心平台丰富、全面、权威的数据为基础，将分散在各部门的数据集中到一起，以教师、学生角色为主线，支持面向主题的多维查询和个性化查询与分析，为用户提供跨部门立体式的人事、教学、学工、科研、设备资产、财务经费等综合信息服务，如学霸养成分析、消费与学生学习关联分析、生活与学生学习关联分析等。

⑤预测趋势分析服务：基于 Logistic regression 算法，可在结构化和非结构化数据中使用，以确定未来结果的算法和技术。可为预测、优化、预报和模拟等许多其他用途而部署，也可为规划流程提供各种信息，为学校管理和决策提供有效的数据支撑。

二、智慧校园科研服务平台建设

科研成果、科研能力是对学校评估的重要指标之一，建设符合双一流要求和学校发展要求的科研服务平台，不仅能提高管理和服务的水平，同时通过数据分析还将产生新的应用。如学生科研原来是作为第二课堂由团委或学工在管理，未进入学校的科研平台，但在工程认证或学科评估时是要统计的；教师的教改和教材归属教务处，在学科评估的教材建设时就需要再次核实数据。以应用为主，打破部门的限定建设服务平台，将最大限度地收集数据，更科学地进行决策和分析。

（一）建设目标

科研服务平台集合了学校各级、各类学科平台项目和教改、教研项目申报、审批、立项等工作；同时包含了各级、各类项目、论文、专利的登记；还要对教师和学生的科研方向进行分析、科研成果进行量化考核，为学校的学科发展、研究生导师考核等提供决策数据。

（二）主要内容

1. 科研服务网站管理

用于各类项目申报通知、经费到账、项目结题、管理制度等的发布，同时也是其他系统调用科研信息的数据源。

2. 基础资源管理

包含学生、教师、校外人员在内的科研人员、科研团队的科研队伍管理；包含各类实验室、研究所、研究基地等科研平台管理。

3. 科研项目管理

按照纵向项目、横向项目、校内项目等进行管理。包括项目申报、项目审批、项目立项、任务书填写、合同签订、合同变更、项目结题等。

4. 科研成果管理

包含论文、著作等的录入或通过爬虫收集，多级审核后的科研成果；专利、著作权等知识产权的管理；各级、各类成果获奖的管理。

5. 科研经费管理

与财务系统联动，实现到账查询、经费查询、报账查询、项目经费结余查询等。

6. 科研统计

按照各种要求可以自定义查询并导出，支持向上级部门报送数据及模板的生成。

7. 决策支持

对学校科研进行细致分析，发现优势科研项目和科研人员。

三、智慧校园学生事务服务平台建设

智慧校园学生事务平台建设，实际上就是学生从录取到毕业再到校友的全周期管理服务。

（一）建设目标

智慧校园学生事务平台为迎新、学工、宿管、心理健康服务等提供信息化技术支持，覆盖整个学生教育和管理工作流程，实现学生管理工作的信息化、无纸化和规范化，提高工作效率和水平。并通过学校数据平台彻底解决学工系统数据源与数据孤岛问题。

1. 支持各类管理工作模式

实现学生各种业务管理工作的信息化，包括迎新、学工、宿管、心理健康服务等业务。

2. 支持学校现行管理模式

符合国家、学校现行学生管理模式。支持校、院两级管理模式，实现各部门主要工作的信息化；同时，遵循学校信息标准，包括信息编码标准、代码标准、接口标准等，开放标准的数据接口，与学校数据中心实现对接。

3. 支持各种系统数据和对象

数据：支持海量信息的存储、处理等（如学生基础信息、学生测评管理等）；实现各类数据核准、上报、统计等功能；实现与校内其他相关部门的信息交换接口；实现各类信息共享。角色：支持校、院两级各部门不同类别管理人员的角色和权限分配。文档：支持各类奖学金、助学金、补助等的申请表格填写，以及各种证明材料的附件上传，便于无纸化办公。流程：实现各类奖学金、助学金、补助等申请、综合考评等工作的流程。字段：对于学生和辅导员的基本信息完全按照学校现有体系结合现有学工系统建设，系统界面美观，具有艺术观赏性。

（二）主要内容

1. 迎新系统

包括基于 PC 和移动端的迎新外网、流程和数据设置的迎新准备、录取后新生网上预报到管理、迎新现场办理、迎新办理统计等。

2. 学工系统

入学教育管理模块、学生动态信息管理、综合考评管理（如学生的学分绩点、奖学金评定等）、学生资助管理、重点学生帮扶管理、学生事务管理、辅导员管理、辅导员考核管理等。

3. 心理健康系统

心理健康中心网站、网上预约、学生咨询信息管理、心理论坛等。

4. 宿舍管理系统

宿舍资源管理、宿舍分配管理、宿舍日常管理、宿舍住宿信息管理、宿舍调整管理、宿舍文化建设、宿舍考评、宿舍数据分析应用等。

第四节 "智能大脑"智慧校园网站群系统建设

学校门户网站不仅是学校形象的代言人，同时是一个学校宣传的阵地，也是学校全媒体的基础，聚合校内各级各类网站的信息，打破一报（学校校报）、一网（网站）、一端（移动端）没有完全成为融媒体的局面，全方位地作为学校主流媒体。

"全媒体"的概念："全媒体不断发展，出现了全程媒体、全息媒体、全员媒体、全效媒体"。"全程"，突破了时空尺度，零时差、"五加二"、"白加黑"，传播随时随地都可以发生；"全息"，突破了物理尺度，所有信息都可以变成数据，用一个手机就可以获得；"全员"，突破了主体尺度，从"我说你听"的一对多传播，变成了多对多传播，互动性也大大增强；"全效"突破了功能尺度，集成了内容、信息、社交、服务等各种功能，成为"信息一条街"。

原有的网站都是一个部门、一个学院、一个研究所、一个研究课题、一个网站自行进行开发，无法实现信息的交换，同时在建设中存在诸多问题，利用站群将统一发布信息，实现各个部门信息之间的流转，做到有效管控，减少安全风险。

一、网站群建设的必要性

（一）网站群建设的目标

搭建一个符合学校特色和校风的网站群管理系统，以主站加子站的信息发布体系，完成学校所有信息发布类网站的资源整合；建立学校级别的网站群建设与管理制度；培养校级及二级网站运维队伍，在公司方或校级管理员提供技术支持的情况下，保障网站群可持续发展。

建设学校网站群，就是将各站点连为一体，支持全部站点的统一管理，将现有的各职能部门的信息联系起来，使得同一组织内各个站点之间不再相互孤立。以统一的门户协同为来访者提供服务，来访者可方便地通过一站式服务平台获取信息和服务。网站群管理是实现统一权限分配、统一导航和检索的途径。

（二）网站群的价值

全面提升学校网站的安全、防护及性能。采用网站群模式，只需一个平台就可满足整个学校所有网站的建设需求，进行集中统一的管理，可整体对网站群制定备份、防病毒、防黑客攻击的安全措施，避免被挂马、钓鱼等。

便捷高效的网站管理与维护，提升网站维护效率。通过统一平台进行信息的发布就可以管理好二级网站，大大降低了二级网站开发的难度，同时，按照站群系统的功能也可以在关键时间节点进行网站的换肤、关停等，极大地方便了管理。并且，通过站群系统，可以实现新闻的共享，如院系将重要的新闻推送到学校主站，学校审核修改后，新闻将在主站和子站同时出现，再也不用通过办公自动化或线下方式提交新闻稿件。平台化的统一管理与维护，使学校的网站运维更加简洁高效，大大减少工作量，降低工作难度，提升工作效率。

展现学校的"软"形象，提升学校的社会影响力。互联网时代，关心学校的人员都已经习惯于从学校网站及子网站上了解学校教学、科研、招生、就业等各方面的情况，运行良好的校园网站群不仅仅包括学校主站，也包括各个子站，可以在网上长期宣传学校，且覆盖面广、成本低、效果好。可全面提升学校的对外形象，有力地促进学校教学、科研、招生、就业工作水平。

一步到位解决学校网站全面移动化过程中的移动版网站的建设、管理、内容维护等问题。采用网站群移动版，与现在的网站群系统一起集中部署和管理，可满足学校网站群电脑版和移动版的建设需要。能够为各个部门单位在统一的平台上快速建立高质量、符合自身需求的手机网站，一次性解决了学校未来各个院系手机网站的建设问题，最大限度地减少手机网站建设的低水平重复投资。统一多类型网站的运维管理及内容维护，将大幅提升网站相关人员的工作效率、降低工作量及工作难度。

二、网站群建设模式

站群的建设模式很多，各个学校从自身特点出发选择合适的建设模式。

首先必须明确的是站群传播的是面向社会公开在互联网发布的信息，禁止传播任何涉密信息，因此站群的主要功能是发布；其次站群（门户网站）系统按照网络安全法等要求，必须通过信息系统等级保护三级测评；最后站群要实现 50 个以上网站的管理。

结合以上原因，我们认为站群建设模式有以下三种。

第一，按代码的开源性分类，分为商业站群和开源站群。现在部分学校网站建设采用商业站群系统，虽然不完全符合学校的特色和期望，但适合管理人员少、技术要求不高的学校。这种方式建设后网站的界面取决于软件供应商的开发能力，同时存在和其他学校界面一模一样的情况；若软件供应商售后服务跟不上，会存在重大安全风险。若出现校方认为很简单的问题都必须多次与原厂商沟通才能解决，如某校网站被教育部科技司通报存在信息泄露的问题，经核实是新闻中的一个链接的附件中包含了诸多学生身份证、电话等信息，但通报网站发布的信息是从学校其他网站复制过来的，就无法定位信息源。在多次沟通后，站群公司通过漏洞报告的链接查询后台数据库，才获得原始文件的出处并删除，远远超过了48小时的限定，没有在有效的时间内解决。究其原因，就是站群系统没有做附件的监控机制（市场上还没有做到监控各类附件的站群系统），不能做到溯源，给用户带来了很大的麻烦。

另外一种就是采用开源软件，华南师大的做法值得我们学习，利用开源的PHPCMS（内容管理）系统，实现了支持自定义模型和字段的强大灵活功能、支持中文标签和万能标签进行数据调用的模板制作、支持可视化预览和编辑的门户级碎片功能，实现了门户级别的站群管理模式。但采用开源软件需要有较好的技术开发能力和开发团队。

其实如果不考虑成本和二次开发，可以采用商业站群。查询了各级政府采购网，50个左右网站的软件中标价格大概是50万元；网站逐年增加，还需要增加授权和模板，质保期过后还有不低的维保费，很多学校站群建设投入成本基本达到小型数据中心成本。

第二，按部署方式分类，分为本地端和云端。站群系统发布的都是非密信息，如果学校数据中心或出口承载能力有限，可以部署在云端，并在校内做好镜像和数据备份。如果学校有丰富的网络带宽和多个互联网出口，同时有完整的数据中心和安全防护措施，建议放在本地端。

第三，按使用模式分类，分为购买和租赁。站群系统公司不愿意为学校做二次开发，作为一个标准化的产品完全可以采用按年付费、购买服务的方式来实现。

现在网络安全形势严峻，必须做到有效管控和及时处置，同时门户网站必须每年进行信息系统等级保护三级测评。若将站群放在教育云或公有云上，教育主管部门购买站群系统，校方按年付费，云端整体做安全防护和等级保护测评，这样就可以规避部分学校由于经费等原因致使安全措施不到位进而导致网站保护不力的问题，大大降低在关键时间节点出问题的概率。

三、网站群主要功能

（一）网站群的要求

1. 专业的系统平台

网站群管理系统（图4-4）是一种基于校园统一部署、统一标准，并建立在统一技术构架基础之上的管理模式**，其核心目的在于实现对多个网站的集中式高效管理与资源共享。为网站管理带来了极大的便利和效率提升，不仅简化了管理流程，降低了运维成本，还通过资源共享和标准化管理提高了网站内容的质量与安全性。

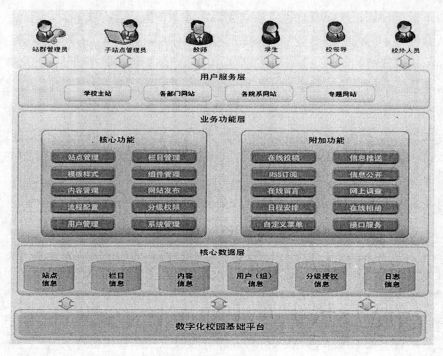

图 4-4 网站群管理系统

2. 纯 B/S 管理架构

前后台、数据库分离,用户可以通过浏览器登录界面,进行信息的发布和管理。

3. 全面的安全设计

系统自身具备较为完善的安全体系,在防护、检测、响应、保障层面提供网站群的全方位安全防护策略,最大化地保证了系统的安全和稳定。①网站安全:防攻击、防入侵;②数据安全:备份、恢复机制,关键数据采用 MD5 加密方式,密码不可逆;③登录安全:账号、密码、验证码三重确认机制、管理员 IP 限定;④传输安全:传输过程中采用 SSL 加密,支持 CA 认证;⑤网络安全:支持结合第三方网络安全产品,共同保障学校网站网络安全。

4. 开放的设计理念

系统应基于 J2EE 的构件化、面向对象的设计,可做到灵活扩展,具有优秀的跨平台特性,同时,系统具备高度的开放性,提供标准的接口,保证了建立在统一标准之上的移植、整合、可重用,对一些后续的需求,能够方便地进行扩展与延伸。可以方便地集成在服务门户中进行权限和功能的管理,同时系统也可以集成主流的一些建站系统,如 wordpress 等。

5. 良好的兼容特性

系统应该支持主流的操作系统,如 Windows、Linux 等;兼容主流数据库,如 SQL Server、Oracle、Sybase、MySQL、IBM DB2 等;兼容主流应用服务器,如 Tomcat、

Apache、WebSphere、WebLogic 等；兼容多种浏览器，如微软 IE 版本浏览器、谷歌 Chrome、360 浏览器、苹果 Safari、火狐 Firefox、欧朋 Opera 等。

6. 网站的组件构建

组件化的构建方式，网站页面设计采用组件拖拽的方式，页面元素可以自由组合，而且只需被设计一次就可重复利用，并可任意地放置到不同的页面上，可快速进行建站与改版。

7. 全效的终端显示

使用智能手机、平板、计算机访问网站群，借助"多屏展示"技术，网站群系统会自动识别用户访问设备，并为用户提供最佳的适配界面，使用户享受到流畅的浏览体验。信息展示、操作习惯、互动应用进行全设备优化，兼容多种不同分辨率（屏幕从 2.5 寸至 6.5 寸，分辨率从 240×320 至 1920×1080），兼容全部终端设备的浏览器及主流操作系统。通过平台的设备特征匹配机制，可以快速识别出设备类型，从而推送与之对应的网页，实现一个域名访问多种类型的网站，移动网站与电脑版网站共享了域名的权重，使网站在各种设备上访问体验得到了统一。

8. 可视的移动组件

通过移动化组件、内置手机模拟器、多设备模板同步映射、智能数据读取等技术，使移动版网站的建设变得更快捷，满足了网站群大量网站移动化的建设需求。

9. 灵活的栏目配置

手机版网站创建时可自动继承电脑版栏目，并可自行对手机版栏目进行增、减、删等操作，系统栏目支持无限层的树状方式管理，可以进行移动操作。用户可根据需要自主设定栏目的层次结构，可任意排序，也可以更改到任意节点层次上。

10. 信息的同步更新

实现内容一次发布，PC、手机、平板多设备内容同步更新，大幅提升管理效率和用户体验，降低了内容管理的难度。

11. 方便的在线交互

PC 版和手机版完全支持信息公开、在线办事、互动交流、在线咨询、在线评论等多种交互功能，增强用户的交互体验，提高移动站的宣传及服务力度。同时可以与微信集成，完成信息的推送和接收。

12. 二维码的自动生成

系统内置二维码组件，可以自动生成网站的二维码，也可以自动生成文章页面的二维码，方便网站和文章的扫描与分享。

（二）网站群的管理功能

1. 分层次分布式站点管理

在一个平台或体系下实现多个子站的管理，各子站既可独立运作又可共享资源。

2. 统一用户 / 认证服务管理

对网站群内所有用户进行统一管理、统一赋权，内含单点登录系统，可集成多个应用系统，并可支持独立的统一认证服务管理。

3. 完善细致的权限管控体系

系统对站点的维护功能提供详细的用户权限设置，更好地支持多角色协同工作，支持多级权限管理、多维度权限分配。

4. 备份恢复

对系统数据和文件进行备份与恢复管理。提供多种备份方式，可以制订备份计划，按计划时间定时备份或一次性执行备份。

5. 日志系统

系统记录详细的用户操作，对操作人、操作时间、登录 IP、操作对象、操作内容描述等信息详细记录，对日志记录支持模糊查询。

6. 系统配置

对系统进行配置管理，包括系统运行环境、配置的显示，数据库连接配置，数据库查询（支持跨数据库查询），数据包的恢复安装。

四、网站群部署和数据迁移

（一）网站群的部署

系统支持单机部署、双机部署、集群部署、管理机与发布机的分布式部署、物理隔离部署和远程分离式部署等多种部署方案。支持多机多服务器发布功能，可以设置发布方案，从网站群系统灵活地管理服务器，并可设置备份服务器，用作容灾备份。具备专门的多机发布系统，用户能够灵活增加服务器配置方案。

部分部署方式如下：

1. 多机发布

多机发布可有效降低前端服务器访问压力，规避单台服务器故障风险，提升网站群整体访问速度。

2. 双机热备

双机热备可有效提升网站可用性，确保网站管理服务器 7×24 全天候正常工作，避免管理服务器单点故障。

3. 集群式部署

集群式部署是网站群针对性能和安全的全面部署方案，不仅可以降低单台服务器负载提高访问效率，同时也可以避免服务器单点故障对网站群造成的影响，可以极大地提升网站群系统整体性能和可用性。

（二）数据迁移

数据迁移是将多个原有网站的关键数据迁移到新平台，并兼容原有的应用系统，进行统一平台管理、部署，具体实施步骤如下：

1. 网站整体优化

根据现网站当前情况及业务变化，进行网站目录、功能优化梳理，使网站功能、栏目设置更加贴近业务要求，更加符合网站管理要求；网站页面美工优化设计，使网站更加美观大方，布局更加合理，同时支持当前主流显示器分辨率及网页浏览器；将网站数据库按需要进行升级，为网站后期发展打下坚实基础，充分考虑到后期网站数据膨胀，而导致数据库无法满足需要的情况。

2. 网站数据迁入

原有网站经过一段时间的发展，其自身也积累了许多宝贵的网站数据、资料，为了将这些宝贵数据保存、沿用下来，数据迁移需要进行原网站数据迁入工作。在迁移的过程中，系统会将网站原有新闻采集到迁移后的网站，采集的范围包括新闻的正文、图片、表格，以及其他相关数据。如需更换数据库，则需将网站数据库由原来的数据库系统迁移至目标数据库系统，同时在迁移工作结束后，要对资料数据进行完整性测试，保障迁移工作顺利完成，而不是留给用户自己解决。

3. 安全检测

网站纳入站群系统后，配置网络入侵检测防御及防火墙等统一安全防护，为网站安全运行提供全面安全保障；同时，要在完成之前迁入文件的病毒和木马查杀处理的基础上，开启文件的实时安全监测。

4. 保留过渡期

为确保系统对外提供不间断的持续服务，同时避免由于新系统运行过程中出现问题，导致系统无法正常访问，要做到"新系统不稳，老系统不停"，新系统正常后将老系统整体迁移至内网，以备后期查阅和存档。

第五章 高校"智能大脑"智慧校园
基础设施与网络安全保障

第一节 智慧校园基础设施

智慧校园的基础设施主要是物理、建筑物的构建，以及智慧环境构建，智慧校园基础设施主要有智慧大楼、智慧教室、智慧宿舍等。

一、智慧大楼

智慧大楼又称智能大楼、智能楼宇，是指在信息化技术、互联网技术、自动化技术等一系列新兴技术发展前提下形成的，以传统建筑大楼为基础，集自动控制、自动办公、信息通信、安全监控与风险处理等高效管理功能为一体的现代化"信息岛"式建筑大楼。智慧大楼是现代建筑技术和新兴信息技术相结合的产物。

智慧大楼的价值不仅体现在其宏伟的结构和精美的装饰，同时还体现在它拥有一系列先进的设备系统的支持。这些系统包括布线系统、照明系统、消防系统、安防系统、可视对讲、通信系统和停车场系统等，只有这些系统都能长期协调地工作，整座大楼的舒适性、安全性、实用性和经济性才能得到保障，这些系统的核心就是5A系统，即建筑设备自动化系统（BA）、通信自动化系统（CA）、办公自动化系统（OA）、火灾报警与消防联动自动化系统（FA）、安全防范自动化系统（SA），随着新技术的发展又增加了能源自动化系统（EA），从而构成6A系统。

智慧大楼（图5-1）是智慧时代和"互联网+"时代的产物，它利用互联网、物联网、大数据等现代化技术，具有敏锐的视觉、感觉、听觉和触觉，能够对大楼内的信息进行收集分析，并通过智慧化系统做出智慧决策，为大楼的管理者和用户提供综合信息，为使用者提供智慧环境。智慧校园中办公楼、教学楼、图书馆、体育馆等楼宇都应该建成智慧大楼。

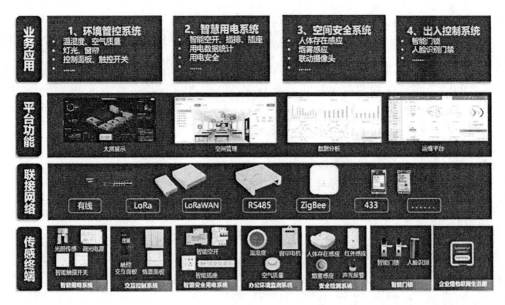

图 5-1 智慧大楼智慧化系统

二、智慧教室

（一）智慧教室的建设要求

教室是学生在校学习的主要场所，教室环境的质量直接影响学生的学习效果、健康成长和身心发展。社会信息化对于革新校园环境特别是教室环境的呼声日益强烈，让学生在"绿色、舒适、美观、易用"的教室环境中体验乐趣、形成个性、陶冶情操成为社会的基本共识。智慧教室是智慧学习发生的场所，是智慧课堂的基础。智慧教室的智慧型涉及教学内容的优化呈现、教学资源的有效取得、课堂教学的良性互动、情景感知与监测、教室布局与电气管理等多个方面的内容，可以概括为内容呈现（Showing）、环境管理（Manageable）、资源获取（Accessible）、及时互动（Real time interactive）、情景感知（Testing）五个维度，简写是"S.M.A.R.T"，这五个维度恰好体现了智慧教室的特征，一般称为"SMART"模型。

内容呈现表征的是智慧教室的教学信息呈现能力，不但要求呈现的内容清晰可见，而且要求呈现内容的方式适合学习者的认知特点，有助于增强学习者对学习材料的理解和加工。内容呈现主要包括视觉呈现和听觉呈现两个方面。视觉呈现方面涉及清晰度、视野、亮度、视角等多个因素。通过电子手段呈现给学生的信息能被教室内所有学生方便、清楚地看见，不影响学生的健康。在听觉呈现方面，良好的听闻环境可以保证语言交流的顺畅，有利于师生之间的互动。

环境管理表征的是智慧教室的布局多样性和管理便利性。智慧教室的所有设备、系统、资源都应该具备较强的可管理性，包括教室布局管理、设备管理、物理环境管理、电气安全管理、网络管理五个方面。

资源获取表征的是智慧教室中资源获取能力和设备接入的便利程度,涉及资源选择、内容分发和访问速度三个方面。在资源选择方面,智慧教室应该提供丰富的教学资源,以便于灵活支持教学活动,计算机、智能手机、平板电脑、手持式 PDA、投影机、电子白板等多种设备都可以很方便地接入,并且支持在教学过程中对资源进行互动、操作和再生成。在内容分发方面,与学生学习相关的课程设置、教学计划、教学内容、教学手段等都应该很方便地分发到学习终端。在访问速度方面,资源的获取和终端的接入速度均应该以不影响教学活动为前提条件。

及时互动表征的是智慧教室支持教学互动及人机互动的能力,涉及便利操作、流畅互动和互动跟踪三个方面。在便利操作方面,智慧教室应该能够支持人机的自然互动,所有互动设备及界面具有操作简单、功能全面的自然互动。在流畅互动方面,智慧教室的硬件条件能够满足多终端、大数据量的互动请求。在互动跟踪方面,智慧教室能够记录并存储师生、学生以及人机的互动轨迹,为学习分析提供基础数据,从而为教师的决策和学生的自我评估提供技术支持。

情景感知表征的是智慧校园物理环境和学习行为的感知能力。空气、温度、光线、声音、颜色、气味等都是环境的物理因素,这些因素直接影响教师和学生的身心活动。智慧教室里布设的传感器可以实时监测室内噪声、温度、气味等物理参数,根据预设的理想参数,自动调节窗帘、灯具、空调、新风系统等相关设备,将教室里的声、光、温、气,调节到适合学生身心健康的状态。学习行为的感知是指能够获取学习者的位置、姿势、动作、情感等方面的数据,以便能分析学生的学习需求,提供适应性支持。

(二)智慧教室建设模型

智慧教室以物联网技术为基础,以光载无线交换机为核心,构建 WiFi 无线局域网,覆盖智慧教室,加上教室的有线网络交换机、网络路由器,从而建立融合有线网络、无线局域网的物联网网络支持环境,声、光、温、气等各种传感器件通过标准模块 WiFi 设备服务器(串口通信 RS232 转 WiFi 无线网络)无线接入物联网。同时,其他内置 WiFi 模块的各种手持设备(便携式计算机、智能手机等)也能无线接入该智慧教室网络,成为智慧教室物联网网络设备的一部分;其他支持师生教学、科研实践开发的感知模块也可以通过与标准的 WiFi 设备服务器连接,轻易接入智慧教室,完成测试和验证。

智慧教室(图 5-2)是自动化、智能化、集控化的管理系统,可以同时对多个教室的教学活动过程进行录制、直播和点播;可以对教室的设备进行集控式的管理;通过电子班牌对智慧教室的内容和环境状态进行发布;通过互动教学平台实现教学资源的管理和推送。

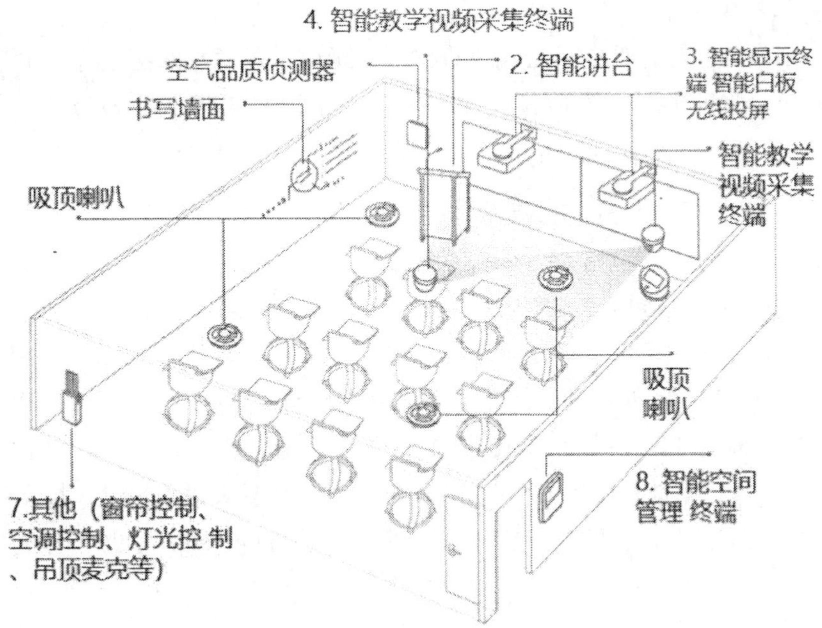

图 5-2 智慧教室建设模型

（三）智慧教室的主要功能

1. 环境监测和管理

通过安装在教室内部的监测设备（温湿度传感器、二氧化碳传感器、光照度传感器等）对教室环境进行实时监测和数据记录，通过后台控制系统实现对教室环境的改善，也可以根据预先设置策略进行智能控制。

2. 教学过程录制

通过安装在教室内的高清摄像头对教学过程进行网络化录制和存储，云端管理平台可以按照教学课表进行自动录制，或通过教室内控制屏进行手动录制。

3. 教室设备控制

通过安装在讲桌里的教室工作站，对教室内教学设备（互动教学一体机、投影、音响、功放等）进行统一控制，教师可以选择一键开关设备，也可以通过控制屏进行单独控制，从而降低设备操作的复杂性。

4. 教室物资管理

教室设备贴二维码标签，通过手机二维码扫描识别的方式进行教室设备盘点。

5. 远程集中控制管理

智慧教师管理平台为 B/S 架构，可以通过远端登录对每个教室内设备实现单独控制，同时可以实现对整个教学楼的集中控制。

6. 教学互动管理

智慧教室教学视频课件通过云端进行发布，学生可以通过网络进行自主学习，对教师的课件进行点评和互动，教师可以通过在线互动的方式实现教学互动。

（四）智慧课堂教学模型

智慧课堂教学模型是在智慧课堂的教学理念上设计的，对教师与学生都提出了新的教与学的要求。

在课前，教师对教学内容与学情进行科学、详尽的分析。编制前置学习材料发放给学生，前置学习材料包括导学案、辅导资料、练习题、视频等。学生根据前置学习材料自主学习后，完成课堂前测，并整理出问题在课中提问，在这个阶段完成了知识的传递。教师把学生课堂前测情况上传至"clou DAS 云端诊断分析系统"，根据学生的学习数据形成最终的诊断分析报告，据此进行详尽的学情分析，然后针对本班学生特点确定教学目标，制订教学计划，同时编制课中巩固、提高用的学习材料。同时，也可根据"clou DAS 云端诊断分析报告"对个别学生进行个性化辅导。

在课中，教师与学生把发现的问题在课堂上提出来，由学生采用小组学习形式进行讨论交流。教师结合相关教学材料进行引导，然后有针对性地对学生的薄弱之处进行巩固练习。课堂上教师利用"IRS 即时反馈系统"对学习情况进行即时统计，做出即时评价并即时调整教学计划。在课堂上让学生完成了知识的内化，发挥了教师的引导作用，突出了学生的主体地位。

在课后，学生根据"clou DAS 个人学习诊断报告"找出薄弱之处，进行自主补救。学生在"IES 云端补救平台"上进行自主补救学习，IES 平台会根据每个学生学习数据自动生成相关补救的学习资源，进行个性化辅导。此外，还可以在 IES 平台上回顾录制的课堂教学。也就是说，在这个阶段是学生根据自身情况完成补救、巩固、提高的，也体现了学生自主学习的能力。

三、智慧宿舍

当前很多学校的学生宿舍管理往往落后于数字化校园建设水平，虽然大学生数量不断增加、对居住环境需求不断提升，但大多数学校宿舍管理仍然停留在采用人工管理、手动记录与查询数据的阶段。显然，宿舍管理数据变动需求较大，数据量较为庞杂，传统的人工记录与人工管理的形式已经难以满足日益增长的宿舍管理需求，利用基于物联网技术对宿舍进行管理，将有效地节省工作时间和提高工作效率。

基于物联网的宿舍管理（图 5-3）主要依靠环境信息感知设备进行，如控制板、传感器等，由控制板控制烟雾、温湿度、图像、红外等传感器分别对宿舍温湿度、红外、烟雾状况以及对主要楼道视频进行监控采集的宿舍环境信息，同时作为设备网关通过有线／无线方式接入互联网，与智慧校园建立连接，将环境信息实时传送到服务器存储并进行分析和预警。

利用智慧宿舍设备不但可以很好地管理、做好防盗防火功能，同时还可以限电（宿舍房间内的电源定时进行供电，充分确保学生拥有良好的休息环境；合理限定宿舍房间内部的用电量，确保安全用电；对出现违章电器的宿舍房间进行准确判断识别，并且及时切断电源；去除违章电器后延迟 10 秒自行恢复供电；保证宿舍房间人走电断）和控制学生的起床等作息时间。

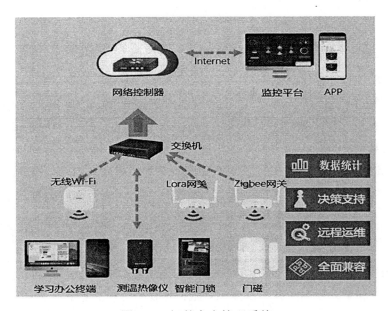

图 5-3　智慧宿舍管理系统

第二节　智慧校园网络安全保障

一、智慧校园网络安全制度

在安全领域，三分靠技术、七分靠管理、十分靠重视。道高一尺魔高一丈，安全防护很多时候是被动的，技术也不能解决掉全部的风险；而安全的风险大多来自内部，内部人员监守自盗、内部管理人员未按照安全制度进行、内网用户未进行安全接入直接访问服务器等，都容易形成风险点，而这些风险点是要靠制度和规范来约束。安全是一个系统工程，需要用户、管理员、使用部门、管理部门、产商等协同工作，而该工作必须有校领导的重视和强力推行才能做好，单靠信息管理部门是无法发动全校的力量的。

（一）党和国家立法保障网络安全

没有网络安全就没有国家安全，没有信息化就没有现代化；网络安全和信息化是一体之两翼、驱动之双轮，必须统一谋划、统一部署、统一推进、统一实施；努力把我国建设成为网络强国。

从世界范围看，网络安全威胁和风险日益突出，并日益向政治、经济、文化、社会、生态、国防等领域渗透。特别是国家关键信息基础设施面临较大的风险隐患，网络安全防控能力薄弱，难以有效应对国家级、有组织的高强度网络攻击，亟须加快构建关键信息基础设施安全保障体系。金融、能源、电力、通信、交通等领域的关键信息基础设施是经济社会运行的神经中枢，是网络安全的重中之重，也是可能遭到重点攻击的目标，没有意识到风险可能会导致严重的后果。

（二）教育系统开展网络安全及等级保护工作

教育主管部门也非常重视网络安全，没有信息化就没有现代化；从提升师生信息技术应用能力向全面提升其信息素养转变；充分利用云计算、大数据、人工智能等新技术；普遍施行由校领导担任首席信息官（CIO）的制度，并明确责任部门，全面统筹全校信息化的规划与发展；加强党组织对网络安全和信息化工作的领导；明确主要负责人为网络安全工作的第一负责人；建立网络安全和信息化统筹协调的领导体制；做到网络安全和信息化统一谋划、统筹推进；完善网络安全监督考核机制，将网络安全工作纳入对领导班子、干部的考核当中；做好关键信息基础设施保障，重点保障数据和信息安全，强化隐私保护。

（三）学校信息化管理部门应制定安全管理制度和规范

信息化归口管理部门应该按照相关的法律法规、上级部门的要求以及学校的实际情况和内控的要求制定一系列的管理制度和规范，以保障人员、设备、信息的安全。

一般说来，学校层面发文的制度有网络信息安全管理办法、网站群管理办法、信息化建设项目管理办法、网络信息安全责任书等，从全局规范信息化建设的方方面面。

信息化管理部门不仅掌握着学校的各类信息系统和数据，同时也运维着各个系统，必须规范员工行为、建立可操作的规范和流程，才能保证信息不被泄露、数据不被篡改。至少应包含机房管理制度、数据中心工作流程、信息系统安全管理人员与用户培训制度、员工信息安全承诺书、保密协议、服务器管理制度、信息系统安全检查与评估制度、代维外包维护厂商管理办法、信息系统安全审计管理制度（分非密和涉密两个部分，按照不同的要求分类制定细则）、计算机病毒防治管理制度、网络和信息安全突发事件应急处置制度、信息系统应急与灾难响应制度。

二、智慧校园网络安全方案

病毒的传播、黑客的攻击并不是一个静态的过程，这也就要求网络安全防护系统应该是动态的、整体的，要真正实现一个系统的安全，就需要建立一个从保护、检测、响应到恢复的全方位的安全保障体系。高校的信息安全保障方案需要从体系化的角度，全面、整体、长期地满足高校安全保障的要求。由于人员、资金、资源等方面的限制，安全建设要求将有限的资源用在"刀刃"上，区分高校的业务系统进行重点防护是必要的。体系化建设结合重点保护的策略，是高校信息安全建设的最优选择。

（一）安全体系化建设

体系化建设通常需要从信息安全组织体系、管理体系、技术体系三个方面着手建立统一的安全保障体系，力保网络信息安全。组织体系着眼于人员组织架构，如岗位设置、职责授权、人员任用、绩效考核等；管理体系侧重在制度的梳理，制订高校安全计划并持续改进，制定运行、维护、监控制度，明确审计的内容和程序等；技术体系分成准备、预防、检测、保护、响应、监控、评价七个阶段，根据用户需求采用相应的安全防护技术。体系化建设亦须遵循 PDCA 原则，即计划（Plan）、实施（Do）、检查（Check）、调整（Adjustment），并不断改善。体系化建设建议重点考虑遵循等级保护、安全域、应急响应。

1. 建立符合等级保护的体系

等级保护不仅是对信息安全产品或系统的检测、评估以及定级，更重要的是等级保护是围绕信息安全保障全过程的一项基础性的管理制度，是一项基础性和制度性的工作。通过将等级化方法和高校信息安全体系建设有效结合，设计一套符合高校需求的信息安全保障体系，是符合我国国情、系统化地解决高校信息安全问题的一个非常有效的方法。

2. 建立符合安全域的体系

安全域服务的根本目的是更好地保障高校业务信息系统的安全，保障高校业务的稳健运行，保障高校信息系统业务使命的顺利达成。因此，安全域的设计必须以信息系统提供的业务服务为中心，以业务安全需求为根本出发点，以抵御威胁、减少漏洞、控制信息安全风险及符合相关标准规范为根本立足点。另外，安全域的设计大多是基于现有信息系统进行的，必然要结合现有系统的实际情况，同时又要考虑对信息系统的安全建设的指导作用。因此，安全域的设计应从信息系统普遍的实际情况出发，创建信息系统模型、规范和优化信息系统结构，以及便于安全防护策略的设计、实现和部署。建议高校安全域划分如下：

（1）技术支撑域

技术支撑域包括网络中心、数据中心、电教中心、图书馆等，负责高校信息化规划和建设，对高校信息基础设施进行管理，提供信息交流与服务。

（2）学生域

学生域包括本招办、研招办、留学生办、学生处、研究生工作部、就业中心、物业中心（住宿）、各院系，主要针对学生从招生、入学、在校培养、毕业的全程管理。

（3）教学域

教学域包括研究生院、教务处、注册中心、各院系，开展教学活动及教学管理。

（4）科研域

科研域包括科研院、各院系，负责全校科研项目管理，包括科研合同管理、科研成果管理、科研机构管理、科研交流与协作。

（5）财务资产域

财务资产域包括财务处、结算中心、会计核算中心、审计室、实验室与设备处、房产处、各院系，负责学校所有的经费业务，全校国有资产管理，实验室及其设备管理、房产管理等。

（6）校务职能域

校务职能域涉及学校的人力资源、后勤保障、社会服务及发展决策等职能部门，有条件的学校可以进行细分。

安全域的划分可以通过物理方式，即同一个安全域中的计算机连接在同一个网络交换机上；也可以通过逻辑方式，即利用 VLAN 技术，同一个安全域中的计算机划分在同一个 VLAN 上。安全域之间的边界保护，可以通过使用三层交换机的访问控制列表（ACL）来实现，对保密要求高的安全域，与其他安全域之间的边界保护，应使用防火墙（NF）或入侵保护（NIPS）设备进行访问控制，以提高这些安全域的安全性。对于不同等级的安全域间通信，禁止高密级信息由高等级安全域流向低等级安全域。

不同的安全域应分析其使用人员、业务类型、流量走向、服务对象等，对于保密要求比较高的安全域，也可以考虑在系统终端上安装终端管理系统，对终端的补丁、病毒库同步进行统一管理，监控终端主机的违规外联、违规开启服务端口，控制终端外设端口的使用等，开启主机防火墙、主机入侵保护、防 ARP 欺骗以强化终端主机安全保护，保障安全域内网络安全。

3. 建立符合应急响应的体系

针对各种可能突发的信息安全事件，建议高校制订对应的应急响应预案，预案对响应的流程进行梳理，具有可操作性，并明确专人负责，预案对安全事件进行分类管理，不同级别事件启动相应的流程，对应不同的组织人员响应，通过该方案使损失降到最低。

（二）安全方案覆盖重点要素

高校信息业务系统众多，为了将有限的资源用在"刀刃"上，需要对重点的业务系统进行防护。我们对学校的业务系统按照重要性和外网访问的必要性做了三个分层。第一层为学校门户网站、邮件系统、自考网、场馆管理系统、MOOC 平台等直接面向互联网全网开放的定义为最高级别，并全部进行等保测评、部署完整的安全方案；这里存在一个 1.5 层，就是定向开放的服务，如面向微信、上级部门、银行、第三方支付等，我们做了端口绑定、防火墙限制、授权访问等。第二层为教务系统、研究生系统、办公自动化平台、科研系统等，面向 VPN 开放，通过 LDAP 授权用户才可以访问。第三层为校内访问，如心理测评系统、审计系统等。

1. 重点防护门户网站

门户网站已从一个简单的信息发布、展示平台，逐步转变为汇集招生就业、远程教育、成果共享、招标采购等多功能的综合性业务平台。高校网站已积聚了教育信息化建设中大量的信息资源，成为高校成熟的校务展示和应用平台。

门户网站在本地防火墙和 WAF 的基础上，将增加云 WAF 和云安全平台，使安全防御更全面，安全感知更及时。

对 Web 漏洞防护，通过部署 Web 应用防火墙 WAF 实现对 Web 应用攻击的防护，部署在本地的 WAF 设备可以与上游清洗中心之间协同配合，实现对于应用层攻击、流量型攻击以及混合攻击的防护；通过在内网进行本地漏洞扫描，或者从云端进行远程漏洞扫描，产生漏洞报告，与 WAF 设备集成，直接生成智能补丁（Smart Patch），将漏洞的发现与防护在第一时间联动修补完成，及时防范攻击风险；云安全平台的安全事件监测引擎会对被防护的网站进行 7×24 小时的不间断监测，一旦有安全事件发生，在第一时间做到捕获并通告管理员，在安全事件发生前后，云安全平台会输出事前漏洞风险评估报告、事中单次攻击报告，以及事后提供安全建议的安全监测周报。

2. 重点防护数据中心

数据中心作为高校信息化的心脏，运行着高校各种业务系统，保存着这些业务系统产生的敏感数据，如试卷、学生考试成绩、学籍学历数据、科研项目的研究成果等，因而有必要对高校数据中心服务器的漏洞进行统一的管理。

在数据中心部署安全评估系统，对高校数据中心的网络资产进行细致且深入的漏洞检测、分析，并给高校用户提供专业、有效的漏洞防护建议，及时修补漏洞，让攻击者无机可乘。远程安全评估系统将资产、漏洞和威胁紧密结合，提供了图形化的资产管理方式，并通过可量化的模型呈现，帮助高校用户对网络中存在的风险有一个整体、直观的认识，做到真正意义上的风险量化。漏洞管理能够对预防已知安全漏洞的攻击起到很好的作用，做到真正的"未雨绸缪"。

在高校数据中心部署网络入侵防护系统（NIPS）。高校数据中心主要包含"一卡通"、数据库、学籍学历管理系统等重要业务系统，针对高校内部网络用户访问数据中心的流量，提供针对性的实时检测和防御功能，过滤对服务器操作系统的攻击（缓冲区溢出攻击、恶意扫描、漏洞攻击等）、对数据库的攻击（SQL 注入、缓冲区溢出攻击、植入式攻击等）、对业务系统应用程序的攻击等流量，即当 IPS 接收到数据中心外部的数据流量时，如果检测到攻击企图，就会自动地将攻击包丢掉或采取措施将攻击源阻断，不会把攻击流量放进数据中心内部，可以有效地阻断对重要数据的恶意攻击，防止重要数据泄漏和更改。网络入侵防护系统作为一种在线部署的产品，可以提供主动的、实时的防护，自动对恶意流量如蠕虫病毒、间谍软件、DDoS、黑客攻击等进行实时阻断，避免或降低攻击可能给学校带来的损失。

在数据中心区部署数据库安全审计系统，对数据库的访问进行全程审计。数据中心的数据库包含重要的"一卡通"资金信息，因此数据的安全级别非常高，根据等级保护的要求，必须对重要业务数据进行审计，以便日后追查取证。数据库审计系统可以提供全面细粒度的敏感信息审计功能，系统支持基于时间、用户、协议、内容等多种条件组合的信息审计策略，实时审计高校用户对数据库系统所有操作（如插入、删除、更新、用户自定义操作等），精细还原 SQL 操作命令（包括源 IP 地址、目的 IP 地址、访问时间、用户名、数据库操作类型、数据库表名、字段名等），实现数据库安全事件准确全程跟踪定位，提供实时告警、信息还原功能，对机密信息外泄、越权访问等行为及时响应处理，对事后追查取证提供有力支持。

在核心数据库前端部署数据库防火墙系统，DAS-FW 通过专业 SQL 协议分析，根据预定义的禁止和许可策略让合法的 SQL 操作通过，阻断非法违规操作，形成数据库的外围防御圈，实现 SQL 危险操作的主动预防、实时审计；并且面对来自外部的入侵行为，提供 SQL 注入禁止和数据库虚拟补丁包功能（Oracle 数据库防火墙所不具备的）；通过虚拟补丁包，数据库系统不用升级、打补丁，即可完成对主要数据库漏洞的防控。

在高校数据中心部署安全审计系统——堡垒机，对数据中心的运维操作及账号提供统一的管理平台，方便运维操作审计。

3. 建立智慧校园安全监测预警平台

校园安全监测预警平台能够收集各种网络安全设备的、各种系统的日志信息，并对其进行统一的分析和整理，提供信息发送、实时告警功能，同时进行数据的存储、分析，能够为网络安全监控预警中心带来统一监控、统一管理、统一预警、高扩展性等特性。

校园安全监测预警平台：实现对各子系统及外部安防系统的安全事件收集、关联分析、数据挖掘、取证。对预警信息分发、通报、接收，依据校园安防工作机制和应急预案处置和管理网络安防工作。

校园网安全监控子平台：实现对校园网网络流量和安全事件的监控，综合分析其中存在的 DDoS 攻击、黑客攻击、蠕虫病毒传播等行为。

重要系统检测子平台：实现对重点单位安全状况的检测，包括网站挂马、网页篡改、脆弱性、平稳度检测四个方面。

异常流量检测子系统：实现对网络整体流量的宏观分析、监控、预警。

入侵检测（含病毒检测）子系统：实现对网络流量的细粒度检测，并实现抓包取证。

上网行为管理子系统：对校园网络用户的上网行为进行管理、监控、预警。

运维审计子系统：实现对系统运维人员、第三方代维人员的运维行为进行审计，并实现追查取证。

漏洞扫描子系统：实现对重点单位及校园网整体的网络脆弱性进行检测和预警。

配置核查子系统：实现对重点业务系统、网络系统、数据库等配置的管理和预警。

重点网站检测子系统：实现对重点单位的业务持续性的检测和预警。

运维管理子系统：实现对项目范围内系统运作的持续性的检测和管理，其主要在网络管理平台实现。

第六章 高校智慧校园构建案例——数字档案馆

第一节 高校数字档案馆建设内涵

一、高校数字档案馆建设的目标

高校数字档案馆建设的目标是充分运用现代信息技术，全面推进学校档案资源存量数字化、增量电子化、利用网络化，不断改革完善传统的档案管理模式，创新档案信息化管理模式，应用信息技术有效提高档案信息资源收集、管理和提供利用服务水平，把现代信息技术普及到档案工作的各个环节和与档案工作有关的各业务部门中，使数字档案馆系统覆盖档案工作的各个环节和各门类档案管理业务，以信息化为核心的档案管理现代化水平得以明显提升。

从建设的角度来看，高校数字档案馆本质上是一个管理信息系统，承担着高校档案数字资源的收集、存储、保管和利用共享等档案管理业务功能。在日常的学校档案管理工作中，通过信息化手段实现学校档案工作中的收、存、管、用等日常业务，并通过数字档案馆系统保障档案业务工作的规范化，同时通过系统的使用将各项档案业务规范在档案馆和归档部门得以贯彻执行，确保档案资源的前端管理、全过程管理、资源化管理、知识化管理和规范化管理。系统提供信息化手段推进电子档案信息资源建设，与办公自动化系统、业务系统等相互衔接，来源可靠、程序规范、要素合规的电子档案通过符合安全管理要求的网络或者存储介质向档案馆移交。

高校数字档案馆应围绕学校档案工作，建立健全档案资源体系、档案利用体系和档案安全体系。档案资源体系应全面覆盖高等学校教学科研管理，产生具有保存价值的历史记录，"对历史负责，为现实服务，替未来着想"，对学校在发展过程中产生的党群类、行政类、学生类、教学类、科研类、基本建设类、仪器设备类、产品生产类、出版物类、外事类、财会类电子档案和实体档案进行收集整理，科学整合。档案利用体系应当充分使用现代信息技术，创新服务方式，借助电子档案和馆藏数字化档案开展网上利用服务，促进规划档案资源共享，"为党管档、为校为国守史、为师生为人民服务"，主动开发档案资源，加强档案编研，对馆藏档案资源进行分析研究、综合加工、深度开发，提供深层次、高质量的档案信息产品，不断挖掘档案的价值，努力把"死档案"变成"活信息"，把"档案库"变成"思想库"，积极主动提供档案信息服务，通过报送或推介相关档案信息、编辑出版档案选编、举办档案展览、制作电视节目、发布网络视频、发行音像制品等，全方位地为师生和社会提供档案信息服务。档案安全体系的核心是档案实体安全和档案信息安全，档案的原始记录性注定了档案是不可再生资源，一旦遭到破坏，将无可挽回。"档案安全，始终是档案工作的生命线和底线，是档案部门的基本任务和第一要务"。数字档案馆在建设过程中，要修订、完善各项安全管理制度，细化、落实、覆盖到档案工作各环节、各岗位中。针对档案工作各个环节都要制定档案安全管理制度，明确任务，责任到人。防患于未然，将安全检查工作常规化、制度化，建立健全人防、物防、技防三防一体的档案安全防范体系，建立完善档案安全应急管理制度，制订应急预案，把档案库房列入重点保护范围，确保档案安全受到危害时能得到优先抢救和妥善处置，把损失降到最低限度。对重要电子档案实行异地异质备份保管，确保重要档案的安全，按照国家规定建立档案信息管理系统安全保密防护体系，推进档案信息系统安全等级保护和分级保护工作，建立标准，采取措施，严格档案开放、利用、公布的审查、审核、审批手续，严防文件、档案在传输过程中丢失泄密，确保电子文件、电子档案得到长期保存和利用，确保电子档案的真实性、完整性、可用性和安全性，严格执行档案安全保密管理制度，保障档案信息安全。

二、高校数字档案馆建设的原则

高校数字档案馆建设是一项长期且复杂的系统工程，事关学校档案工作的全局和长远发展，也是数字化校园建设和学校发展的重要组成部分，在建设过程中应当遵循以下原则：

（一）顶层设计，统筹规划

要使高校数字档案馆建设工作获得持续的资金、技术和人才投入支持，数字档案馆建设工作必须纳入学校发展的整体规划，纳入数字化校园建设整体规划，从而增强持续建设和发展的动力。档案馆在制定和执行标准规范时，要考虑本校数字档案馆的标准规范与数字化校园保持一致，充分考虑本校数字化校园和档案管理的实际情况，为档案信息资源与学校信息资源的共建共享、互通互联打下基础，创造条件。档案馆在制定数字档案馆建设规划时，要立足长远，既要把握国家数字档案馆发展的战略目标和政策方向，又要深入了解本校档案工作的现实基础和发展需求，数字档案馆建设不是单纯购买一些硬件设备或一套管理软件，建设规划方案应该遵循信息资源建设的规律，从顶层开始自上而下地设计，站在学校资源管理全局的高度，为实现数字档案馆这个目标而进行有计划的规划，设计好各个档案管理信息系统的建设标准规范、档案移交接收标准、质量检查标准、目录数据库标准、各类档案资源著录的元数据标准规范、档案鉴定标准、档案存储载体标准、档案利用控制标准、档案安全体系建设标准规范及相关的人才队伍建设、制度保障等，同时，需要档案部门处理好档案馆与电子校务、档案馆与各归档部门、档案管理人员与归档部门管理人员、档案管理人员与师生校友等之间的复杂关系，从而实现数字档案馆建设促进学校数字校园建设工作、规范档案管理工作、促进校内各部门信息资源的共建共享、消除信息孤岛的目标。

（二）循序渐进，持续发展

数字档案馆建设是一个长期的工程，需要注重整个工程项目的循序渐进和持续发展。现在大部分高校数字档案馆建设工作滞后于学校的数字化校园建设水平，数字档案馆建设要结合本校的实际情况，规划一个总体、完整、长远的实施方案，在具体实施时要全面了解本校信息化和数字化校园的建设情况，包括建设现状、发展规划、建设的标准规范以及相关系统的开放共享程度，并在此基础上，对学校数字档案馆建设工作进行规划、设计和实施。在具体实施项目前，要摸清本校档案工作的基础条件、档案工作的发展水平和状况，包括档案收集、整理、存放和利用的具体工作状况，档案信息资源的具体数量和质量，已有的档案设备条件等，以便于做出贴合本校实际的具体发展规划和切实可行的建设方案。在项目具体建设实施时，需要把复杂庞大的数字档案馆建设项目分成若干个相对独立并先后连续实施的子项目，确立优先次序，分期选择重点，合理安排，稳步实施，分阶段、有步骤地持续推进。

对于高校数字档案馆建设工作来说，一般应按照数字档案馆系统规范，建设安全可靠、布局合理的局域网、校园网、互联网三网隔离的档案网络平台，配备必要的防火墙、漏洞扫描、入侵检测、安全审计等网络安全设施，把数字档案馆的"高速公路"建设好，然后再配备满足开展数字档案接收、管理、利用等业务应用系统工作需要的服务器和存储设备，按照本馆的实际情况再升级和定制开发与本馆业务最相符的数字档案管理系统，落实数字档案馆的"车"，依据本馆的馆藏实际情况分批次、有序地开展馆藏数字化工作，开展电子文件和电子档案的管理工作，装载丰富的"货"，在整个建设过程中始终需要考虑必要的人、财、物的支持，开展相应的安全保障体系，以保证数字档案馆建设的效果和保障档案信息安全，相当于制定相应的"交通规则"。

（三）业务导向，利用优先

高校数字档案馆建设应围绕高校的教学、科研、管理等重要活动的开展，收集相关的历史记录，注重管理好以学校部门、学生、教师为主体形成的具有保存价值的档案。建设时应充分了解学校的档案管理业务，从学校档案的收、管、用等各个环节考虑相关的资源建设工作，为收集档案资源而建立档案信息采集平台，为管理档案资源而建立档案管理信息系统，为档案安全而建设档案保护系统和备份系统，为满足档案利用、档案信息服务而建立档案网站、档案资源发布平台、档案利用预约和档案远程借阅等平台。以记录学校发展的档案资源为中心，优先建设重要档案资源，重点收集相关的电子文件和电子档案。开展馆藏档案资源数字化也应以需求为导向，对馆藏珍贵档案、有重要保存价值和使用价值、形成年代相对较早、有特色的档案、利用率高和需求大的档案应优先进行数字化。建设档案网络平台应有利于电子文件的归档管理、档案信息资源的共建共享和网络利用，目前高校大都采用"双轨制"管理模式，进行数字档案馆建设时，要充分考虑学校电子校务的具体情况，基于校园网搭建电子文件管理平台，构建电子文件和电子档案管理系统，对电子文件实行从电子文件的采集到电子档案的收集、保管、利用的全过程管理，相关的管理信息系统功能实现、操作界面等应尽可能符合用户操作习惯，对电子档案、档案数字资源的存储格式的选取应符合长期保存需要，便于共享和利用。

（四）安全保障，科学管理

高校数字档案馆建设应充分考虑档案资源安全保密和数据敏感的特点，涉密档案相关工作必须严格按照保密工作的要求执行，非涉密档案相关的工作也应满足信息安全等级保护的要求，评估数字档案系统的安全风险，采取相应的安全保障技术方法，配备必要的安全设施设备，同时严格遵守国家法律法规和标准规范，建立健全安全保密管理制度，明确档案工作中相应部门的安全职责，落实部门安全管理员、应用管理员、系统管理员、网络管理员等岗位的职责和人选，必要时还应明确安全保密管理员、安全审计员等岗位职责，以确保档案信息安全。同时要对档案实体进行相应的安全保护，运用现代科学技术建设智能档案库房，在库房中建立温湿度自动控制系统、自动防盗报警系统、自动防火报警及灭火消防系统、视频监控系统、门禁管理系统等，对于档案数据中心机房还应保证设备的恒温恒湿、屏蔽强电磁干扰、防雷接地、提供 UPS 和提供完善的安全备份策略等，防止档案实体和档案数字资源的破坏和丢失。

三、高校数字档案馆建设的步骤

高校数字档案馆建设是一个庞大的系统项目，项目建设步骤一般按照 IT 系统项目化运作，经过规划、立项、实施、验收、运维等步骤分阶段进行。

（一）项目规划

1. 成立项目工作组织

学校在数字档案馆建设规划阶段就应设立相应的组织机构，明确项目成员来确保工作的顺利开展，一般会成立一个项目建设小组，小组成员主要由档案部门领导、档案馆业务工作相关人员、学校信息化建设部门人员、学校保密委员会成员等相关部门共同组成，负责数字档案馆建设工作的规划、计划、实施方案、制度制定，具体建设工作的实施、推进，后期建设工作检查、总结与考核。

2. 制订项目方案

在制订本单位的项目方案之前，做好充分的前期调研是前提。首先要了解全国和地方数字档案馆建设的情况，了解本校数字化校园和电子校务的建设情况，确定本校档案管理工作的实际情况和发展目标，在此基础上，有针对地选择国内经济发达地区高校数字档案馆建设情况进行调研和学习，学习了解其他学校建设的成功经验。通过详细的调研、学习，掌握大量的第一手材料，再结合本校的实际情况，制定出符合学校档案管理实际状况的规划方案，实现本校数字档案馆建设的最终目标。

制订项目建设方案时，应当从数字档案馆项目建设的必要性、成本、收益、风险等方面研究建设的可行性，并形成可行性研究报告，特别是要对当前本校数字档案馆建设的各种保障条件、建设环境等实际情况及建设的需求和最终达到的目标进行充分论证，坚持需要和可能的原则，区别轻重，将建设目标中的关注点放在力所能及的范围内，着力解决档案管理中的现实问题。学校档案部门要对档案管理工作的业务需求、功能需求和数字档案馆系统部署方式进行详尽的分析，形成需求任务书，并将其纳入项目建设方案。项目建设方案的内容应包括建设目标、建设内容、建设步骤、经费需求、实施计划等。编制项目建设方案通常与编制项目规划同步进行且互为支撑，是后期建设项目立项和工程设计的基础。

（二）项目立项

档案馆准备好数字档案馆相应的规划方案后，即可向学校提出项目立项申请报告。为确保项目投资的科学性，在立项决策之前学校应组织同行专家对项目可行性研究报告和项目建设方案进行论证评审，明确界定项目的建设目标、涉及的档案业务范围以及项目建设需要进行沟通和协调的单位，档案业务需具体到哪些档案管理工作可以通过数字档案馆进行优化、升级或重构，系统建设需要与学校哪些业务系统进行集成，目前具备哪些集成的条件，都需要进行详细论证，同时应确定项目预算，预算时应考虑本校的环境、部门的实际情况、历史数据迁移、设备购买、项目管理、项目实施、人员培训、系统运维等问题。评审时，专家应对项目的可行性报告、规划、方案在投资效益上的合理性、项目建设方案的可行性及项目组织实施的科学性进行充分论证和评审，通过评审后提交至学校有关部门立项实施。

（三）项目实施

人才队伍是数字档案馆建设工作的保障，档案馆应通过提升现有人员技能和知识的方式，充分发挥现有人员的作用，加强培训学习，提高整支队伍对数字档案馆建设工作的思想认识，提高他们的业务应用能力，建设数字档案馆管理人员、业务人员、技术人员等相互配合的建设人才队伍，现有人员不足的，应通过引进、组建项目组等方式补充人员或采取档案服务外包的方式，来保证数字档案馆项目建设的效果和质量。

数字档案馆建设是以现有的档案业务工作为基础开展的。在项目实施初期，需对本单位档案管理基础业务进行完善与规范，完善档案管理制度，理顺档案管理体制机制，实现档案工作的集中统一，规范档案管理业务流程，统一各种分类、各种类别档案的归档交接及管理中涉及的表格、报表等。健全的规章制度是工作开展的基础，档案馆应根据项目进展情况有步骤地采用及制定相关管理制度、标准规范和管理办法细则，应优先采用国内成熟的标准规范作为单位档案信息化工作标准规范，国家标准规范不能满足需求或无相应标准规范的应自主编制，形成的标准规范和管理办法应定期或不定期更新，在数字档案馆建设系统运行前，应完成所有管理制度、标准规范和管理办法细则的制定，以使档案工作更加规范。

数字档案馆建设应依托学校现有信息化基础设施配置数字档案馆建设和运行所需的硬件设备，以节约成本，对于现有硬件无法满足的，应根据未来学校档案数据增长情况、系统使用人数、安全保密需要、系统部署方式等逐步予以配备。在充分征求档案部门、业务部门、各归档部门等意见的基础上，对档案管理信息系统的功能需求进行细化，形成功能需求方案。功能需求方案应既符合档案管理的实际需要，又便于系统开发人员理解，并能够在系统开发中实现，管理信息系统可以通过招标、竞争性谈判等方式选定系统开发商，确定合同和协议文件，协商确定技术细节和系统开发、安装的时间节点。系统开发商根据前期确定的需求设计报告和学校档案管理实际，对档案管理信息系统原型进行定制开发，然后将开发好的系统在学校档案部门进行安装，包括数据库安装、软件安装等。系统在学校本地档案工作网络内安装部署好后，可以开始基础数据准备和历史数据迁移工作，基础数据准备的主要工作包括界面设置、数据库结构设置、档案分类设置、代码设置、赋权方案确定、用户设置等，基础数据应以文件形式保存，以供后续维护时备查。数据迁移主要是把档案馆使用原有档案管理系统的数据和之前未使用系统管理的数据，完整无误地导入现用档案管理系统的过程，历史档案数据经过导入、清洗、校对后，便于在新上线的档案管理系统中统一管理和整合利用。在系统上线运行前，还应当进行系统测试，主要包括功能测试、性能测试、安全保密测试和兼容性测试，测试工作可自主进行，也可委托具有资质的第三方机构完成，所有测试过程均应形成书面记录，包括测试用例、测试过程、测试结果等。同时应对档案管理人员、部门归档人员及系统维护人员等进行培训，将运行在原有系统的业务和数据迁移到新上线系统中试运行，并对系统运行情况进行监测。

应按照"重要性、常用性、急用性、抢救性、珍贵性"的原则，并结合实际分步推进馆藏档案数字化工作，将重要的、常用的、急用的、自然损坏老化严重的和珍贵的档案优先数字化，对这部分档案进行抢救和保护的同时，也解决了资源的保护与利用的矛盾。传统载体档案数字化如果自主加工完成有困难的可采用外包，或采用外包与自主完成相结合的方式进行。高校档案馆应当根据自己学校的办学特色和办学定位，结合馆藏特色学科、重点学科的资源特色，建立各种专题数据库，充分开发馆藏档案资源，为学校学科建设和教学科研管理提供更多的档案信息服务。

（四）项目验收

数字档案馆建设使用的设备和系统在试运行一段时间后，应组织验收组对设备和系统的目标、功能、质量、使用效果及各项指标是否达到合同及技术协议规定的要求进行评审验收。应根据评审过程中分析的结果，找出系统的薄弱环节，提出整改意见。完成数字档案馆建设工作后应经过反复的试运行，确保每个设备、每个系统、每个模块均达到档案业务要求，从而实现建设目标，最终形成数字档案馆建设总结报告、试运行报告、系统检测报告和用户报告等，组织内、外部专家根据设计方案、合同协议、任务书等进行验收，建设工作达到标准要求的，可向国家档案行政管理部门申请测评。

（五）项目运维

在高校数字档案馆投入使用前，甚至从某一个档案管理新系统上线运行开始，对系统进行管理和维护就成了数字档案馆管理工作的主要任务。高校数字档案馆运维的目标就是在"变事后处理为主动预防"运维管理理念的指导下，有效收集、整理、加工、分类、存储和利用各类档案资源，建立并完善长效的管理服务体系和机制，确保各类数字档案资源能够准确、高效、稳定且可持续地为师生校友提供服务。结合学校实际建立数字档案馆建设运维工作的组织机构，明确其职责，根据档案部门实际情况确定运维对象和内容，选择适当的运维模式，电子档案管理系统宜采用继续选用系统开发商提供外包模式运维，最好能将运维费用纳入采购费用中，根据运维体系开展数字档案馆建设的基础设施、档案管理系统、档案数据安全防护和备份等的运维工作，确保建设工作的持续开展和质量，同时确保档案信息能被长期、安全的保存。

第二节　高校数字档案馆基础设施建设

一、高校数字档案馆系统硬件设备建设

数字档案馆系统（图 6-1）硬件设备必须配备服务器、磁盘阵列、计算机等终端及辅助设备等必要设施设备。

图 6-1　高校数字档案馆架构图

（一）服务器

服务器（Server）是指那些具有较高计算能力，能够提供给多个用户使用的专用计算机。服务器通常以网络作为介质，既可以通过内部网对内提供服务，也可以通过互联网对外提供服务。服务器的最大特点就是其强大的运算能力，使其能在短时间内完成大量工作，并为大量用户提供服务。和普通的个人计算机相比，服务器需要连续地工作在 7×24 小时环境中，这就意味着服务器需要更多的稳定性技术。服务器的构成包括中央处理器（Central Processing Unit）、硬盘、内存等，与通用的计算机架构类似，但是由于需要其提供高可靠的服务，因此在处理能力、稳定性、可靠性、安全性、可扩展

性、可管理性等方面要求较高。在网络环境下，根据服务器提供的服务类型不同，分为文件服务器、数据库服务器、应用程序服务器、网站服务器等。根据服务器的外形不同，分为塔式服务器、机架式服务器、刀片式服务器、机柜式服务器。高校档案馆一般选择机架式服务器作为数字档案馆建设的服务器，为档案数字资源传输、交换和共享提供文件服务、数据库服务，同时为档案管理系统和档案网站提供硬件平台。

在进行服务器的选型时，高校档案馆应该从自己的实际业务需求出发，并在规划单位一至两年的发展计划后，综合做出明确的需求分析，根据服务器的用途来进行服务器的配置选型。档案文件服务器和数据库服务器因需要对数据进行大量的读写和传输，要求内存大、磁盘容量大和高读写速度、充足的网络带宽，但对 CPU 的运算要求并不高，可以优先选择一颗 CPU 为核心的服务器架构，重点考虑大内存和硬盘的服务器。对于网站服务器来说，只要内存容量大，对 CPU 运算和磁盘的要求都不高，而对于用于档案管理系统运行的服务器来说，如果经费充裕最好采用多 CPU 架构并配备大容量内存，因为档案管理系统需要大量的运算能力且与其他系统存在大量的数据交换。如果是管理声像档案的服务器，服务器需要配置声卡和显卡，最好配备具有 GPU（Graphics Processing Unit，图形处理器）运算能力的高性能显卡。档案部门应当有针对性地根据不同的应用需求选择相应的服务器配置。

（二）磁盘阵列

磁盘阵列（Redundant Array of Independent Disks，简称 RAID）是由很多块独立的磁盘组合成的一个容量巨大的磁盘组，由独立磁盘构成的具有冗余能力的阵列。利用虚拟化存储技术把多个硬盘组合起来，成为一个或多个硬盘阵列组，目的是提升性能和数据冗余。磁盘阵列利用个别磁盘提供数据产生加成效果从而提升整个磁盘系统效能。利用这项技术，将数据切割成许多区段，分别存放在各个硬盘上。

磁盘阵列还能利用同位检查的观念，在数组中任意一个硬盘发生故障时，仍可读出数据，在数据重构时，将数据经计算后重新置入新硬盘中。RAID 把多个硬盘组合成为一个逻辑硬盘，因此，操作系统只会把它当作一个实体硬盘。RAID 常被用在服务器上，并且常使用完全相同的硬盘作为组合。在具体的工作中，取决于 RAID 层级不同，数据会以多种模式分散于各个硬盘，RAID 层级的命名会以 RAID 开头并带数字，例如：RAID0、RAID1、RAID5、RAID6、RAID01、RAID10、RAID50、RAID60。每种等级都有其理论上的优缺点，不同的等级在两个目标间获取平衡，分别是增加数据可靠性以及增加存储器读写性能。

磁盘阵列按存储体系架构可分为 DAS（Direct Attached Storage，直连式存储）、NAS（Network Attached Storage，网络附加存储）和 SAN（Storage Area Network，存储区域网络）三种架构。

DAS 是指直接和计算机相连接的数据储存方式，像固态硬盘、机械硬盘、光盘驱动器等与计算机直接相连的设备都属于直连式存储设备。直连式存储的名称是后来为了区别于存储区域网络（SAN）和网络附加存储（NAS）而添加的，与通过计算机网络连接的其他存储技术相对。

DAS存储方式的服务器结构如同个人计算机的架构，外部数据存储设备（如磁盘阵列、光盘机、磁带机等）都直接挂接在服务器内部总线上，数据存储设备是整个服务器结构的一部分，同样服务器也担负着整个网络的数据存储职责。DAS这种直连方式，能够解决单台服务器的存储空间扩展、高性能传输需求。对于单台服务器，使用直连式存储连接简单、易于配置和管理、费用较低，但在这种连接方式下，因每台服务器都单独拥有自己的存储磁盘，所以不利于存储容量的充分利用和服务器间的数据共享，而且存储系统没有集中统一的管理方案，也不利于数据维护，因此DAS存储不适合作为高校档案级的存储解决方案。

NAS是直接连接在计算机网络上面，通过网络为用户提供了集中式数据访问服务的存储方式，可为用户提供跨平台文件共享服务。NAS系统与传统的文件存储服务和DAS不同的地方在于，NAS设备上面的操作系统和软件提供了数据存储、数据访问以及相关的管理功能，并使得NAS设备连上网络即可进行远程访问。NAS系统通常有一个以上的硬盘，而且和传统的文件服务器一样，通常会把它们组成RAID来提供服务，利用集中化的网络文件访问机制和共享来达到减少系统管理成本、提高数据备份和恢复功能的目的。

SAN是通过光纤交换机（Fibre Channel，简称FC）连接存储阵列和服务器主机，建立专用于数据存储的区域网络架构，采用光纤通道技术、磁盘阵列、磁带柜、光盘柜等各种技术组成专用的存储网络。与NAS存储相比较，服务器和存储系统通过FC交换机相连，各存储设备之间交换数据时可以不通过服务器所在以太网络，文件数据的复制、备份、恢复数据和安全的管理都在存储网络中进行，能有效减少在巨大流量数据传输时发生的阻塞和冲突，同时，数据不在服务器所在以太网内传输一定程度上保证了数据的安全性，较大限度减轻了服务器承受的压力，FC交换机可以连接多台服务器，与DAS存储相比具有很强的灵活性。

SAN综合了DAS和NAS两种存储解决方案的优势，一方面在为网络上的应用系统提供丰富、快速、简便的存储资源的同时又保护了数据的安全，另一方面又能共享存储资源并对其实施集中管理，保证了数据访问的速度、大量数据的存储与传输管理、数据的安全性和后期可以动态加入多台服务器等良好扩展性，成为当下较为理想的存储管理和应用模式。

（三）备份存储设备

对于档案工作来说，数据备份是必不可少的环节。为保障档案数字资源的数据安全，应根据学校的实际情况和本馆的需求制定档案数字资源的备份策略，明确备份对象、备份方式和管理规范，并配备必要的恒温恒湿防磁柜等设备设施保存备份磁盘或光盘。

大部分高校因经费问题，不可能再购置一套磁盘阵列来进行在线冗余备份，多半采用离线方式来备份档案数据。离线备份方式指把数字档案资源拷贝到物理磁带、光盘、移动硬盘等离线存储介质上,离线存储介质可保存在本地或远程异地备份库。应结合档案数据硬磁盘离线存储的工作实际统筹制订工作方案,方案包括存储对象、工作目标、成本核算、人员安排、进度安排、安全管理措施等内容,应制定科学化、规范化的管理制度,并在档案数据硬磁盘离线存储工作中严格执行,管理制度应包含岗位管理、人员管理、场地管理、设备管理、数据管理等方面,应加强档案数据硬磁盘离线存储的安全管理,采取必要的技术手段,对全过程实行监控,确保档案数据的安全。进行档案数据离线存储的硬磁盘存储设备,应具有外壳安全防护、定期加电、定期检测、数据写保护等硬磁盘智能管理功能,以实现对硬磁盘的安全保存,应统一规划档案数据在硬磁盘中的存储结构,按一定规则将其分类集中存储,并留存存储结构说明文件,应使用恶意代码扫描软件对需要写入的档案数据进行安全性检测,应使用全新硬磁盘进行数据写入,宜将硬磁盘放置在硬盘盒中连接计算机进行数据写入,硬盘盒的外部接口应支持 USB 接口,硬磁盘在进行数据写入过程中应采取必要的措施防止意外断电,不要移动或碰撞工作台和相关设备,防止发生振动及机械损伤,档案数据写入后应对硬磁盘进行写保护控制,应使用恶意代码扫描软件对硬磁盘存储的档案数据进行安全性检测,对硬磁盘存储的档案数据进行可用性检测和完整性检测,应制作硬磁盘标签,标签内容包括硬磁盘编号、起止档号、数据写入时间、保管期限、密级等信息,档案数据写入硬磁盘后,应及时进行工作记录登记,登记内容包括硬磁盘编号、套别、档案内容、保管期限、密级、硬磁盘情况、设备品牌型号、操作系统、应用软件、制作时间、制作人、检验人、备注等。备份好档案数据的硬磁盘应采取必要的措施,确保硬磁盘离线存储的档案数据安全、完整、可用,进行档案数据离线存储的硬磁盘应放置在硬盘盒中或配备硬磁盘专用存储设备,硬磁盘在加电和检测时,应采取必要的措施防止意外断电,不要移动或碰撞工作台和相关设备,防止发生振动及机械损伤,硬磁盘的保管场所应采用防火、防水、防磁、防尘等安全措施,配备可覆盖全部场地的防盗报警、视频监控等设施设备并确保设备正常运行,硬磁盘的保管场所应定时记录温湿度,并具备温湿度异常报警提醒功能,应定期对硬磁盘进行稳压加电。可以将硬磁盘放置在硬盘盒中连接计算机进行加电,或利用硬磁盘专用存储设备进行自动定期加电,应定期对硬磁盘进行检测,可以将硬磁盘放置在硬盘盒中连接计算机进行检测,或利用硬磁盘专用存储设备进行自动定期检测,应及时记录硬磁盘检测情况,包括检测结果是否正常、异常情况的处理措施、处理结果等,因硬磁盘检测结果异常、技术更新等原因需更换硬磁盘时,经领导审批后应及时实施档案数据的迁移。用于档案数据离线存储的硬磁盘提供利用时不得外借,利用过程应在档案部门的监控范围内,严格遵守档案管理和保密规定,在提供利用时,应采取必要的措施,确保档案数据不被修改,并及时记录硬磁盘的利用情况。

硬盘存储能够实现数据的快速记录和读取,满足档案在线快速访问的需求,是当前的主流存储方式。但从电子档案长期存储的要求来说,硬盘还存在很多不足,具体表现在:首先是介质寿命短,硬盘寿命一般在 3～5 年,因此在一个较长时间内保存数据就要不断迁移数据、更换硬盘，这在设备以及电力消耗等方面的运维成本较高，同时，数据迁移过程中存在一定的风险，比如人为误操作、软件病毒伺机发作、数据库兼容性等问题都需要通盘考虑；其次是环境要求高，硬盘工作过程中需要电力持续供给，同时需要冷却系统对环境进行降温，消耗大量电力能源；最后是记录可更改，档案记录需要保持其原始性，但硬盘记录是可以被更改的，会面临黑客攻击或人为修改的风险。诸如硬盘、磁带等磁性存储方式，由于其介质本身的存储特性，在长期使用时，无法避免数据丢失、介质损坏、环境要求苛刻、能耗过高等一系列问题，并不适用于电子档案的长期保存。目前最适于海量电子档案长期存储的介质是蓝光光盘，蓝光光盘不仅存储容量大，而且低功耗，抗干扰能力强，更重要的是对于归档级蓝光光盘来说，其寿命至少可达50年，安全性极高。

光盘备份是目前最有效的电子档案长期保存的方法。在电子档案的脱机备份、异质备份和异地备份工作中，光盘以其存储适量、不可更改、寿命较长、移动性好、能耗低、保存成本低廉、数据可监测和寿命趋势可监测等突出特点，已经在档案行业电子档案长期保存方面得到一定认同。但是，传统的CD/DVD光盘存储解决方案虽然解决了碟片的集中管理问题，但在存储容量、传输速度、自动化、网络化、安全性等方面仍无法与磁盘阵列相抗衡，实际应用中也没有被大规模地推广。目前，高安全性的蓝光光盘以及大容量蓝光光盘库的应用可在传输速度、便捷性和安全性等方面充分解决上述问题。蓝光光盘库是一种以蓝光光盘或光盘匣为存储载体的具有高可靠性的海量近线存储设备，其通过机械手自动地精确定位、抓取光盘，从而方便实现数据的上传下载。归档级蓝光光盘以光盘信息长期保存为目标，在追求信号不丢失和可刻录性基础上强调蓝光光盘的保存质量和保存寿命，保证光盘信息长期可读。目前蓝光光盘库一般采用100GB或300GB蓝光光盘，采用光盘匣技术将多张光盘放置在一起以保证单位体积内存储容量最大化。同时，蓝光存储成功借鉴磁盘阵列的RAID技术，为保证存储数据的安全性和可靠性，应避免将完整数据仅存入一张光盘，以避免单张光盘损坏就造成数据无法恢复。应将完整数据分散存入多张光盘，同时各光盘之间采用冗余技术，如RAID0、RAID5、RAID6，这样一张或两张光盘损坏时，仍可保证数据的完好无损，同时多张光盘的并行存储也提高了存储速度。可见，蓝光存储是目前电子档案长期存储最适合的存储方式，蓝光存储将蓝光和磁盘二者优势结合在一起，既保证数据安全、低成本又兼顾应用便利性，因此是电子档案长期存储的优选策略。

（四）终端及辅助设备

终端及辅助设备在这里是指数字档案馆建设中，除了上面介绍过的网络平台所需硬件、服务器和磁盘阵列等之外的硬件设备，主要包括计算机、复印机、打印机、数字化加工设备（扫描仪、数码相机、摄像机、录音机等设备在下一节介绍）、自助查询终端、触摸屏、恒温恒湿防磁柜等设备。

"终端"一词是相对服务器而言的，实质上还是个人计算机（Personal Computer，简称 PC）或个人电脑等办公所用计算机，是数字档案馆开展档案数字资源管理和提供档案利用服务所需的必备设备。无论是台式机、工作站、笔记本电脑或平板电脑，都可用于管理档案数字资源，一般情况下，当前主流配置的个人计算机就能满足数字档案馆建设中的终端计算机需求。如果是用于数字化加工档案所需计算机，在内存和硬盘配置上需加强；如果是处理声像档案的计算机，建议使用图形工作站，在 CPU、内存、硬盘、声卡和显卡等都需要配置更强性能的硬件；如果终端计算机有连接局域网和校园网等不同网络需求，明确需要进行物理隔离时，建议配备两块以太网卡，配合专用的网络管理软件按需要进行不同网络的切换，以方便快捷地开展相应的档案数字资源管理工作。

复印机是一种利用静电技术把文件及影像快捷地复印到纸上的设备。复印机属模拟方式，只能如实进行档案文献的复印，但可以把书写、绘制或印刷的原稿得到等倍、放大或缩小的复印品，复印机复印的速度快，操作简便，是档案利用工作中必不可少的设备，但随着档案数字化加工进程的不断推进，复印机会逐渐式微。

打印机是一种常见的电脑输出设备，可以将电脑内储存的资料按照文字或影像的方式永久地输出到纸张、透明胶片或其他平面媒介上。现在日常办公由于大部分打印媒介是纸，所以打印机是根据把影像印在纸上的方法来进行分类的。最常用的是激光打印机，可以把碳粉印在纸上，激光打印机具有最佳的成本优势，既保证了良好的输出效果，在打印分辨率、打印速度和噪声等性能方面也有相当的优势，同时碳粉和硒鼓等耗材的消耗也具有相当高的性价比。

多功能一体机是具有多种功能的外部设备，该设备采用了完善的集成技术，将复印、打印、扫描和传真等多种功能有机地集于一身，这样既节省了办公空间，又经济高效。多功能一体机实际上就是以打印机为平台加装了扫描器件和调制解调器（Modem），集打印、复印、扫描、传真多种功能为一体的产品。与单功能的打印机、扫描仪相比，整合了打印、复印、扫描等功能的一体机显然更加节省制造成本和办公空间，同时一站式的操作也有助于进一步提升工作效率。一般情况下，多功能一体机分为打印主导型、复印主导型等类型，可以根据实际的办公需求来选择相应的多功能一体机，来代替复印机和打印机进行日常的档案服务利用工作。

自助查询终端是指为了方便查档用户，用基于触摸屏的呈现方式，在终端上实现用户个人查档结果的自助查询及打印的设备。自助查询终端通过网络连接到档案管理系统，同时集成打印设备、一卡通读卡器、二代身份证读卡器、工控式电脑主机、不锈钢烤漆机柜等硬件设备，方便查档用户自主实现学生个人成绩、在读证明、学籍卡、电子档案等多种信息的查询与自助打印。自助查询终端应具有可靠的数据安全防护机制及多项数据对接方式，具有安全稳定、操作简便、部署灵活的特点。高校可以在学校办公楼、宿舍楼等部署若干台自助查询终端，方便师生使用，提升工作效率和服务质量。

触摸屏是通过多媒体展示系统对编研的档案数据和各种专题的成果进行发布和展示的交互设备，是一种简单、方便、自然的人机交互方式，用户通过触摸屏，可以了解档案馆藏资源、编研成果、查档流程等信息，使其成为档案工作的一个重要宣传窗口，具备条件的高校档案馆也可在触摸屏上部署实现档案预约、档案自助查询、互动咨询等服务功能，为用户提供便捷的服务，使档案工作更便利、更高效。

恒温恒湿防磁柜是用于长期存放磁性记录材料的音像资料（录音磁带、录像带）和档案数据磁性记录材料（磁带、磁盘、光盘）的必备装备。由于磁带、录像带、光盘、移动硬盘等离线存储介质对存放环境有一定要求，应为数字档案馆配备恒温恒湿防磁柜，将环境对离线备份的档案数字资源的危害降到最低。恒温恒湿防磁柜采用整体抗震设计，柜体一般采用优质冷轧板全焊接式结构，双层中空设计，坚固耐用，中间夹层填充防磁保温材质，抽屉采用标准配置，不同规格的防磁柜中的大小抽屉均可任意互换，便于储存各种不同载体的档案资料。柜子应当具备对内对外双重防潮保障，防尘防静电，应当内置吸湿剂，且密封性能良好，当环境湿度较高时库房内还应配备除湿装置。

二、高校数字档案馆数字化加工设备建设

数字化是指将信息转换成数字格式的过程，是将一个物体的图像、声音、文字或者信号转换为一系列由数字表达的点或者样本的数字编码表现形式，其结果被称作数字文件。数字化对于数据处理、储存和传播至关重要，因为数字化可以让所有种类、所有类型的数据在相同的格式下混合传输。档案数字化是指将纸质文件、声像文件等传统介质的文件和已归档保存的电子档案，系统组织成具有有序结构的档案数字资源信息库，将各种传统载体的馆藏档案资源转化为数字化的档案信息，以数字化的形式存储，网络化的形式传输，并利用计算机系统能够管理，以实现档案信息快捷检索、利用和共享的目的。经过数字化处理后的档案能够通过各种各样的管理软件进行规划与整合，使档案利用服务方式更加多样，最大限度地实现了档案资源的共享。

（一）纸质档案数字化加工设备

目前在大部分高校，纸质档案仍是档案的主要保存形式，纸质档案数字化加工将会是数字档案馆建设中的关键工作。纸质档案数字化是指采用扫描仪等设备对纸质档案进行数字化加工，使其转化为存储在磁带、磁盘、光盘等载体上的数字图像，并按照纸质档案的内在联系，建立起目录数据与数字图像关联的处理方法。通过档案部门多年对纸质档案数字化的研究与实践，再通过扫描仪对纸质档案进行直接扫描，并以图像的形式存储是较为理想的方法。

纸质档案数字化加工应根据纸质档案原件实际情况、数字化目的、数字化规模、计算机网络和存储条件等选择相应的扫描设备，进行相关参数的设置和调整，参数的设置和调整应保证扫描后，数字图像清晰、完整、不失真，图像效果最接近档案原貌。扫描仪是进行纸质档案数字化工作所必需的设备，常用的纸质档案数字化设备有平板扫描仪、高速扫描仪、宽幅扫描仪、零边距扫描仪、数码翻拍仪等。不同的设备有不同的使用范围。

1. 平板扫描仪

平板扫描仪（flatbed scanner），又称平台式扫描仪、台式扫描仪，是指由CCD

（Charge-coupled Device，电荷耦合元件）或 CIS（Contact Image Sensor，接触式图像传感器）等光学器件来完成扫描工作的扫描设备，是最常用的扫描仪，扫描幅面一般为 A4 或者 A3。平板扫描仪由实现光电转换的传感器阵列、反射镜、扫描头、玻璃材质的原稿安装平台、照明光源、收集光线的镜头、盖子、用于分色的滤色镜、驱动扫描头的沿稿台、长边方向运动步进电机、稳定杆、传动皮带、电源、接口界面和控制电路等构成。平板扫描仪的优点是图像扫描清晰，色彩还原逼真，缺点是扫描速度较慢。平板扫描仪一般适用于纸张过薄、过厚或过软等纸张状况较差的文书档案和照片档案。

2. 高速扫描仪

高速扫描仪一般是指配备了 ADF（Automatic Document Feeder，自动文稿送纸器），能以更高的速度扫描文档的扫描仪，待扫描的文档可以通过自动送纸器进入扫描仪，自动送纸，连续扫描，具有高输出量、高效的处理速度和可靠性，能有效提高扫描的工作效率。高速扫描仪的优点是扫描速度可达每分钟 20 页至 120 页，并可同时进行双面扫描，适用于扫描纸张状况较好的档案。

3. 宽幅扫描仪

宽幅扫描仪与其他扫描仪最大的区别是扫描幅面的宽度、长度及精度、影像质量方面不同，扫描幅面大，扫描分辨率高，通常将扫描幅面大于 A3 幅面（29.7 厘米 ×42 厘米）的扫描仪称为宽幅扫描仪，适用于扫描大幅面的 A0 号及 A0 号以下的工程图纸、地图和字画档案。

4. 零边距扫描仪

零边距扫描仪外形类似于平板扫描仪，不同的是有一侧无边框，可以解决普通扫描仪在扫描成册档案时，出现的中缝黑边、曲面变形、图像歪斜、损坏档案等问题，采用零边距扫描技术在扫描装订成册的珍贵档案时，无须拆解即可获得无黑边、无盲区和基本无变形的较高质量影像，避免了对成册档案拆装带来的不便和损伤，最大限度地保护了原始资料的安全，有效解决了纸质成册档案的数字化难题，适用于扫描原件不能拆卷的珍贵档案和濒危档案。

5. 数码翻拍仪

数码翻拍仪又称书刊扫描仪或高拍仪，是将数码相机安置在可垂直调节高度的支架上，用以拍摄档案的数字化设备。与平板扫描仪相比，数码翻拍仪拍摄精度高，版面调节灵活，操作简便快速，采用非接触式对档案进行数字化，特别适用于过厚的档案、图书、报纸合订本、卷宗等不能拆装的档案及珍贵的线装档案等。

（二）照片档案数字化加工设备

从工作原理和工作流程上来讲，照片档案的数字化与纸质档案数字化基本步骤和操作流程极为相似，照片档案数字化多半采用扫描的方式进行，只是在扫描仪的选择上参数和性能更偏向于图像处理，对于传统相机的底片则需购置底片扫描仪或相应的数码相机加配微距镜头，进行数字化加工处理。

1. 照片扫描仪

照片扫描仪可以看成平板扫描仪的一种，只是针对照片数字化加工来说，选择扫描分辨率越高，得到的图像越清晰，越利于照片档案的长期保存和开发利用，同时数字化后的图像应保存为 TIFF（Tagged Image File Format，标签图像文件格式）位图格式。TIFF 与 JPEG（Joint Photographic Experts Group，联合图像专家组）和 PNG（Portable Network Graphics，便携式网络图形）一起，都是流行的高位彩色图像格式。TIFF 文件以 ".tif" 为扩展名，是一种灵活的位图格式，主要用来存储包括照片和艺术图在内的图像，可进行有损或无损压缩，同时 TIFF 格式支持多页，多页文件能够存在一个 TIFF 文件中，是文档图像和文档管理系统中的标准格式。针对数字化加工后的照片档案，不建议只保存为有损压缩的 JPEG 格式或压缩比较高的 PNG 格式，建议同时保存为 TIFF 格式（用于长期存档）和 JPEG 格式（用于网上）。

2. 底片扫描仪

底片扫描仪又称胶片扫描仪，工作原理与平板扫描仪类似，只是扫描对象不同，底片扫描仪扫描的对象是以底片、胶片、负片、透光片或幻灯片等介质存储的档案。底片扫描仪大都与平板式扫描仪一样使用 CCD 传感器，只是需要配置更高的灵敏度和分辨率，使其能数字化小尺寸地透射原稿。底片扫描仪主要由光学部分、机械传动部分和转换电路三部分组成。底片扫描仪的核心部分是完成光电转换的光电转换部件，大多数底片扫描仪采用的光电转换部分也是 CCD 或 CIS 等感光器件。底片扫描仪工作时，首先由光源将光线照在欲扫描的底片上，产生表示图像特征的透射光。光学系统采集这些光线，将其聚焦在感光器件上，由感光器件将光信号转换为电信号，然后由电路部分对这些信号进行模拟到数字信号的转换及处理，并将对应的数字信号输送给计算机。机械传动机构在电路的控制下带动装有光学系统和 CCD 等感光器件的扫描头与底片进行相对运动，将底片全部扫描一遍，一幅完整的图像就输入到计算机中。

3. 数码相机

随着数码相机技术的不断发展，在照片档案数字化工作中，也可以选择使用单反数码相机对照片档案或底片档案进行翻拍，单反数码相机像素比较高，配合上三脚架或拍摄台、补光灯和微距镜头等，翻拍出来的照片档案效果也不错，速度比扫描仪也略快，同时遇到超过扫描仪幅面尺寸的档案也可以一次处理。

在使用数码相机翻拍照片时，首先需要使用三脚架或拍摄台把单反相机固定，一般让相机和被拍摄档案垂直，在柔和明亮的光线条件下或使用补光灯补充散射的光线进行拍摄，以确保拍摄的光照亮度，同时避免照片反光；然后选用微距镜头（放大倍率能达到 1 ∶ 1 的微距镜头最好）对照片进行拍摄，保证被拍摄档案反映到传感器上的尺寸足够大，便于数字化成果的长期保存和最大化利用。对于底片的拍摄，现在好多单反相机都会配置相应的翻拍套件，套件中一般包括一个链接镜头的套环，一个是前方带有一个白色滤光片组件的主体部分，一个是胶片片夹。在拍摄过程中，先把数码相机机身固定，安装好相应的套件后，把待翻拍的胶片固定在套件中的胶片片夹上，由于套件自带滤光片，所以无须特殊光源，直接通过数码相机的机身即可翻拍照片，非常方便。

（三）录音档案数字化加工设备

档案馆会存有一些重要会议讲话、座谈、访谈、采访、课堂录音等录音磁带的音频档案，这些音频档案大都以磁带为载体，磁带由于磁粉会随着使用次数的增加和时间的推移而产生不同程度的脱落，不利于录音档案的长期保存和提供利用，因此把磁带等录音档案数字化加工为数字音频文件，既能方便无限次提供档案利用和资源开发，又不会对录音档案造成损坏。

通常使用放音机来作为录音磁带的放音设备，选择计算机上的声卡作为模数转换设备，把放音机的声音信号输出到计算机的声卡中，通过声卡处理为数字信号，存储到计算机中。最常见的放音机就是以前常用的盒式录音机，随着网络的发展，录音机已趋于淘汰，因此应该加快馆藏录音档案的数字化步伐，早日把录音磁带转化为数字音频。

随着语音识别技术的发展，在进行录音档案数字化加工的过程中，可以同时使用智能录音笔，把磁带录音转换为数字音频的同时把录音同步转为文稿，便于录音档案资源的长期保存、深度挖掘和开发利用。

（四）录像档案数字化加工设备

录像档案的情况和录音档案类似，对传统录像带中所录的模拟视频信号进行模数转换后处理为数字视频，才能保证录像档案的长期保存和有效利用。录像档案数字化的流程与音频档案类似，选用能播放原录像带的放像设备作为输入信号，选择计算机上的视频采集卡采集放像设备上的视频信号，通过视频采集软件把视频进行编码和格式转换，即可转换为数字视频。由于视频的数据量较大，对计算机的配置要求较高，建议使用图形工作站来作为录像数字化加工的工作用机，CPU、内存和显卡等都需要尽量配置较高性能，避免转换的视频出现画面失真、卡顿或掉帧等状况。

第三节　数字档案馆安全体系建设

档案安全是对档案实体和信息采取防范措施，避免受到自然灾害、人为事故和突发事件的破坏，使档案处于安全状态，确保不发生档案丢失和损毁，以及信息失泄密事件。档案安全工作是档案工作的底线，直接关系到档案工作的可持续发展和档案作用的有效发挥。

一、数字档案馆信息安全保障

在信息化环境下，档案信息损毁、损失，泄密风险日益突出，档案安全处在事故"易发期""多发期"，档案安全形势依然严峻。档案部门要在环境及设备安全、网络安全、系统安全、数据安全和数据载体安全等方面制定完善信息安全策略并贯彻执行，保障档案信息数据真实、完整、可用和安全。

在推进数字档案馆建设时，按照国家标准和相关规定配置信息环境及设备，基础设施和信息安全设施应能保障电子档案管理系统的正常运行和内容管理、传输需要；要按规范建立健全档案信息管理系统安全保护体系，保存数字档案资源的信息系统与其他信息系统物理隔离；要制定数据备份和迁移策略并认真实施，要对重要的数字档案资源实行异地异质备份，并及时进行检查、迁移，确保数据长期安全保存；要针对不同的数据载体制订相应的保管方案，保证数据载体的可用和安全。档案部门要按照要求对数字化服务机构、数字化场所、数字化加工设备等进行安全管理，避免数据在档案数字化及后期管理过程中失泄密或者不当扩散。要加强档案网站安全管理，定期对网站进行扫描监测，发现漏洞及时修正，发生篡改、入侵等事件及时断网修复。

（一）档案信息安全的基本要素

在数字档案馆建设中，存在操作失误、设备问题、病毒感染、黑客攻击、人为恶意破坏、数据窃听、数据截取、数据篡改、非法访问等人为或自然的安全威胁，为确保档案信息安全，必须采取相应的技术措施和管理手段，建立完整的档案信息安全保障体系，来应对这些安全威胁和安全隐患。

档案信息安全主要包括数字档案数据的安全、信息系统的安全和网络平台的安全等。

1. 数字档案数据安全

数字档案数据安全就是保证数字档案信息的真实、完整、可用和不被非法更改等。数据安全保护主要是针对档案信息系统中的数据库、数据文件等所有档案资源采取的保护技术方法和措施。档案数据安全保护是档案信息安全保护的核心，要确保档案数据的安全，必须采取相应的安全策略和对应的技术方法来保障档案信息安全，例如使用数据加密方法，利用密码技术对档案信息进行加密，实现敏感信息隐蔽，从而起到保护档案数据安全的作用；为了在发生存储介质损坏、用户误操作、服务器崩溃、人为破坏等情况时，能迅速找回档案数据和恢复档案应用，实时的数据备份是必不可少的；根据一定的条件筛选掉部分敏感档案数据，只提供给最终用户所需要的档案数据，增强某些敏感档案数据的安全性；根据不同的用户角色分配相应的档案数据访问权限，完全控制档案数据安全。在档案数据的收集、保管和利用过程中，要通过建设和应用数据安全保护技术和设备，时刻确保档案数据安全。

2. 档案信息系统安全

档案信息系统安全主要是针对开展档案业务所使用的档案信息管理系统、档案信息服务系统和档案办公系统等三类信息管理系统采取安全保护措施，确保系统稳定、可靠运行。为保障档案信息系统安全，应在档案信息系统中部署软硬件（物理安全、网络安全、主机安全、应用安全和数据安全）并正确地配置其安全功能，同时要求与档案信息系统中各种角色参与的活动有关，主要通过控制各种角色的活动（安全管理制度、安全管理机构、人员安全管理、系统建设管理和系统运维管理），从政策、制度、规范、流程以及记录等方面做出规定来实现。对于涉及国家秘密的信息系统，应按照国家保密工作部门的相关规定和标准进行保护。对于涉及密码的使用和管理，应按照国家密码管理的相关规定和标准实施。

根据信息的涉密等级，涉密信息系统的重要性，遭到破坏后对国计民生造成的危害程度，以及涉密信息系统必须达到的安全保护水平，分级保护划分为秘密级、机密级和绝密级三个等级。涉密信息系统安全分级保护工作由国家保密局主管，并陆续制定了系列管理办法和技术标准。涉密信息系统建设要接受同级国家保密行政管理部门的监督指导，以准确、合理地进行系统定级。

3. 档案网络平台安全

档案网络平台安全是指要保障数字档案馆建设所涉及的网络设备和工作平台的稳定可靠，对其面临的威胁采取各种防护措施。应当采取各种技术措施，确保网络设备所在的机房已具备防雷、防静电、恒温恒湿、电磁防护等安全的物理环境，整个档案网络平台具备边界防护、访问控制、入侵防范、恶意代码和垃圾邮件防范、安全审计、可信验证等相关的软硬件安全保护技术手段，在档案数据传输时能有效保障档案数据的完整和保密，档案部门的网络架构建设布局合理、安全可靠，将局域网、政务网（校园网）、因特网（公众网）三网物理隔离。整个网络平台采取由点到面的各种安全措施，各种安全措施的组合从外到内构成一个纵深的安全防御体系，保证档案网络平台整体的安全保护能力，从通信网络、网络边界、局域网络内部、各种业务应用平台等各个层次落实各种安全措施，形成纵深防御体系。在将各种安全控制落实到特定保护对象中时，应考虑各个安全控制之间的互补性，关注各个安全控制在层面内、层面间和功能间产生的联结、交互、依赖、协调、协同等相互关联关系，保证各个安全控制共同综合作用于等级保护对象上，使得档案网络平台的整体安全保护能力得以保证。将安全功能要求（如身份鉴别、访问控制、安全审计、入侵防范等内容）分解到保护对象的各个层面，在实现各个层面安全功能时，应保证各个层面安全功能实现强度的一致性，应防止某个层面安全功能的减弱导致整体安全保护能力在这个安全功能上削弱，例如要实现基于标记的访问控制，则应保证在各个层面均实现基于标记的访问控制，并保证标记数据在整个档案网络平台内部流动时标记的唯一性等。针对较高级别的等级保护对象，提到了使用密码技术、可信技术等，多数安全功能（如身份鉴别、访问控制、数据完整性、数据保密性等）为了获得更高的强度，均要基于密码技术或可信技术，为了保证档案网络平台的整体安全防护能力，应建立基于密码技术的统一支撑平台，支持高强度身份鉴别、访问控制、数据完整性、数据保密性等安全功能的实现。针对较高级别的等级保护对象，提到了实现集中的安全管理、安全监控和安全审计等要求，为了保证分散于各个层面的安全功能在统一策略的指导下实现，各个安全控制在可控情况下发挥各自的作用，应建立集中的管理中心，集中管理整个档案网络平台中的各个安全控制组件，支持统一安全管理。

档案信息安全的保护不是单纯的技术问题，还需要通过建立更为规范严格的档案安全管理制度，建立安全管理组织机构，完善安全管理机制，建立健全档案信息安全防护体系，确保数字档案信息的安全。

（二）档案信息安全的策略

档案信息安全是基于技术的管理工程。要确保档案信息的安全，必须根据本单位数字档案馆建设的现状和发展方向尽量找出可能存在的安全隐患、问题、风险，并制定出相应的安全应对策略。

1. 制订突发安全事件发生的应急处理预案

任何偶发的、非确定性的人为或自然界的突发事件都可能破坏档案馆的软硬件设备，从而危害档案信息安全。为建立健全档案安全管理工作机制，预防危害档案信息安全的突发性事故的发生，做好应对灾害引起危害的应急处置措施准备，加强档案的安全保障和救灾能力，结合本部门档案工作的实际情况，以"事前预防、事中控制、事后改进"为基本思路，制定切实可行的突发事件应急预案就显得非常重要。应急预案应把预防灾害作为档案安全管理工作的重要任务，从制度上预防灾害的发生，建立安全预警机制，强化日常安全管理，完善灾害紧急处理工作措施，提高应对处置能力。当灾害发生时，面临其他物质财产（人员除外）和档案同时需要抢救时，应把保障档案安全作为首要任务，在第一时间采取有效措施，最大限度地减少灾害对档案的危害。坚持统一指挥、各负其责、自救为主、部门联动的原则，组织应对突发性灾害给档案安全造成侵害的处置工作，并及时向上级主管部门报告，切实做到有效预防、及时控制和消除危害。

2. 预防 IT 硬件设备老化

IT 硬件设备升级换代异常频繁，尤其是磁盘等存储设备老化较快，使原有设备的档案数据不能正常读取，从而使档案信息处于异常状态。因此，要注意及时将档案信息从有可能淘汰的硬件设备中迁移出来，使档案信息始终处于安全可使用状态，还要注意对数据库等重要的档案信息定期检查、排查，确保档案信息完整、准确。

3. 档案数据容灾备份，确保数据长期保存

档案数据的长期安全保存是数字档案馆建设的重要任务，档案数据数量庞大、存储方式多样、流转环境复杂，是一个具有高风险性的管理对象。使用数据容灾备份，能有效抵御风险，确保档案数据的安全完整，档案数据容灾备份是指为确保档案数据和信息系统安全，在相隔较远的异地，建立对档案数据库、管理系统、数字档案资源等的备份系统，当本地系统因意外停止工作时，异地备份系统启动恢复还原功能，保障档案业务的正常运行和数据安全。

4. 预防软件缺陷和不兼容

档案管理离不开档案信息管理系统和档案管理软件的部署运用，系统软件配置不当、系统软件漏洞未及时修复、系统软件不兼容等都可能引发档案信息安全问题。因此，一方面要根据档案行业出现的新情况及新技术不断健全、完善档案信息管理系统和档案管理软件的开发标准、规范，确保有规可依、有章可循，及时对部门档案使用的系统和软

件进行升级和打补丁，及时修复BUG；另一方面要坚持按统一的标准和规范研发、选配、升级与档案相关的系统和软件，并注意同操作系统、数据库及相关应用软件等不同版本的兼容优化。

5. 确保网络安全，预防发生事故

网络安全是一个相对概念，不存在绝对安全，所以必须未雨绸缪、居安思危，而且安全威胁是一个动态过程，不可能彻底根除，所以唯有积极防御、有效应对。应对网络安全威胁则需要不断提升防范的技术和加强安全团队的管理，这是网络复杂性对确保网络安全提出的客观要求。档案部门要分别针对局域网、政务网（校园网）和公众网（因特网）的不同档案服务平台使用和服务的范围、内容及相应权限等，做好局域网、政务网（校园网）与公众网（因特网）之间的物理隔离，禁止不同网络之间未经授权的互相接入，定期排查并及时处置每个网络的访问控制、信息加密、数字签名、数据备份等方面的安全隐患，确保网络环境中的档案信息安全。

6. 预防人为疏忽引起的事故

在数字档案馆建设过程中，由于档案管理员的失误，可能会导致其操作的行为结果偏离预想和规定的目标，甚至导致安全事故。由工作人员操作失误引起的事故，如工作人员计算机应用水平有限、操作不当，导致档案信息系统崩溃；或安全防范意识不强，误将病毒带入系统，导致系统受到计算机病毒侵害；或对数字档案管理的应用软件不熟悉，在工作过程中误修改、删除、破坏档案信息等。

要针对这些问题制定科学的管理制度，消除人为疏忽带来的隐患。例如采取策略降低用户犯错的概率，如对敏感档案信息进行加密、系统使用密码管理、对用户访问进行身份认证和访问管理、制定网络访问规则及对系统采用自动备用锁等保护措施，使用防御策略来确保用户正确的操作行为；如对工作拟定任务清单、对用户使用程序进行管理、制定安全制度、加强信息安全法律宣传、对用户安全意识加以培训及再培训等，使用缓解策略确保检测机制能够在事故发生前及时制止，以降低人为失误造成的不良后果，包括审计、内部控制、漏洞检测解决方案、系统监控与检测。

（三）档案信息系统安全保护的措施

随着档案信息化进程的不断加快，档案部门通过档案信息系统管理的数字档案资源越来越多，提高档案信息系统的安全防护能力和水平，已经成为加强档案信息安全管理、促进档案事业健康发展的一项重要内容。

1. 档案信息系统安全保护的工作原则

（1）安全引领

建立档案信息系统，要树立"安全第一"的思想，不安全、宁不建，凡已建、必安全。对于准备建设的档案信息系统，要按照同步规划、同步建设、同步运行的原则，建立健全档案信息安全防护体系。对于已建设的档案信息系统，要按照国家有关信息系统安全的要求，查找安全隐患，堵塞风险漏洞，提升安全防护水平，开展定级、测评、整改、

检查等信息安全工作。

（2）管理科学

按照计算机信息系统安全等级保护工作"谁运行、谁管理、谁负责"的要求，遵循国家有关信息系统安全保护相关标准规范，结合档案信息系统特点，完善档案信息系统安全保护的规章制度和操作规程，建立本单位档案信息系统安全管理机制，明确档案信息系统的领导责任和岗位职责。以档案数据为核心，对不同安全级别的档案数据实行区别管理。以预防为主，制订应急预案，定期开展应急演练，妥善应对突发事件。

（3）保障有力

贯彻国家有关文件精神，建立档案信息系统安全管理经费投入机制。配备档案信息系统安全管理人员，定期开展安全培训，为档案信息系统安全保护工作提供有力保障。

2. 确定档案信息系统的安全保护等级

档案信息系统是指开展档案业务所使用的档案信息管理系统（档案目录管理系统、数字档案接收系统、数字档案管理系统、档案数字化加工系统等）、档案信息服务系统（档案利用服务系统、档案网站系统等）和档案办公系统三类信息管理系统。这三类系统所包含的每个具体系统的管理对象、网络环境和基本功能见表6-1。

表 6-1　档案信息系统基本功能描述

系统类别	系统名称	管理对象	网络环境	基本功能
档案信息管理系统	档案目录管理系统	案卷级目录、文件级目录、专题目录等	局域网	目录数据采集、整理、检索、统计等
	数字档案接收系统	数字档案接收工作	局域网、政务外网	档案接收、业务指导,档案数量、质量检查,交接手续办理等
	数字档案管理系统	馆藏档案数字化成果、接收进馆的电子档案、采集接收的数字信息资源等	局域网、政务外网	数字档案资源的接收、导入、整理、鉴定、审计、统计和长期保存等,部分系统同时具有档案目录管理、利用服务等功能
	档案数字化加工系统	传统载体档案、档案数字化成果	局域网	对各类传统载体档案的数字化处理、数据质量控制和数据统计、备份、导出等

档案信息服务系统	档案利用服务系统	通过政务外网提供的目录及其数字档案信息	政务外网	数据导入、用户注册、权限管理、档案检索服务、数字档案阅览服务及利用档案审核、统计等
	档案网站系统	公开档案目录、全文，公开政务信息等	因特网	用户注册、权限管理、信息发布、统计等，部分系统同时具备政务信息公开的功能
档案办公系统	办公业务系统	档案局（馆）档案工作管理办公业务	局域网、政务外网	公文制发、文件处理、工作督查、事务管理、会务管理、内部邮件收发或其他辅助办公功能

　　档案信息系统受到破坏后，所侵害的客体主要包括国家安全，社会秩序、公共利益，公民、法人和其他社会组织的合法权益三方面；对客体造成侵害的程度有三种：一般损害（工作职能受到局部影响，业务能力有所降低但不影响主要功能的执行，出现较轻的法律问题、较小的财产损失、有限的社会不良影响，对其他组织和个人造成较低损害）、严重损害（工作职能受到严重影响，业务能力显著下降且严重影响主要功能执行，出现较严重的法律问题、较大的财产损失、较大范围的社会不良影响，对其他组织和个人造成较严重损害）、特别严重损害（工作职能受到特别严重影响或丧失行使能力，业务能力严重下降或功能无法执行，出现极其严重的法律问题、极大的财产损失、大范围的社会不良影响，对其他组织和个人造成非常严重损害）。

　　根据国家有关信息系统安全保护等级的相关规定和标准，从低到高依次划分为自主保护级、指导保护级、监督保护级、强制保护级、专控保护级五个安全等级：第一级，自主保护级，档案信息系统受到破坏后，会对公民、法人和其他组织的合法权益造成损害，但不损害国家安全、社会秩序和公共利益；第二级，指导保护级，档案信息系统受到破坏后，会对公民、法人和其他组织的合法权益产生严重损害，或者对社会秩序和公共利益造成损害，但不损害国家安全；第三级，监督保护级，档案信息系统受到破坏后，会对社会秩序和公共利益造成严重损害，或者对国家安全造成损害；第四级，强制保护级，档案信息系统受到破坏后，会对社会秩序和公共利益造成特别严重损害，或者对国家安全造成严重损害；第五级，专控保护级，档案信息系统受到破坏后，会对国家安全造成特别严重损害。

　　确定档案信息系统安全保护等级时需要考虑业务信息安全和系统服务安全两个方面，其中业务信息安全是指确保信息系统内信息的真实性、完整性和可用性等，系统服务安全是指确保信息系统可以及时、有效地提供服务。

　　在确定档案信息系统的安全保护等级时，应按业务信息安全保护等级和系统服务安全保护等级的较高者定级。

确定档案信息系统安全保护等级，应在综合分析档案信息系统业务信息安全保护等级和系统服务安全保护等级基础上，主要通过考察所管理档案信息的重要程度和敏感程度来确定。但是，重要和敏感信息的数量与档案信息系统所属单位的行政级别存在一定关系，一般来说，高行政级别单位的重要和敏感信息要多于低行政级别单位的重要和敏感信息。为便于操作执行，对档案目录管理系统、数字档案接收系统、数字档案管理系统、档案数字化加工系统、档案利用服务系统、档案网站系统、办公业务系统七种常用档案信息系统安全保护等级建议如下：

档案部门根据本单位档案信息系统业务功能，参照《档案信息系统安全保护等级定级建议表》（见表6-2）进行定级。承载复杂业务和功能的档案信息系统安全等级可高于建议等级，承载多个业务功能的档案信息系统，应以其中最高安全等级进行定级。未在表中列出的档案信息系统，可根据其承载的业务功能，参照定级。

表6-2　档案信息系统安全保护等级定级建议表

系统类别	系统名称	行政级别	建议等级
档案信息管理系统	档案目录管理系统	国家级	3或2
		省级	3或2
	数字档案接收系统	国家级	3或2
		省级	3或2
	数字档案管理系统	国家级	4或3
		省级	3或2
	档案数字化加工系统	国家级	2
		省级	2
档案信息服务系统	档案利用服务系统	国家级	3或2
		省级	3或2
	档案网站系统	国家级	3或2
		省级	2
档案办公系统	办公业务系统	国家级	2
		省级	2

二、数字档案馆建设制度规范保障

要使数字档案馆建设工作落到实处，就意味着数字档案馆建设的规划得到实施，标准、规范得到执行，政策、文件、要求得到贯彻，还得结合本单位部门的具体情况，制定相关的规章制度并切实执行。单位的制度实际上是国家、行业和地方有关数字档案馆建设的标准、规范、政策的具体化，是单位的相关人员实施数字档案馆建设具体工作的准则和依据。

（一）制度建设

健全的规章制度是开展档案工作的基础，数字档案馆制度建设事关档案工作的全局，具有明确的规范作用，是部门在进行数字档案馆建设工作应该遵守的规章制度，是用来规范档案管理工作的行为准则。制度具有强制作用，一经颁布，对参与、从事数字档案馆建设的单位和个人都具有强制性约束作用，并由一定的监督机构或人员保证其执行，一旦违反制度，就应该受到批评，情节严重的可能还会受到法律的制裁。制度还具有保障作用，制度是相对稳定的，从数字档案馆建设工作开始就制定到后面不断修改完善，应当始终保持其应有的效力，制度不会因为部门行政领导和档案管理者的更迭而废止，档案工作是一个持续性的工作，也不会因为行政领导的看法和注意力的改变而改变，它可以在档案管理工作中长期发挥作用。只有高度重视数字档案馆制度建设工作，部门有了健全科学的制度，才能保障数字档案馆建设工作取得预期的成效。

档案部门在建设数字档案馆制度时，要遵循数字档案馆相关的标准和规范，虽然有的标准和规范是非强制性的，是推荐性标准和指导性文件，但为了保证数字档案馆建设效果，形成统一规范的数字档案馆体系，便于后期建设成果的共建共享，应当确保本单位制定的制度体系遵循数字档案馆建设相关的所有国家标准、地方标准和行业规范。在具体制定部门制度时，要根据本单位的实际情况，既不能好高骛远、过于超前，也不能闭门造车，远远落后于国家和行业要求，要学习借鉴发达地区数字档案馆建设好的经验和做法，紧跟国家档案事业发展的步伐，制定出符合本单位实际情况并能切实执行、可操作性高且适度超前的科学规范健全的制度。对于不适应、不符合数字档案馆建设的制度，档案部门要定期或不定期及时清理、修改完善或废除。信息技术发展飞速，档案事业日新月异，只有坚持制度建设的动态调整，不断完善健全制度，才能始终保障数字档案馆制度体系的作用和效力。

数字档案馆应制定覆盖数字档案馆建设全过程管理时应遵守和执行的制度，主要包括机构组建、人员配置、相关人员岗位职责、绩效管理、奖励惩处、电子文件归档与管理制度、档案信息安全保密制度、档案查询利用制度、档案鉴定开放制度、数字化外包制度、系统运行维护管理制度、档案数字化加工场所管理制度、数字档案馆安全与保密管理制度等。

（二）标准规范建设

严格遵照信息化和档案管理等方面的法规和标准，是实现数字档案馆各项功能的必要前提。数字档案馆建设要严格遵守国家及行业相关规章制度和技术标准。档案部门在建设数字档案馆过程中，具体技术应用或工作流程如果尚无相关上位标准规范，可以向国家档案行政管理部门提出相关标准规范制修订建议，或根据部门实际情况制定相关地方标准，并积极上报有关部门，上升为行业标准或国家标准。

档案部门在进行单位数字档案馆建设时应参考国家相关标准和规范，并结合本单位实际情况，建设本单位基于数字档案馆的电子档案收、管、存、用等方面的标准规范体系及实施要求，制定以下标准规范：

1. 电子文件归档标准规范建设

档案部门应根据国家标准、行业规范和本部门的实际情况，制定电子文件归档相关的管理办法和技术规范，以规范本单位已实施的各类信息系统产生的电子文件归档业务，具体内容包括各类信息系统产生的电子文件的归档管理责任、归档范围、归档流程及开发利用要求等。

2. 档案分类规范建设

档案部门应根据本单位档案自身特点制订档案分类方案，以确保档案资源收集、管理、保存、利用的持续性和系统性。

3. 各类档案管理及业务流程规范建设

档案部门应根据本单位档案的每一个分类，制定相应的档案管理办法和细则，应当制定党群类、行政类、学生类、教学类、科研类、基本建设类、仪器设备类、产品生产类、出版物类、外事类、财会类等各类档案在电子档案管理系统中收集、整理、存储、保管和利用等的管理办法和细则，以确保档案工作的规范性、系统性和可持续性。

4. 档案利用标准规范建设

档案部门应根据单位实际情况，不断完善档案利用规则，主要包括档案利用赋权原则、权限设置与更改流程、档案利用审批流程、档案借阅审批等管理办法和细则，确保档案在提供利用服务的同时保证档案安全。

5. 档案安全管理规范建设

档案部门应按照国家标准规范，建立健全相应的安全管理制度，在数字档案馆建设的整个过程中遵循安全管理规定，同时应当制订应急预案和灾难恢复机制，明确每个岗位的安全职责，制定安全与保密检查、"三员"管理等管理制度。

三、数字档案馆建设人才队伍保障

在数字档案馆建设过程中，知识和掌握技能的人才是获得成功的决定性要素，也是数字档案馆建设的核心任务和成功之本。信息技术的发展已经为档案工作提供了优越的条件，但技术的日新月异也对数字档案馆人才队伍提出了更高的要求。

（一）对人才队伍的主要要求

数字档案馆建设本质上是传感技术、计算机与智能技术、通信技术、控制技术等信息技术用于管理和处理档案信息的应用过程，所以要做好数字档案馆建设工作，除了需要精通档案业务知识外，还需要不断学习飞速发展的现代信息技术，加上档案工作的政治性要求，数字档案馆建设需要的是新型复合型人才。

1. 讲政治、守规矩

档案工作承担着"为党管档、为国守史、为民服务"的重任，档案工作突出的特性是政治性，最根本的是把牢政治方向。从事数字档案馆建设工作的档案管理员要站稳政治立场，绝对忠诚，要身处故纸堆、心中有宗旨，始终把国家和人民的利益放在最高位置，讲规矩、守纪律，以高度的政治自觉和强烈的事业心投身档案管理工作。

2. 业务精、技术强

数字档案馆建设管理的主要对象是档案信息资源，因此档案管理人员必须具备档案学相关知识，掌握档案管理的理论，熟悉档案业务，这是从事档案工作基础的、必不可少的要求。在档案管理实践工作中，对电子档案等档案数字资源的管理不仅仅需要掌握相应的信息加工和保护技术，更需要扎实的档案专业知识和精通本单位的档案业务。

3. 不断学习新知识

信息时代的档案信息在规模上是海量的，在分类上是多维的，在价值上是多元的。档案管理人员只有具备针对档案数字资源内容价值和技术状况的鉴定知识及相关的加工处理保护技术，才能及时、准确地捕捉和收集具有档案价值的信息，并根据其重要程度划定保管期限及编研处理。先进信息技术的不断进步和发展，要求档案管理人员必须加强主动学习，不断学习先进技术，掌握新型信息技术并应用于数字档案馆建设工作中，使其成为档案管理工作重要的技术手段，实现对档案数字资源管理的增量电子化、存量数字化、利用网络化。

4. 开拓创新

当今时代，新技术的发展一日千里，区块链、人工智能、物联网、大数据、云计算等新型信息技术不断出现且飞速发展，档案管理人员必须始终保持对新技术旺盛的求知欲，永怀开拓创新精神，充分理解新事物和掌握新技术，及时研究、探索新技术在档案管理工作中的应用，并将相关新技术尽快应用到档案管理工作实践中，保证档案人才队伍不落伍、不掉队，实现档案工作的现代化。

（二）人才队伍建设的主要措施

1. 调查规划，掌握需求

人才是第一资源，档案部门要充分认识到人才队伍建设的重要性，把人才队伍建设工作摆上重要议事日程，要对本单位现有人才队伍数量、专业情况、学历层次、年龄分布、职称职务、培训情况等进行系统调查，分析找出现有队伍的优势、特点和存在的问题、困难。要学习借鉴先进档案部门人才队伍建设的成功经验，根据部门的实际情况，适度超前规划档案人才队伍建设，在规划人才队伍建设需求时，建议把档案学专业和计算机专业人才作为基础，重点引进和培养复合型人才，充分考虑人才的知识结构、技能结构和发展空间。

2. 培养培训，完善队伍

档案部门要重视数字档案馆建设人才队伍的培养，提高档案管理人员的信息素养、信息技能，打造一支适应数字档案馆建设需要的人才队伍团队，要立足对现有档案管理人员的培养，加强对现有档案人员的培训。在对档案管理人员进行培训时，要注意理论与实践高度结合，理论注重提升培训人员的信息素养和知识结构，实践注重提高培训人员的档案实训和操作技能。通过有针对性的培训，打造一支既精通档案业务，又能掌握自动化技术、信息处理技术等现代信息技术的复合型人才队伍。

针对档案行业计算机和网络安全专业人员匮乏的情况，档案部门应当结合本单位实际情况，力争采取倾斜政策，加快引进本单位紧缺的计算机和网络安全专业人才，确保档案部门在顺利开展数字档案馆建设工作的同时，保障档案信息安全。

3. 服务外包，外聘人员

档案服务外包是指档案部门将不属于国家法律法规限制范围内的档案，以合同方式委托给其他机构进行管理，委托其为本部门提供档案服务的行为，通常提供的档案服务包括档案寄存服务、档案数字化服务、档案整理服务、档案管理咨询服务、档案开发利用服务、档案销毁服务等几种业务类型。档案部门可以在合适的机会选择适当的档案服务外包机构和外聘人员，以缓解由于本部门人手紧张或缺乏部分专业人员，导致部分档案业务无法顺利开展的困境。

第七章 高校智慧校园构建案例——智慧图书馆

第一节 智慧图书馆概述

一、智慧图书馆的概念

本智慧图书馆是以高质量的信息资源为核心，通过高素质馆员的支撑与用户的协同感知，借助高科技手段和智慧化建筑，实现对数字图书馆和个性化信息、知识服务的提升和推动，它是数字图书馆发展的更高级阶段，是集资源、技术、人才、服务、建筑为一体的智慧化集合体。

二、智慧图书馆的内涵

（一）智慧图书馆是智慧城市的重要组成部分

智慧图书馆是智慧城市的重要组成部分，它将作为智慧城市不可或缺的基础单元而发挥其记载历史、传承文明和资政惠民的作用。智慧是人类独具的特质，而在智慧城市的生态体系中，先进的信息技术能够实现人类智慧与环境的无缝融合。这种融合不仅赋予了组织以智慧，更让城市中的每一个元素都具备了智能属性，从而提升了整个城市系统的智能水平和运行效率。智慧城市的建设与发展是动态的、可持续的，其历史轨迹和发展历程需要以图书的形式持续保存，这是图书馆承担的社会职能，传统的图书馆需要在人员素质和技术技能、基础设施改造和现代管理能力与水平等方面不断提升，并通过技术系统和业务活动融入智慧城市的建设与发展过程，只有这样才能满足智慧城市生态环境下图书管理的业务和信息服务的要求。

（二）智慧图书馆是图书馆发展的高级形态

智慧图书馆将逐渐突破实体图书馆的组织边界、自给自足的 IT 基础设施和图书资源分层分级的传统管理模式，发展成为跨实体图书馆乃至跨区域的协同工作组织，实现城市图书资源的一体化集约管理与社会化单点服务目标，它的组织管理形态、技术系统结构、业务工作理论和管理运作模式将随着智慧城市生态环境的变化而不断地调整、优化和进化。智慧图书馆是图书馆未来发展的方向，它在数字图书馆基础上融入了新的发展理念，具有丰富的内涵：

①智慧图书馆的基础是对智能感知设备的使用，它是植入智慧图书馆的智慧基因，物联网、互联网、云计算等信息技术是使图书馆变得聪明起来的坚实基础。

②智慧图书馆的关键因素是智慧的图书人，它是使图书馆聪明起来的主体因素。

③智慧图书馆运行的本质是以为社会和人服务为根本。它以现代信息技术和通信技术为支撑，汇聚人的智慧，赋予物智能，使人人、人物、物物互动，充分发挥图书信息资源惠及民生的作用。

④智慧图书馆的核心是充分运用现代信息技术，最大限度地开发和利用图书资源。

⑤智慧图书馆建设的目标是：图书管理业务实现自动化、智能化、人性化，将位于各业务工作末端的图书工作融入各业务工作中去；图书资源更广、内容更丰富、类型更多样；提供以人为本的个性化服务、深度服务、知识服务、系统服务、专业服务，并将服务融入智慧城市公共服务体系之中，为政府管理服务，为民生服务；其生态系统具有较为完善的行为意识和调控能力，具有自我学习、自我成长和自我创新能力的新体系。

三、智慧图书馆的特征

智慧图书馆与以往实体图书馆和数字图书馆最大的区别在于，对云计算、物联网和互联网等现代信息与通信技术的广泛应用和深度实施，它最大的特征在于技术系统方面的变化，这一变化是图书馆人员及其服务模式发生变化的根源。

（一）智慧图书馆的信息系统特征

信息系统是智慧图书馆全面实现现代化管理和智慧化服务的基础和前提，属于图书馆战略规划和顶层设计的范畴，它的架构不仅包括图书馆内图书资源如何管理，还需要围绕图书馆工作运行涉及的所有要素进行整体规划和顶层设计。其目标是将图书馆所有的业务实现全面信息化管理，通过流程优化、资源整合、协同办公来实现馆内管理运作的现代化、基于系统的管理控制和领导决策的科学化，减少传统管理中由人为因素引发的主观性、滞后性和欠科学性。

1. 图书馆资源组织的精细化

智慧图书馆系统的全面实现，将对图书馆内部数据库系统的构建提出新的要求。一方面，图书馆资源的来源范围将会逐渐扩大，不仅仅来源于传统图书馆定义的机构和部门内部形成的图书，还将范围扩大到对社会发展有重要推动和影响作用的服务社区或电子商业环境；另一方面，从图书馆收集、处置、保存和提供图书利用的业务角度看，图书资源库的建设将不仅仅局限于接收进馆的图书信息库的建设，还需要建立支撑图书馆所有业务活动的数据库，同时还应根据图书管理各个业务环节的特点，对图书信息库实施精细化管理，以满足智慧图书馆系统运营的新要求。

①图书资源聚合库是图书馆中图书资源的来源库，它按照图书管理的政策、制度、要求和特点对归档电子文件或准备移交的电子图书进行规范化处理，包括分类整理、格式转换、质量检测和归档移交等。

②管理运行库是支持图书馆全面信息化管理的主体数据库，用于支持所有馆内业务信息化系统的建设和系统使用过程中信息的保存，图书馆工作人员通过使用运行库支撑下建立的信息系统，而实现图书管理的信息化、图书馆业务的自动化、图书管理过程的

运行监控，为建立图书文化社区服务奠定图书文化基础。

③图书长期保存库是将图书馆内部所有的进馆图书资源进行封存管理，根据进馆图书的技术特征如文件格式或保存期限、密级及其处置要求等，制订长期保存计划和实施策略。

2. 图书馆业务实现的感知化

智慧图书馆的技术系统建设过程也将呈现出这样的智慧特征和人类特有的高级能力。

这种基于"感知"技术的图书管理业务突破了传统的实体图书管理形式，不仅减少了人工参与处理机会，实现了对图书信息全生命周期全过程的自动、深入且精准的控制，保证了图书的真实性，还可以将无线射频识别技术应用于纸质文件的管理。这不仅实现了对电子文件真实性的前端控制，还实现了对纸质图书从形成到管理、利用，直到消亡的全生命周期真实性的控制。

3. 图书信息服务的知识化

在智慧型城市的背景环境下，数据分析与挖掘、语义分析与知识发现、智能处理和感知设施的广泛应用，将助推图书信息服务的水平，使其提升到一个更高、更广和更深的层次。这将使图书馆面向智慧城市中的各行各业，并根据社会公众以往的行为、需求和要求，提供个性化的知识推送等，能够体现图书馆预知、判断和分析能力的智慧型服务。

基于知识管理方式提供图书信息的智慧化服务，首先需要将图书数字信息进行知识化处理，采用语义分析、搜索引擎和数字仓库等技术建立用于挖掘、分析和发现图书相关知识的图书知识库，然后参照用户的信息消费需求对知识进行有效的组织，并利用信息技术手段通过多种服务方式将图书知识传递到用户终端。这样一来就可以大幅提升图书信息服务的能力和水平，使服务方法多样化、服务内容更丰富、服务工作更人性、服务程度更精细，最终实现图书服务模式由传统向现代的转变。

（1）服务方式多样化

智慧图书馆不仅能全面跟踪和获取使用者个性化信息，在对使用者信息管理的基础上，构筑能全面、真实地反映使用者个性特征和需求特征的使用者模型，为使用者提供个性化服务。智慧图书馆通过泛在网为使用者提供无处不在的服务。

（2）服务内容更丰富

智慧图书馆除提供传统意义上的图书信息服务外，还借助数据挖掘、知识分析、专家系统等现代信息技术，深度挖掘图书信息中包含的知识和文化资源，提升图书价值，多角度展示图书价值，为社会提供更高层次的服务。

（3）服务工作更人性

智慧图书馆根据利用者的特点采取推送方式，使服务呈现出主动化、精细化特征；利用泛在网不受时空的限制，为广大使用者提供全天候随时随地的服务，使服务呈现出泛在化特征。

（4）服务程度更精细

智慧图书馆将服务融入智慧城市公共服务体系中，与政府之间实现业务协同，为政府管理和应急处理提供决策支撑；充分挖掘图书所具有的信息属性、知识属性和文化属性，为社会提供知识和文化服务；基于 RFID 技术实现在图书利用中知识产权保护的服务。

（5）服务模式的转变

智慧图书馆提供以用户需求为导向、以用户为主的服务。实现了图书馆与使用者之间、利用者与图书之间的关系由单向变为双向，由一方主动变为双向互动。

（二）图书仓储管理的虚拟化特征

在智慧城市生态环境下，城市楼宇和图书馆舍环境均将发生质的变化，互联网、物联网、RFID 技术、智能传感器和智能监控技术正得以广泛推广。比如，利用 RFID 技术可以通过将电子标签嵌入员工的工作证、使用者的借阅卡等之中，实现对员工基本信息管理，为员工学习提升、员工权限管理等提供依据；通过对使用者基本信息、特征、位置等信息的管理，实现个性化服务和对图书的安全监控，进而对图书馆一切人、建筑、环境、设施设备以及安全的全面智能化控制管理，实现人力和物质资源的优化配置。

另外，通过使用智能传感器对图书馆基础设施设备、建筑、环境等的全面感知，实时掌握设备设施的基本信息、运行状态，实现对馆内各种机器设备等的智慧化程序控制及综合管理，为设备购置、维护、检修提供强有力的支撑。

（三）全方位感知

数字图书馆核心技术是数据处理，智慧图书馆的核心技术是感知技术，感知是智慧管理的第一要求。通过各种感知技术支持连接到物联网的智能手机、平板电脑、射频识别装置、红外感应器、GPS 等智能终端和传感设备是智慧图书馆物联网的神经末梢，智慧图书馆的感知和人类的感知类似，但是比人类的感知范围更广泛、更加理性、更加精确，可以感知不同的层面，并且可以用数据化的方式进行展现或传递。

全方位感知分为：资源感知、人员感知、环境感知和服务质量感知四种。

1. 资源感知

资源感知可分为对馆内设备及纸质文献资源的感知和对数字资源的感知两种。

（1）对馆内设备及纸质文献资源的感知

对馆内设备及纸质资源的感知主要是依靠物联网技术，通过射频识别、红外线感应、激光扫描、物体定位系统等软硬件技术，根据其特定的网络协议，将设备、纸质文献资源进行网络连接，与用户进行信息交换和通讯，从而实现对设备和纸质文献资源的识别、定位、跟踪和管理。

物联网、RFID、二维码和无线传感技术等的发展使图书馆的自助服务越来越便捷，从自助借还书、自助打印、自助扫描等服务终端到 24 小时的街区自助图书馆，越来越多地满足着读者在新技术条件下对图书馆的新需求，同时图书馆的服务手段也越来越智能化。

（2）对数字资源的感知

随着搜索引擎技术的发展和进步，如何为读者在海量信息中准确高效地找到自己所需信息，从而提高读者查找资源的效率，是图书馆建设必须考虑的一个问题。通过数据整合建立大数据分析平台，采用智能搜索算法也许是一个让读者快速"感知"数字资源的有效捷径。

2. 人员感知

人员感知可分为对读者的感知和对馆员的感知。

（1）对读者的感知

根据读者的个人信息（比如年龄、专业、爱好等）、借阅信息等大数据，通过数据分析建立读者的资源喜好画像，从而实现对读者的需求感知，并可把每个读者所需资源自动推送给个人。

（2）对馆员的感知

智慧图书馆阶段很多服务已经实现了智能化、自动化，但并不是就不需要馆员提供服务了。智慧图书馆对馆员工作的各个方面感知、定位与读者感知相结合，通过智能寻呼系统等平台将二者相联系，实现馆员与读者交流、沟通的目的。

3. 环境感知

图书馆藏书众多，人员集聚，是一个需要加强安全保护的重要场所，尤其是在消防方面的防护更是重中之重。从馆藏保护角度来说，能够感知环境温度、湿度及光线对图书馆来说特别重要。藏有古籍或者珍贵文献的图书馆，拥有能够自动监测、自动调节馆藏环境的基于物联网的图书馆智慧环境设备管理系统更是尤为必要。

4. 服务质量感知

智慧图书馆建设的根本目的就是更好地为用户提供服务，所以说用户服务质量感知的效果非常重要，甚至可以用来评价一个智慧图书馆建设的水平。

（四）立体互联

图书馆立体互联即全面的互联，包括图书馆物理空间的互联，楼与楼之间、层与层之间、区域与区域之间、房间与房间之间、桌与桌之间、计算机与计算机之间、屏幕与屏幕之间、馆藏与借阅之间等的相连，以及网络与网络之间、馆与馆之间、书库与书库之间、图书与图书之间、人与物之间等的相连。

智慧图书馆的硬件设施得到了很大的改善，并且设备、系统、资源和人员之间建立了充分的立体互联，互联是智慧图书馆的核心要素。智慧图书馆的互通互联包括三个层面：

1. 单个图书馆内部的互通互联

单个图书馆内部的互通互联属于初级层面的互通互联，指的是图书馆内各馆室之间的互联，打破馆内各部门之间现有的模块化管理模式，图书馆工作人员在内部互联的基础上形成一个整体。单个图书馆互通互联既有物理环境下的互通互联，也有通过互联网实现的互联，是物与人、物与物、人与人之间的互联。

2. 图书馆之间的互通互联

图书馆之间的互通互联是在单个图书馆内部互通互联的基础之上的更高层面的信息共享，馆际的立体互联、协同共享，实现的是图书馆在图书服务方面的升级与理念的转变。图书馆之间的互通互联打造的是泛在的承载网络，将各种采集信息和控制信息进行实时准确的传递，实现人与书、人与人、书与书的互联互通，让用户可以不受时空限制，利用任何方式获取图书馆服务，真正成为用户身边的图书馆，最大限度地呈现信息和服务获取的便捷性。

3. 图书馆与其他部门的互通互联

图书馆与其他部门的互通互联是最高层级的互通互联，图书馆在行业内部实现互通互联、在融合互联网和物联网等信息网络的基础上，与其他机构之间实现跨行业的互联，进而了解到整个社会的全貌，真正地实现信息共享的本质追求。

（五）无限泛在

建设智慧图书馆的目的是消除信息壁垒、信息孤岛，实现全面立体的联通和协同共享、形成图书服务的无限泛在。这里的泛在，指的并不是实体图书馆和图书工作人员的随处可见，而是图书馆服务的随处进行，是将图书使用工作的便捷性、随时性全交给使用者，满足使用者对图书的使用需求。无限泛在包括时间上、空间上、方式上的泛在。

1. 时间上的泛在

图书馆数字化、网络化建设的全面开展为智慧图书馆建设打下了坚实的基础，智慧图书馆可以为广大利用者提供全天候的图书使用服务。图书使用者，可以通过互联网在电脑、手机等设备上随时获取到所需的图书信息。

2. 空间上的泛在

图书馆在何地可以提供使用，是图书服务在空间上的限制。借助互联网，图书使用者可以在任何一个地方通过网络登录图书馆网站查找所需信息，在任何地点都可以利用到所需的图书信息。智慧图书馆在空间上无限泛在的特征，颠覆了其陈旧、固化的空间观念。

3. 方式上的泛在

图书馆自助服务是智慧图书馆服务方式泛在的一种体现。这种方式随着其他行业自助服务的普及不断地出现在图书服务领域，是指用户通过企业或第三方建立的网络平台或终端，实现对相关产品的自定义处理。通过自助服务用户能自行解决大部分简单的问题；用户可跟踪了解自己所申请事件的处理情况，同时可对每次请求做出满意度反馈。

（六）可持续发展

智慧图书馆的深度感知有助于实现建筑内设备、资源利用的环保、绿色与安全，与图书馆自身之外的所有事物实现环境友好的可持续发展。各个图书馆之间的信息壁垒的打破、信息的广泛共享使得拥有信息再生能力的智慧图书馆，有了更广阔的图书信息来源，从而能持续地为人民和社会提供图书服务。

智慧图书馆是一个"开放"的有机体，收集图书的类别极大地扩展，不断融入各种先进技术、管理模式，不断产生着新的信息。同时，对公民共享图书权限的开放，公民自主和互动式的服务和管理模式，将为公民源源不断地参与到图书工作中来提供了可能。

（七）个性化服务

21世纪以来，世界各地图书馆的服务理念都发生了深刻变革，尤其是在我国，从以管理为中心到以服务为中心，从以前的被动服务到现在提倡主动服务，从重视资源建设和馆藏建设到服务与建设并重，从提供固化的、程式化的服务到提供专业的、个性化的服务。可以明显看到的是，智慧图书馆的个性化服务意识有了质的飞跃，同时，智慧图书馆也强调与用户互动，它提供的服务是智慧化的、交互性强的个性化服务。

图书使用者不仅能够方便地查找到需要使用的图书信息资源，还能够及时得到可能会用到的或者关注的图书信息。图书馆将通过服务方式的变化、服务内容的丰富、服务工作的主动和服务模式的多元化为用户提供更主动、更深层、更精细化的服务，全面提升服务水平，为社会提供全面的、及时的、更专业的信息服务、知识服务和凭证服务。

（八）高效性

智慧图书馆的高效性不但体现在管理的高效上，还体现在服务的高效和资源配置的高效上。

1. 智慧图书馆是高效管理的图书馆

图书馆管理是指图书馆的主管者，通过计划、决策、组织、领导、控制和创新等职能来协调工作人员的行为，以达到图书馆预期目标的活动过程。智慧图书馆就是要使管理科学化，使馆内各组成部分高效运转，促进设备工具的高效使用，提高馆员的工作效率，提高管理者决策效率，提高图书馆整体的创新能力。高效的管理就是要提高图书馆反应的即时性和适时性，使图书馆复杂的神经系统在面临千变万化的动态发展情况下，能够做到"耳聪目明"并快速做出反应，从而提高图书馆管理的灵敏度。

2. 智慧图书馆是高效服务的图书馆

在现代社会，用户的服务需求越来越向着高、精、深方向发展，对图书馆的要求也越来越高。智慧图书馆的高效服务，一方面体现在馆员根据用户的服务需求，通过现代化的技术手段，提供最符合要求的信息资源，必要时，还要根据用户深层次的需求提供更专业的服务，如情报服务、知识服务等。另一方面体现在图书馆要形成一个集群，利用整体的力量来满足用户个性化的服务需求。

3. 智慧图书馆是资源优化配置的图书馆

绿色发展是当今时代的主题，也是智慧图书馆的灵魂。图书馆的资源优化配置的核心就是提倡图书馆的绿色发展，而低碳环保又是图书馆绿色发展的核心。这就需要馆员转变工作方式，提高绿色发展的认识，从点滴做起。例如，现今高校图书馆的占座系统大部分已实现无纸化运行，即取消小票机占座，通过电子选座系统来实现占座，在节约了纸张的同时也提高了占座的效率。

（九）协同管理

智慧图书馆应该具有全面感知馆内的所有组成部分，图书馆与用户实现全面的互联互通，图书馆的所有组成部分、运作流程、运行方式实现智能化的功能。智慧图书馆的主要特点是无处不在的网络环境，无所不包的海量数据环境与共享，以及无所不容的业务管理和服务模式。

智慧图书馆的深度协同体现在馆员与设备工具的协同、馆员与用户的协同、用户与设备工具的协同、信息技术与所有智慧图书馆主体的协同，以及图书馆与其他馆或信息机构的协同。现代社会，图书馆的信息共享尤为重要，它不但能使各馆之间互通有无，而且能够提高资源使用效率，使图书馆的作用最大化。而这些协同的实现必须有一定的机制，用以规范协同系统内各组成单元的关系，同时维持协同系统的正常运转。

这个智慧实体是传统实物图书馆、数字图书馆和云计算、物联网等新技术融为一体的新型"数字实体"，是智慧城市的基本构成单元，是智慧城市持续发展的信息资源支撑。我们有理由相信，智慧图书馆是智慧城市背景下图书馆的新形态，是数字图书馆发展进化的高级阶段。

第二节 智慧图书馆建设基本要素

一、智慧图书馆建设考虑的因素

（一）需求

需求就是图书馆到底想干什么、想做什么？智慧图书馆的建设涉及很多方面、很多层次、很多技术。比如，对一个高校图书馆来说，购买纸质书和电子书，在总经费一定的前提下，如何分配购买纸质书和电子书的款项，以达到最大的效益或最优的效果？具体购买纸质书或电子书的时候，购买什么专业的、哪个出版社的、中文的还是外文的，等等，才能最大化地满足读者的需求？所有这些问题都需要根据本校的经费情况、学科建设情况、特色专业情况等因素综合考虑，不可能原封不动地全盘引进其他高校的成功案例就能实现。所以说建设智慧图书馆，对高校图书馆来说，必须首先了解和明确师生、学校、馆员等人的"智慧"需求，依此需求进行智慧图书馆的建设，才能真正做好"以人为本"的服务。

（二）数据

在有需求的前提下，必须有相关的数据做支撑。没有数据的智慧图书馆就像"无源之水，无本之木"。比如，图书馆想分析读者借书信息和读者学习成绩之间的关系，那么没有读者的学习成绩，谈何分析？所以说数据要满足智慧图书馆建设的需要，不仅需要图书馆的信息系统产生的数据，而且还需要高校其他业务系统的数据。另外，数据一般分结构化的数据和非结构化的数据，结构化的数据容易理解，比如学生的学号、年龄、班级等数字或文本信息，非结构化的数据包括很多，比如办公文档、文本、图片、XML、HTML、各类报表、图像和音频／视频信息等。所以说有了数据，还要有大数据的管理平台，否则对数据连起码的管理都实现不了，更勿论数据分析。

（三）算法

在明确了需求并拥有了相关数据之后，实现智慧化的关键便是算法的应用。算法是智慧的基石，尤其是那些能够自我学习和适应的智能算法。智慧图书馆的建设需要给只懂"0"和"1"的计算机赋予"智慧"，根据目前计算机的体系结构，只能用算法、智能算法来实现。当然算法有很多，只有在明确需求和获得相关数据以后，才能选择合适的算法去实现"智慧"。同时，智慧图书馆的"智慧水平"随着算法的进步而提高。

（四）人员

对高校图书馆来说，这里的"人员"包括图书馆的管理者（馆领导、有关校领导）、全体馆员、读者三种。要建设智慧图书馆，就要群策群力，共同努力，三者缺一不可。

智慧图书馆中关键角色——"人员"应更加聪慧，不仅需要熟悉图书管理的基本原理和业务过程，而且应该懂得如何采用各种先进的技术和方法提高工作效率和服务水平，这就对图书工作者及其继续教育工作提出了较高的要求。可以想象，智慧图书馆人员分工更细，职责更明确，业务更专业，员工更具创新能力，对各层次工作人员的素质要求也更加明晰，人才队伍培养目标更加明确。

馆长是图书馆管理的核心，馆长的创新意识决定着图书馆的改革进程；服务是图书馆员的天职，改革创新是全面提高图书馆服务质量的动力。在智慧图书馆的建设中，管理者的角色主要是建设的引导者、项目实施的负责者、各种需求的决策者、所有工作的支持者等；馆员的角色主要是项目的实施者、需求的提出者、服务的反馈者、利用平台的服务者等；馆员之中直接负责智慧图书馆建设的馆员，必须了解和掌握相应的计算机技术，比如数据库、人工智能、大数据、智能算法、软件开发等相关知识。当然，智慧图书馆的建设也离不开广大的读者，其对提供的服务是否满意，是检验智慧图书馆建设工作成败的关键。

（五）建筑

建筑是智慧图书馆的物理载体，它为智慧图书馆馆员提供工作场所，为智慧图书馆资源提供馆藏空间，为智慧图书馆服务提供服务场地，为智慧图书馆系统和技术提供物理设备存放地。

总之，可以把智慧图书馆建设比作一个人的成长，"需求"可比作这个人的大脑，这个人想成为什么样的人由大脑决定，"数据"是血肉，"算法"是骨骼，"人员"是这个人的家长、导师、引导者，"建筑"就是这个人成长的环境。

二、高校智慧图书馆的建设目标和原则

在教育信息化和"双一流"建设的背景下，高校图书馆的服务模式开始转型，逐步进入智慧化服务阶段，作为未来高校图书馆发展的新形态，智慧图书馆正在成为传统图书馆创新发展、转型发展和可持续发展理念的实践。高校图书馆将充分利用优质资源和先进技术，创新运行机制和服务管理模式，整合现有的各类资源，构建先进、高效、实用的数字化基础设施；加快终端设备设施普及，推进数字化、智慧化图书馆的建设；实现多种方式接入互联网，加强优质文献信息资源的开发与应用，加强网络资源体系建设；同时，引进国际优质数字化信息资源，建立开放灵活的文献资源共享服务平台，促进优质资源普及和共享。

（一）高校智慧图书馆建设的重要性

图书馆事业的发展是人类社会发展的一个缩影。图书馆的发展经历了曲折漫长的过程，在突破传统思维方式的基础上，不断改革，大胆创新，推进现代化、科学化的管理；从卡片目录的传统型图书馆，发展到基于资源、基于用户的数字型图书馆，最终将建设成以大数据、智能化、个性化、精细化服务为特征的智慧型图书馆。

图书馆的核心价值是以用户为中心，提高用户的满意度，为社会创造出价值增值服务。高校图书馆要提高资源的利用效率，解决读者深层次的信息需求，更好地突破高校图书馆事业发展遇到的"瓶颈"期问题，在资源整合、信息整合、应用整合的基础上，构建"资源、管理、服务"三位一体的高校图书馆体系架构；以数据挖掘技术、大数据技术和智慧核心技术为支撑，实现由"面向资源"到"面向服务"的转变，为学校的教学、科研提供精细化、深层次和全方位的学科服务。

现代信息技术的快速发展，使得教育资源形式多种多样，数量日益丰富，推动了图书馆资源种类、数量的快速提升，加快了数字图书馆的发展速度。但是，高校图书馆在资源整合方面，仍然存在一些管理与服务方面的问题，以至于数字图书馆资源的整合程度低，资源共享能力不足，资源利用率低，读者个性化服务难以实现等。高校图书馆要确保资源建设的完整性，才能实现较高的利用效率，保障图书馆知识服务的质量；在推行个性化服务的过程中，对用户潜在的信息需求进行发掘研究，建立一个能够让用户与图书馆之间相互交流的平台。

高校智慧图书馆建设是一个全方位、智能化，并能够处理信息管理及各类服务应用的体系，包括全部信息资源智能化体系的建设、数据资源网络运行平台的建设、融合高校图书馆全部资源和全部用户的智能化运行系统的建设。智慧图书馆可以实现从计算机自动化管理到智能化服务的飞跃式发展，对高校图书馆向质量效益型内涵式发展，发挥出前所未有的推动作用。

（二）建设目标

建设智慧图书馆并不是进行简单的技术堆砌，而是从每个图书馆自身需要出发，结合自身特点，再利用物联网、信息技术等高新技术，实现图书馆的全面升级。根据国内

外学者的研究，我们总结了高校智慧图书馆的建设目标，主要有四个。

1. 建设一个全面感知的智慧图书馆

要通过感知系统、感知技术来获取图书馆的运行数据、用户的行为数据、图书馆外部数据等所有与智慧图书馆相关的数据，并将这些数据存储起来，对数据进行分析，这是实现智慧管理和智慧服务的基础。

2. 建设一个广泛互联的智慧图书馆

广泛互联就是将智慧图书馆的相关因素和参与方互相连接起来，既要实现人人相连、书书相连、书人相连，又要实现更高层次上的馆馆相连、网网相连、库库相连。使过去相对孤立的图书馆各个单元和服务模块有机融合，实现互联互通，创造出新的价值。

3. 建设一个开放泛在的智慧图书馆

现代图书馆强调开放，开放是其存在和发展的重要方式。开放既是指"时间的开放"，即图书馆开馆的时间更长；也是指服务范围的开放，既服务于本单位、本系统的用户，也向社会公众提供服务。泛在是指图书馆的服务不仅存在于图书馆的物理场所，同时也向互联网、移动终端、社交网络平台等多场所、多维度延伸，以数字图书馆、移动图书馆、微信服务平台等形式为用户提供服务。

4. 建设一个深度融合的智慧图书馆

物联网、大数据、云计算和以 5G 为代表的移动通信网络等，在图书馆建筑功能设计、图书馆资源建设、图书馆管理和服务等环节上应用，从而实现图书馆资源和服务与图书馆的平台和装置设备有机结合，无缝对接，为用户提供一体化、一站式的服务体验。

综上所述，高校智慧图书馆建设的目标就是要建立一个全面感知、广泛互联、开放泛在、深度融合的图书馆，其功能和框架设计也必须围绕这一目标来执行。

（三）高校智慧图书馆建设原则

高校智慧图书馆的信息服务，以数据的资源化为基础，建立数据收集、流转和服务机制。智慧图书馆的数据采集平台和分析展示平台，为每一位用户提供个性化的大数据信息服务，让每一位用户都能够共享到智慧图书馆提供的信息，提高资源的利用率。

1. 以需求为导向

智慧图书馆的建设应将需求作为导向，以高校学生的图书需求和个性化服务需要、高校的图书需求为基础，利用图书信息化实现图书信息资源的高效配置，并充分发挥其服务功能，从而突显智慧图书馆的建设为读者带来的便捷、高效、智慧、创新的感受度，使智慧图书馆建设有益于图书馆、高校以及读者。

2. 以人为本

图书馆经历了发展的三大阶段：第一阶段是以书为主体，图书馆服务围绕着书来展开；第二阶段是以开架和开放为特征，缩短了人与书之间的距离；第三阶段是强调以人为本，根据人的需要将各种载体的信息和知识资源集聚在可获得的空间内，突出图书馆作为第三空间的功能，促进人与人之间的交流和分享。只有超越图书、超越图书馆，才能真正实现图书馆理念上的转型。

以人为本，目前几乎在所有的领域都在提倡这个理念。可是要真正践行这个理念实属不易，服务方需要深刻地了解人的需求，并且按此来制定一揽子服务解决方案，让用户觉得方便，感到贴心、暖心，真正把服务做到师生的需求点上，真正把服务深入到日常的点点滴滴之中。

（1）满足人们对信息的需求

在互联网时代，师生可以接收的信息是海量的，但这些信息又都是杂乱的、发散性的、碎片化的。师生可以尽情享受互联网上的信息冲浪，也同时面临信息过量的困境，太多的信息量让人变得无所适从。特别是一些"手机控"，他们耗费了大量的时间和精力接受着很多无意义的信息，并且已经形成了习惯。从长远来看，杂乱的信息正在影响着师生正常获取知识、信息的能力，严重阻碍了师生对信息的消化和吸收。

高校图书馆的服务就是要改变这样的状况，让师生明白信息并不全是碎片化的，并不全是杂乱无章的，它可以是有条理的，成体系的。如何让优质资源呈现给用户？第一，要丰富"量"。图书馆要通过各种渠道来丰富数据库平台，做到应收尽收，不能遗漏。第二，要遴选"质"，图书馆必须建立完善起一整套的价值评估体系，通过同行评议、线上评价、线下评估等手段，让有用的信息置顶，让价值不大的信息沉底。第三，要注重"联"。要将所有有用的信息进行智能化关联，形成体系，让使用者非常方便地利用好这些信息。第四，要善于"用"。就是通过各类专家学者辅以各种高新技术来帮助用户理解、利用好各种信息和知识。

要在信息上最大程度满足用户需求，图书馆系统必须建立一支文理工融合的专业队伍。这支队伍是跨界的，在采集数据时，需要有数字化技术、网络技术的支撑，涉及版权问题，还需要法律专业知识的配合；在处理信息、知识的过程中，需要有大数据、人工智能技术的支撑，让各类信息分解、重组。还可能会采用互联网众包模式，让更多的网络专业人士加入进来，共同参与信息处理工作；在知识、信息使用时，需要有大数据、人工智能、AR／VR技术、多媒体等技术的支撑，通过对知识、信息的重新解读、诠释，让用户更加容易接受和掌握。

（2）满足师生对交流的需求

高校图书馆的功能在转型，从某种意义上来说，文献、图书已经不再是稀缺资源了，有了功能强大的图书馆线上终端，师生来到图书馆查资料、阅读图书的意愿越来越弱了，而到图书馆来进行交流、沟通、讨论的愿望却越来越强烈了。图书馆需要为师生的交流搭建人性化的平台。

交流平台应该分层次、分类别，打造线上线下互动式的平台。在互联网环境下，师生的日常交流在很大程度上已经依靠网络，但人还存在着情感诉求，这是网络空间所不具备的。因此，图书馆提供富有特色的线下交流非常有必要。

那么，高校图书馆组织线下交流应该注意哪些问题呢？

第一，线下交流应该是线上交流的延伸。图书馆要契合各学科、各专业或者各类爱好群体线上讨论交流的热点话题开展线下讨论会或者讲座，邀请学术造诣高的人士共同参加交流讨论活动，增加参加者的兴趣。第二，提供创客平台。按照各类人群的需求，提供设备和工具，动手又动脑，通过交流讨论，萌发创意的火花。第三，可以结合图书馆丰富的文献数据库，开展一些优秀资源的推介讲座，介绍一些背景知识，还可以组织一些图书馆资源使用方法、技巧的讲座。第四，可以开展图书馆信息资源的线下的价值评估活动，让用户懂得、获取更高价值的信息，从而提高大家的信息素养。

智慧图书馆的建设应坚持"以人为本"，基于服务高效、贴近高效学生的理念。在图书馆工作中利用的智慧技术必须是高校学生能够广泛使用的，这样才能为高校学生提供更加高效的服务。

3. 开放性原则

智慧图书馆建设的根本目标，即建立一个全面感知、广泛互联、开放泛在、深度融合的图书馆。因此，建设智慧图书馆必须坚持开放性原则，要保持图书馆的资源建设是开放的，图书馆的服务是开放的，图书馆的技术设备是开放的，图书馆员也是开放的。只有保持开放性，与外界交互联系，才能不断吸收其他地区或其他馆的先进经验、先进技术来为我所用。

4. 发展原则

世界上一切事物都是发展变化的，发展具有普遍性。坚持用发展的眼光分析问题，反对一成不变、静止的观点。事物发展的方向是前进的、上升的。因此，我们要对高校智慧图书馆建设的未来充满信心，支持和保护新事物，促进其持续健康稳定发展。

新技术的发展以及信息安全环境的变化，促使高校图书馆对现有的基础设施进行升级改造、性能优化、应用拓展，以构建发达的文献资源共享网络。网络基础设施是高校智慧图书馆建设的重要保障，随着应用需求的不断扩大，对智能管理平台管理网络出口流量、集中调配和集中优化，逐步增加高校图书馆的出口带宽，实现链路负载均衡和链路高度容错，为高校智慧图书馆提供一个高效、可靠的互联网连接，为新技术的应用提供更好的基础平台。

下一代网络建设将改变传统网络架构模式，将现有的网络控制层与数据转发层分离，实现可编程的网络控制，进一步推动 IPv6 的普及和 SDN 网络架构建设。同时，结合先进的 5G 网络和通信技术，拓宽校园网的服务领域，在不同高校图书馆之间做好统筹规划，保障信息的互联互通。

5. 共建共享

图书馆共建共享，是社会经济发展到一定阶段，师生对图书馆信息和服务的需求日益提高，而图书馆受到内外因素的制约不能满足其需求时，依靠其他图书馆或信息机构的资源来满足其用户的一种手段。智慧图书馆，是数字图书馆发展到最新阶段的产物，有更多的技术和方法来提供馆外服务，同时有新技术设备来接受其他馆的信息和服务。

因此，智慧图书馆的建设也应符合共建共享原则。

智慧图书馆建设需要破解信息孤岛现象，逐步实现图书馆内部各部门之间、不同图书馆之间、图书馆与其他机构之间的资源共建与共享。旧的管理机制需要不断地改革、创新，以适应不断变化的用户对图书馆的信息需求，所需要的组织、制度、标准等的建设和创新也要持续进行。

智慧图书馆的建设需要利用通信网络基础设施，并制定科学统一的图书数据标准体系，构建有利于馆室发展的图书管理平台和图书公共服务平台；综合协调，推进管辖范围内跨地区图书馆信息资源的纵向集成与跨部门图书信息资源的横向集成，切实推动图书信息化协同应用，让图书信息资源在不同部门、不同地区的系统中自由流通，真正实现图书信息资源的共建共享。

6. 技术前瞻性原则

智慧图书馆之所以"智慧"，是因为借鉴和应用了一大批先进的技术，特别是现代信息技术、物联网技术和云计算技术等，智慧图书馆必须保持技术的先进性、适用性，才能从根本上适应图书馆发展的要求，进而符合用户对图书馆服务不断提升的需求。

7. 统筹规划

依据智慧图书馆建设的先后顺序和相互关系作出统筹安排，以反映任务全过程，实现管理过程的模型化。对各项工作任务涉及的人、财、物等，通过制订严密的计划作出合理安排，找出计划中的关键步骤和关键思路，从而得到合理方案并付诸实施。此外，还要对智慧图书馆建设的各种评价指标进行分析，在计划实施的过程中，进行有效的监督与控制，以保证优质优量地完成建设目标。

智慧图书馆建设是一个长期的过程，涉及高校图书馆的方方面面，需要有整体的考虑和长期的规划；在统筹规划的基础上，分阶段、分层次、有步骤地推进。在智慧图书馆的建设过程中，对数据的标准、设备端接口的选用、数据交换共享和资源建设等方面，做到标准统一、流程规范；对智慧图书馆中的数据冗余、设备稳定、软件系统应用，保证其运行稳定；对信息化环境和网络应用复杂的环境尤为重视；对物理层面、操作系统层面、数据资源、网络方面的安全等统筹考虑，最终实现高校智慧图书馆的建设目标。

智慧图书馆是对数字图书馆的升级，在建设数字图书馆的基础上开展统筹规划，重视系统工程的建设，在政府部门提出的智慧政务的整体框架和基本要求下，有效整合智慧图书馆建设和地区智慧政务，从整体出发，制定全面布局和阶段规划，使智慧图书馆的建设能够成为一个系统，综合集成资源，达到效果最佳化，让图书管理工作的各个流程能够实现高度智慧化。

建设智慧图书馆时，图书馆工作人员应随时保持跟进，遇到问题要及时解决。在必要的情况下，需要根据信息系统建设规范的要求，实行监理机制，对智慧图书馆项目的建设进度、安全措施、质量保障等进行全过程监理。

8. 因地制宜

在数字图书馆建设阶段，各地的数字图书馆建设极为不平衡，因此，在数字图书馆建设基础上进行的智慧图书馆建设也必须根据各地的不同情况开展。尽管建设智慧图书馆是一件利国利民的好事，但是不能不顾前期基础和建设的大环境而盲目启动。需要结合当地的经济发展水平、地理区位条件、信息化基础和实际需求等情况，做好智慧图书馆项目的前期论证、调研。

各地在智慧图书馆的建设过程中，应充分分析自身特色、确定建设重点，找准突破口，注重实效。如果图书的收集难度较大，则应注重图书智慧收集建设；如果在图书馆的监控方面需要加强，则应注重图书馆智慧监控建设；如果在图书的利用上供不应求，则应注重图书馆的智慧服务。

9. 强化安全

图书实体及内容的安全在传统、数字、智慧图书馆阶段都是图书馆的核心工作之一，安全是所有其他部分工作的基础和大前提。在智慧图书馆建设过程中，图书、图书馆的安全更是重中之重。对于安全问题，应从两个角度来看，一是在管理和技术两个层面确保智慧图书馆可管可控，二是注重智慧图书馆中的智慧监控建设，来强化图书信息安全。

强化图书馆管理工作的安全问题，需要加强网络和信息安全管理，实行责任制和图书信息安全等级保护制度，对管理人员进行安全培训，合理完善网络和信息安全体系，加强依法管理网络和保护个人信息，建设"政务云""图书云"并进行管理，加强图书馆核心管理系统的建设，采取相应的安全保障技术方法，配备必要的软硬件设施，完善图书备份灾难恢复服务机制，确保图书的真实、完整、可用与安全。

10. 协同创新

智慧城市建设早已成为当今城市化建设的发展趋势，政府部门大力提倡智慧城市建设，加大在该方面的资金投入，并投入技术支持。在这一发展背景下，各地图书馆也应开展智慧图书馆建设来推进智慧城市建设，一方面，这能为图书馆建设赢得智慧城市的专项资金支持；另一方面，图书馆可以使用智慧城市中智慧政务的基础设施，如"政务云"。这样便能够缓解智慧图书馆在建设过程中的资金问题。

智慧图书馆融入智慧城市建设，图书信息化与城市化发展协同发展，也能推动图书管理服务的创新，特别是在图书信息资源为城市发展提供数据服务与公众个性化服务的层面。

三、高校智慧图书馆的建设

（一）建立安全防护机制的云数据中心

高校图书馆云数据中心（图7-1）是高校智慧图书馆业务系统与数据资源集中、集成、共享、分析的平台。在数据中心的基础设施层面，包括了服务器、网络、存储和整体IT运行、维护、服务等一系列的软硬件设施，是高校智慧图书馆的重要运行平台。

云计算技术为传统的 IT 基础设施、应用、数据以及 IT 运营管理带来了根本性的改变,对于信息安全管理既是机遇也是挑战。云计算新技术的应用,带来了新的威胁和风险,进而也影响了传统的信息安全保障体系和运维管理体系。如网络与信息系统安全边界的划分和防护、安全控制措施的选择和部署、安全监测和安全运维等。同时,云计算的资源弹性按需调配,高可靠性及资源集中化等特点有利于安全防护,推进了安全服务内容、安全应用设计的实现,加强安全运维和管理,促进安全防护的创新和发展,拟构造具有安全防护机制的云数据中心。

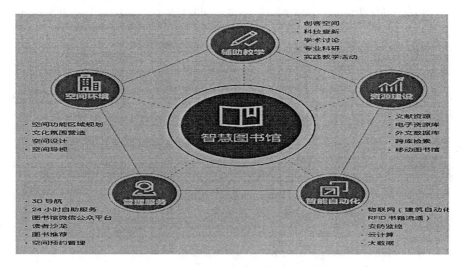

图 7-1　高校智慧图书馆云数据中心

(二)高校智慧图书馆平台建设

高校图书馆利用“互联网 + 图书馆”进行服务的转型升级,是目前图书馆研究领域的一个热点。高校智慧图书馆基于物联网的体系架构,整个系统分为感知、检测、传输层的应用,具有信息感知、信息传输、信息控制以及相关软硬件资源整合的功能,为每一位用户提供个性化服务。

高校智慧图书馆平台(图 7-2)通过物联网、云计算和智能感知等技术,构建成一个智慧学习平台。该平台是数字资源和智慧化服务的有机结合,是线上与线下的联结,学习平台实现用户对信息资源的自由获取和共享。

高校智慧图书馆平台的建设,有利于图书馆信息资源和物联网技术的无缝结合,改变传统图书馆的服务内容和模式,提高资源的利用率,实现个性化服务,具有举足轻重的现实意义。

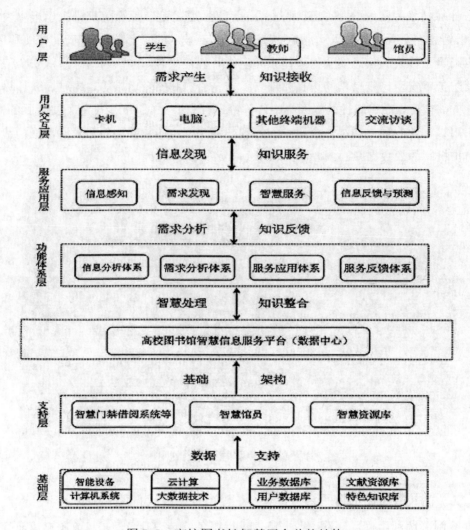

图 7-2 高校图书馆智慧平台总体结构

（三）高校智慧图书馆的综合服务

信息化建设是一个不断满足信息化用户新的需求和不断完善的过程。服务化是引领教育信息化继续发展的建设思路，高校智慧图书馆服务化借助信息技术和通信手段，为用户提供全新的体验。教育信息化向服务化的发展不仅是一个目标，更是一个持续不断转型的过程，它不仅是新技术的应用，更是服务创新理念的更新发展。

随着信息技术的不断创新，高校智慧图书馆不断推进应用系统的建设、优化和更新。高校图书馆业务集成系统建设，使各项业务实现信息化，并整合各类数据库、集成应用系统等，迁移至虚拟化"云"平台，提高智慧图书馆的信息化管理和服务水平。

第三节　智慧图书馆资源建设

一、智慧图书馆中的信息资源

（一）信息资源

信息资源的类型，按照实用性原则，信息资源可分为潜在的信息资源和现实的信息资源两大类：①潜在的信息资源。指个人在学习、认知和实践过程中储存在大脑中的信息资源，其特点是只能供个人使用。②现实的信息资源。人类获取并表述出来的、能为公众利用的信息资源。这是我们研究、开发和利用的重点。

因其载体的不同，现实的信息资源可分为四种类型：①载体信息资源，即以人体为载体并能为人识别的信息资源。按其表述方式又可分为口语信息资源和体语信息资源。前者是人类以口头语言表述出来但未被记录下来的信息资源，如谈话、授课、讲演、讨论、唱歌等；后者是以人的体态表述出来的信息资源，如表情、手势、姿态、舞蹈等。②文献信息资源，即以文献为载体的信息资源。依其记录方式和载体材料又可分为刻写型、印刷型、缩微型、机读型、声像型五大类。③网络信息资源，即以计算机技术、通信技术、多媒体技术相互融合形成的，在网络上可查找到的资源。④实物信息资源，即依据实物的人工与天然特性又可分为以自然物质为载体的天然实物信息资源和以人工实物为载体的人工实物信息资源（如产品、样品、样机、模型、雕塑等）。

信息资源是一个发展着的有机体。随着科学技术发展，新的类型会不断产生，应及时吸纳、充实，以保持信息类型与其定义的一致。

当前，智慧图书馆建设除了要满足用户通过智慧图书馆获取泛服务外，还应存储一定量的纸质馆藏。这是因为，智慧图书馆虽然依托智慧化的技术，构建了智慧化的管理和服务系统，从而提供智慧化的服务，但大部分智慧图书馆同时承载着传统图书馆的功能，图书馆具有收集和保存人类文化遗产的职能，所以智慧图书馆也必须保存一定量的纸质文献。除此以外，智慧图书馆应不遗余力地去开发数字资源、多媒体资源等，这也是由智慧图书馆的性质和特点所决定的。智慧图书馆中存储的资源主要有印本资源、数字资源、多媒体资源、数据资源和开放信息资源等。

（二）信息资源的类型

图书馆信息资源的类型多样，因为内容和性质的不同，所以各文献类型在出版时间上也是有先后顺序的：期刊因为品种多、容量大、速度快，是许多论文的首发渠道；学位论文、会议文献、科技报告和专利文献，由于需要满足一定的特殊要求，尽管报道速度也较快，但发表的数量非常有限；题录、目录和文摘，由于需要客观报道一次文献的主要内容，略后于期刊和专利文献、科技报告、会议文献；图书、综述和百科全书，因为需要在大量一次文献的基础上做评论或汇编成册，所需出版周期最长。

1. 图书

图书的主题突出，知识系统全面，是读者阅读的主题资料。它可分为两类：一类是供阅读的著作，另一类是供查考的工具书。图书是印本资源的主要组成部分，在馆藏资源中占据了绝大部分体量，也是除数字资源外获得资源建设经费最多的资源类型。工具书是研究学科或领域必不可少的工具类书籍，一般为学校或科研机构的教学科研活动所使用，在图书馆馆藏中使用频率较低，但学术价值很高。

2. 连续出版物

连续出版物，这是一种具有统一名称、固定版式、统一开本、连续编号、汇集多位著者的多篇著述，定期或者不定期编辑发行的出版物。

期刊就是一种连续出版物，又名杂志，是从英文"magazine""periodical""journal"三个词翻译过来的，一般是指出版周期相对固定，有固定的名称，有卷期或年月标志，围绕某一主题、某一学科或某一研究对象，汇集多位作者的多篇文章、资料或线索，由专门的编辑机构编辑出版的一种连续出版物。按照期刊反映的内容，期刊可以分为学术性期刊、政论性期刊、行业性期刊、资料性期刊、检索性期刊、报道性期刊、评述性期刊、通俗性期刊和文学艺术性期刊等种类。期刊的时效性较高，一般期刊出版物会定期出版，学术期刊的学术价值比较高，在学术研究中有极高的地位。

3. 特种文献

特种文献是指出版发行和获取途径都比较特殊的科技文献，特种文献一般包括会议文献、科技报告、专利文献、学位论文、标准文献、科技档案、政府出版物等。特种文献特色鲜明、内容广泛、数量庞大、参考价值高，是非常重要的信息源。高校图书馆收藏的特种文献一般有会议文献和专利文献。特种文献是出版形式比较特殊的科技文献资料。除此以外，一些高校图书馆的印本资源还包括专利文献、标准文献等特种文献，它们也具有较高的收藏和学术价值。

（1）专利文献

狭义的专利文献是指由专利部门出版的各种专利出版物，如专利说明书、权利要求书；广义的专利文献包括说明书摘要、专利公报以及各种检索工具书、与专利有关的法律文件等。

（2）标准文献

标准文献是指经公认权威机构（主管机关）批准的一整套在特定范围（领域）内必须执行的规格、规则、技术要求等规范性文献。其中主要为工业产品和工程建设的质量、规格和检验方法等的技术规定文件。

（3）会议文献

会议文献是指在学术交流会议上用于学术讨论、交流的资料和文献的总称。会议文献内容新颖，传递信息比较及时，学术价值比较高。会议文献多产生于国际或国内重要的学术或专业性会议的论文、报告及有关文件。会议结束后，通常会将这些会议文献结集出版，如会议录、会议论文集、会议论文汇编等。由于没有固定的出版形式，会议文献一般刊载在学会协会的期刊上，作为专号、特辑或增刊，或者发表在专门刊载会议录或会议论文摘要的期刊上。

（4）科技报告

科技报告是 20 世纪 40 年代以后大量出现的一种文献形式，又称研究报告、技术报告或报告文献，是记录国家、政府部门或科研生产单位关于某项科学研究的阶段进展报告或研究成果的总结报告。如工作报告、会议报告、实验报告、调查报告、科技报告等。

（5）学位论文

大部分高校图书馆具有保存本校学位论文的功能，学位论文具有较高的学术价值，尤其是硕士、博士学位论文，体现了学生研究生阶段的学术研究水平，一般学位论文会花费 1～3 年的时间来完成。

4. 开放存取资源

开放存取（Open Access，简称 OA）或开放获取是国际学术界、出版界、图书情报界为了推动科研成果，利用互联网自由传播而采取的行动。其目的是促进科学及人文信息的广泛交流，促进利用互联网进行科学交流与出版，提升科学研究的公共利用程度，保障科学信息的保存，提高科学研究的效率。开放存取是基于订阅的传统出版模式以外的另一种选择。这样，通过新的数字技术和网络化通信，任何人都可以及时、免费、不受任何限制地通过网络获取各类文献，包括经过同行评议过的期刊文章、参考文献、技术报告、学位论文等全文信息，用于科研教育及其他活动，从而促进科学信息的广泛传播、学术信息的交流与出版，提升科学研究的公共利用程度，保障科学信息的长期保存。这是一种新的学术信息交流的方法，作者提交作品不期望得到直接的金钱回报，而是为了公众可以在公共网络上浏览学习这些作品。

开放存取资源是符合开放存取的原则并能够为人所免费使用的资源。能够开放存取的文献应该是学者提供给外界的文献，他们不指望取得任何报酬。一般来说，开放存取文献大多是经过同行评审的期刊论文，但也包括没有经过同行评价的预印本。这些文献的作者希望通过互联网广泛征求意见或者提醒同行注意自己的研究成果。开放存取必备的几个要素：①文章以电子方式保存，通过互联网传播；②作者不以获取稿费为目的；③使用者可以免费获取；④使用者在保护其作品完整性、表达适当的致谢并注明出处后，可不受限制地自由使用。

（1）开放存取资源的特征

①内容丰富。开放存取资源类型繁多，覆盖不同学科、不同领域、不同地域、不同语言的信息资源，既有开放图书、期刊、书目数据、学位论文、音像及影像制品、电子教学资料、开放百科全书、会议录、工作报告、专利文献，也有开放源代码、模拟模块等资源。

②格式多样。开放存取资源提供多样化的内容格式如文本、图像、声音、影像、超链接与其他多媒体标准等呈现给用户,是多媒体、多语种、多种类型信息的混合体。

③时效性和交互性强。作者和版权人允许用户免费下载、打印或传播其数字化信息,这可以在最短的时间将研究成果与同行沟通和分享,省去了一般出版物的出版周期。利用计算机和网络进行运作的出版模式,有助于提高文献处理的自动化程度,实现作者、编辑和读者之间的互动和交流。

④学术价值较高。许多开放存取资源,特别是开放存取期刊的文章,与传统出版刊物一样须通过严格的同行评审才能出版,其影响因子和被引用频次与传统高质量的学术文献几乎没有差别。机构仓储中的学术资源同样具有很高的学术价值,往往收集、整理、存储了多个机构的科技成果。

⑤免费。开放存取实现了学术成果免费向公众开放,打破了出版商对学术出版的垄断,使得科研人员可从互联网上免费地、没有限制地、方便地、快捷地获取,改变了传统学术传播与交流的方式。

⑥尊重知识产权。在传统的出版模式中,作者不得不把学术成果的版权转给出版商,取得版权的出版商把学术成果再卖给读者。而在开放存取中发表和传播学术成果,作者可以保留作品的原始版权。

（2）开放存取资源的类型

①开放存取期刊。开放存取期刊（Open Access Journals,简称OAJ）是在互联网上公开出版的、经过同行评审的学术期刊,它是实现开放存取学术传播的重要形式之一。OAJ期刊与传统期刊的区别不在于期刊的载体是纸本还是电子,而在于对期刊的访问方式和访问权限的不同。传统期刊（包括印本期刊和电子期刊）采用用户付费的商业模式,一般先由图书馆等机构或者用户个人购买,然后为其提供全文服务。而OAJ期刊主要采用作者（机构）付费出版、读者免费使用的运行模式。为了保证期刊的质量,OAJ期刊大多采用严格的同行评审制度,其收录的论文文献具有很高的参考价值。

②开放存取仓储。开放存取仓储（Open Access Repository,简称OAR）,也称开放存取文档库（Open Access Archives）、开放存取知识库（Open Access Repositories）、机构典藏库,是一种基于网络的免费在线资源库,收集、存放由某一个或多个机构或个人产生的知识资源和学术信息资源,供用户免费访问和使用。开放存取仓储包括电子文档实验数据、技术报告、教学资源、多媒体资源、电子演示文稿等任何类型的数字文档。其中,电子文档是以数字形式存储的研究性文章,包括两种:一种是预印本（Preprint）,另一种是后印本（Postprint）。预印本指科研工作者的研究成果还未在正式出版物上发表,出于与同行的交流目的自愿先在学术会议上或通过互联网发表的科研论文、科技报告等文章。与刊物发表的论文相比,预印本具有交流速度快、利于学术争鸣、可靠性高的特点。后印本指经过同行评议,并已经正式发表的文章。

开放存取仓储大量收录论文预印本,克服了科研成果的出版时滞,提高了科学信息交流的效率;收录那些不便以传统出版物形式发表和出版,但又对科学发现和科学研究有着重要支撑作用的资料，改进了科学信息交流机制，拓展了科学信息获取途径，扩大了科学信息传播范围。对科研人员而言，通过开放存取仓储，不但可以利用自存档技术提交、存储自己的论文，方便研究工作，而且存放在开放存取仓储中的研究成果能够被尽可能多的读者阅读、引用，可以提高研究者的学术声誉和影响力。

③其他 OA 资源。除上述两种形式外，各种其他形式的 OA 资源也陆续涌现，如个人网站、电子图书、博客学术论坛、文件共享网络等。但这些资源的发布较为自由，缺乏严格的质量保障机制，较前两类开放存取出版形式而言，随意性更强，学术价值良莠不齐。

5. 网络信息资源

网络信息资源，是指以电子数据的形式将文字、图像、声音、动画等多种形式的信息存储在光磁等非纸质载体中，并通过网络和计算机等方式再现出来的信息资源。图书分类是科学地管理图书、方便读者查询利用的一种手段。

（1）网络数据库

网络数据库是信息检索与计算机技术相结合的产物，其主要含义就是信息化的"存取"。按照国际上通用的分类方法，数据库通常划分为以下几种类型：

①参考型数据库。参考型数据库指引用户到另一信息源以获得原文或其他细节的数据库，又称为指示型数据库，包括书目数据库和指南数据库。

a. 书目数据库（bibliography database）是指存储某个领域的二次文献（如文摘、题录、目录等）的数据库，又称二次文献数据库或简称文献数据库。

b. 指南数据库（referral database）是指存储关于某些机构、人物、出版物、项目、程序、活动等对象的简要描述，指引用户从其他有关信息源获取更详细信息的数据库，也称指示性数据库，如机构名录数据库、人物传记数据库、产品数据库等。

②源数据库。源数据库能直接提供原始资料或数据的自足性数据库，用户可直接获取足够的信息资源。又可以分为以下几类：

a. 数值数据库（numeric database），指专门提供以数值方式呈现的数据库，如各种统计数据库。

b. 文本—数值数据库（textual-numeric database）能同时提供文本信息和数值信息的数据库，如产品市场报告数据库等。

c. 全文数据库（full text database），指存储文献全文的数据库，如期刊全文库。

d. 术语数据库（terminological bank），存储名词术语信息、词语信息等的数据库，也包括电子辞书。

e. 多媒体数据库，一种把文字、声音、图像、数值等信息存储，并对其进行一体化管理的数据库。

③常见网络数据。常见的中文网络数据有：中国知识基础设施工程（中国知网，CNKI）、维普期刊资源整合服务平台、万方数据知识服务平台、北大法宝数据库、中国经济信息网等。常用的外文数据库有：科学引文索引（SCD）、工程索引（EI）、

Elsevier、Springer、DOAJ、IEEE、PubMed 等。

中国知网即中国知识基础设施工程（China National Knowledge Infrastructure，简称CNKI），是以实现全社会知识资源传播共享与增值利用为目标的信息化建设项目，由清华大学、清华同方发起，始建于1999年6月，为全社会知识资源高效共享提供丰富的知识信息资源和有效的知识传播与数字化学习平台。

万方数据知识服务平台是在原万方数据资源系统的基础上，经过不断改进、创新而成，集高品质信息资源、先进检索算法技术、多元化增值服务、人性化设计等特色于一身，是国内一流的品质信息资源出版、增值服务平台。

（2）电子图书

电子图书又称e-book，是指以数字代码方式将图、文、声、像等信息存储在磁、光、电介质上，通过计算机或类似设备使用，并可复制发行的大众传播体。

汇雅电子图书平台是超星公司为用户提供的远程访问服务模式，可以在线阅读到100余万册电子图书。它依靠海量的图书信息、先进的检索方式以及友好的阅览器，为用户提供图书在线阅读。多种服务方式共同保证向用户提供最全面、最准确、最专业的图书信息。图书涉及文化教育、文学艺术、历史地理、生物科学、医药卫生、工业技术等22个学科领域。

中华数字书苑是北京大学图书馆和北大方正联合推出的，北大方正提供数字图书馆的软件支持，北京大学图书馆提供服务。中华数字书苑目前已能提供十几万册中国出版的电子新书，内容主要包括社会科学、计算机类和精品畅销书籍，学科涉及文学艺术、语言、历史、经济、法律、政治、哲学和计算机等多个类别。

"书生之家数字图书馆"由北京书生数字技术有限公司于2000年创办，主要提供1999年以来中国大陆地区出版的新书的全文电子版，内容包括文学艺术、计算机、通信与互联网、经济金融与工商管理、语言文化教育、体育、教材教参与考试、生活百科、综合性图书与工具书、法律、军事、政治外交、社会科学、哲学宗教、历史地理、科普知识、知识信息传媒、自然科学、工业技术、建筑、交通运输与环境等方面的中文电子图书。

书香中国网站，隶属于中文在线，是一家致力于为全世界华人用户提供优秀的电子图书读物，以帮助读者养成良好的阅读习惯为宗旨的网络运营平台。书香中国网站借助"中文在线"强大的图书库，每年能为广大读者提供新增正版数字图书2万～4万册。书香中国数字图书馆服务于机构用户，帮助各学校、企业、组织团体建立无墙化、低成本、健康合法的知识中心，提高图书馆的服务水平，加快信息化建设步伐，以繁荣互联网阅读为目标，第一时间向读者提供国内外数万部精品数字化文学作品，让读者体验最新的数字化阅读乐趣。数字图书内容包括经典名著、名家小说、畅销书籍、教育读物、文艺精粹、网络原创等各类大众社科类图书，有声图书则包括一些名家的经典和近年来流行畅销的文学作品录制的有声图书。

（3）电子期刊

电子期刊也称为电子出版物、网上出版物。广义而言，任何以电子形式存在的期刊均可称为电子期刊，涵盖通过联机网络可检索到的期刊和以 CD-ROM 形式发行的期刊。

电子期刊有两种类型：一种是纸质期刊的电子化，另一种是直接在网络出版的电子期刊。网络出版的电子期刊从投稿、编辑出版、发行订购、阅读乃至读者意见反馈的全过程都是在网络环境中进行的，任何阶段都不需要用纸，它与传统的印刷型期刊有着本质的区别。电子期刊是以高新技术，包括光盘、网络通信技术为载体，经过信息技术人员加工处理，运用现代技术检索手段，以满足信息需求的出版物。且其融入了图像、文字、声音、视频、游戏等相互动态结合来呈现给读者，此外，还有超链接、及时互动等网络元素，在增加了易读性和趣味性的同时又节约了成本。

（4）网页信息

网页上所有的发布内容都可称为网页信息，网页信息是一个巨大的信息源，它的信息质量参差不齐、真假难辨，需要信息使用者去详加筛选。常用的网页信息有各类学习网站、政府部门统计数据、行业报告等。

6. 环境资源

图书馆环境特色资源包括外部环境资源和内部环境资源。

（1）图书馆外部环境资源

外部环境资源指的是图书馆建筑的造型及外围环境。大多数的图书馆都有自己的特色建筑造型，世界上不少图书馆的特色建筑造型，已经成了一个区域或者一所学校的地标性建筑物。更有些优秀的图书馆特色建筑，成了人类建筑遗产和建筑文化的组成。如果条件允许，图书馆的外围环境应当是公园式的环境，与其他建筑物相配合，为读者提供户外的、舒适的学习或休闲环境。

（2）图书馆内部环境资源

图书馆的内部结构，首先应考虑到安全，即指安全通道、消防等；其次考虑图书馆的舒适性，即采光和透气；最后考虑读者借阅是否方便、友好等。图书馆服务区域的发展，趋于集藏、借阅于一体的大开间。这种大开间，既方便读者的借阅、利用信息资源，又方便图书馆的管理。馆内装饰，应该明亮、简洁、大方。所使用的装饰材料要重视环保节能，确保所用材料达到政府或行业规定的要求，尽量避免有害气体的排放。在装饰上，要能够体现图书馆特有的人文氛围和人文景观。

二、智慧图书馆的资源建设策略

（一）更新观念，培植现代图书馆新理念

长期以来，大学图书馆一直被理解为大学的教学和研究部门。除了其使命之外，它还为教学和研究提供信息服务。高校图书馆的信息服务应按照市场经济秩序相应扩大范围。除了提供学科方面的服务外，还应鼓励图书馆向公众提供信息服务。图书馆除利用

教育经费作为资金开发图书馆资源外，还能吸引外来资金弥补图书馆经费的不足。

（二）加强对网上信息资源的采集和加工

网络环境下，网络信息已成为最大的信息资源载体。互联网上充斥着大量信息垃圾，只有经过加工、整理才可使用；网络信息的动态性、消失速度惊人、极易破坏性，都使得整理、加工的工作十分迫切。为此，应选择有价值的网站作为固定信息源，这些网站应可信度高、系统性与稳定性好，符合本馆资源建设要求，还要对信息源进行分类，建立指引库，以方便用户获取所需信息。

（三）做好选题调研工作，提高特色数据库的质量

特色资源的质量是整个馆藏特色化建设生命力的体现，只有特色资源质量得到保证，才能实现其建设的真正意义。选题是特色资源建设的关键环节，国内外建设成功的特色馆往往选题精准。首先要有一个明确的主题，除了要在馆藏方面有较大的优势外，还要对此专题有较为全面的了解。这样建设出来的数据库才有自己的特点，有竞争能力，而且可以避免浪费。要综合考虑所在高校和地区的需求来选定，一个好的特色化选题可以达到事半功倍的效果。在选题上除了考虑本馆服务对象和馆藏特色以外，还要做详细的调查研究，掌握所选项目在国内有无重复或类似的情况，掌握数据量能否达到一定规模，并考虑到用户需求量的大小。不局限于以项目建设特色数据库，也可以根据馆藏特色和特定用户需求由本馆支持自主建立特色数据库。

（四）传统与现代并举，调整优化馆藏信息元素结构

随着现代科学技术的发展，缩微、电子、数码作品已成为印刷业的发展趋势，信息载体也日趋多样化。全新数字电子版，存储容量大，操作方便。得益于现代通信技术，它具有快速交付和易于读者访问的优势。因此，数字和电子版本有望取代传统的纸质打印输出。但是，由于各种因素的影响，纸质印刷品至少会在很长一段时间内发挥其功能，这将导致传统纸质印刷品与电子版并存。

（五）加强合作，实行资源共建共享

当今世界，知识信息总量显著增加，信息载体多样化，对信息的需求也迅速增加。因此，图书馆应加强合作，共享资源。通过资源共享、在线数据传播和数据采集，将数据采集资源延伸到底。因此，加强合作，实施共建和信息资源交流，成了长远发展不可缺少的条件。

（六）加强继续教育和人才引进，建立有效的激励机制

图书馆的现代化和图书馆员的高级培训已成为图书馆信息创建的优先事项之一。为此，图书馆不得不两条腿走路：一方面，它带来了相应的高层人士，并在短时间内改变了图书馆员的收入结构；另一方面，通过公司治理、高级培训等方式，为员工提高专业水平和各项技能创造条件。只有这样，才能满足我们在网络环境下创建图书馆资源的需求。

提高图书馆人员素质，需要从两个方面入手：一方面，优化人员结构，解决人才短缺问题；另一方面，现有员工需要接受培训以提高他们的工作质量。学校图书馆应将部门工作人员的培训作为其工作的必要内容，部门负责人应积极为部门工作人员的发展创造条件，即从师资培训、财政和时间等方面给予支持。

（七）挖掘重点学科和地域性主题，制定合理详细的计划

每一所图书馆都有自己的重点收藏目标，高校图书馆应根据学校的学科特点、馆藏原则及读者需求等因素来确定文献特色化目标。要在充分了解馆情的基础上，制定符合本校学术研究需要的选题。这是特色馆藏建设取得成功的先决条件。

（八）加强网络化系统的建设

图书馆应主要关注创建网络系统以创建数字信息资源。在构建网络系统时，还应加强交互服务体系，使用户提出的问题能够随时得到接收和解答，从而消除用户的距离感，减少用户的等待时间。

（九）加强数字化信息资源的建设

创建信息资源是图书馆建设的关键。来自不同媒体的数据首先经过数字处理，然后存储在硬盘或光盘等媒体上。图书馆有组织和系统地收集一系列数据源。建设数字图书馆，图书馆不应放弃以前的事业，而应根据各自图书馆的具体情况，以不同的方式分步建设。

数字图书馆建设以真实图书馆为基础，将数字化、网络化技术广泛应用于图书馆馆藏创建和信息服务，改善和拓展图书馆馆藏结构，拓宽和深化图书馆的服务范围。图书馆的功能和内容使信息资源能够准确、快速地被检索和传递，从而提升读者使用图书馆信息资源的能力。

参考文献

[1] 姜煜东. 高等学校智慧校园规划与建设研究 [M]. 广州：暨南大学出版社，2023.11.

[2] 黄江涛. 智慧校园及其发展新思路 [M]. 北京：中国铁道出版社有限公司，2023.07.

[3] 赵国涛. 智慧校园视域下高校实验室管理模式创新与实践研究 [M]. 沈阳：辽宁大学出版社有限公司，2022.09.

[4] 邢强. 迈向智慧校园的实践应用研究 [M]. 北京：中央编译出版社，2022.11.

[5] 张克宏. 德育智慧校园3.0时代的育人探索 [M]. 济南：山东科学技术出版社，2021.12.

[6] 李进生，林艳华，宋玲琪，黄晋，汪萃萃. 智慧校园基础 [M]. 北京：首都经济贸易大学出版社，2021.02.

[7] 刘怀亮，张玉振，赵舰波. 智慧校园"一网通办" [M]. 西安：西安科技大学出版社，2021.08.

[8] 李兆延，赵成芳. 智慧校园建设研究 [M]. 北京：中国水利水电出版社，2020.04.

[9] 祝士明，王喜英，刘亮. 新工科智慧校园建设 [M]. 天津：天津大学出版社，2019.09.

[10] 罗辉. 职业院校智慧校园建设与应用指南 [M]. 成都：电子科技大学出版社，2019.01.

[11] 周玉英，王远. 5G环境下智慧图书馆的服务研究 [M]. 北京：北京燕山出版社，2022.09.

[12] 朱泽民，周芬. 智慧教室建设与应用研究 [M]. 武汉：华中科技大学出版社，2021.07.

[13] 杨振力. 智慧档案馆建设 [M]. 北京：中国戏剧出版社，2019.06.

[14] 刘晓洪，翁代云，张艳. 教育大数据视域下的智慧校园建设与应用研究 [M]. 北京：冶金工业出版社，2019.12.

[15] 金玉苹，张索勋. 云数据背景下的高校智慧校园建设 [M]. 北京：冶金工业出版社，2019.08.

[16] 刘修文等. 物联网技术应用智慧校园 [M]. 北京：机械工业出版社，2019.07.

[17] 张海波. 智慧图书馆技术及应用 [M]. 石家庄：河北科学技术出版社，2020.05.

[18] 李青燕. 新时期智慧图书馆建设研究 [M]. 呼和浩特：远方出版社，2022.12.